4.000 PREGUNTAS Y RESPUESTAS SOBRE LA BIBLIA

A. Dana Adams

Traducido por
Luis Magín Alvarez

Editorial Mundo Hispano

EDITORIAL MUNDO HISPANO

7000 Alabama Street, El Paso, TX 79904, EE. UU. de A.

www.editorialmundohispano.org

Nuestra pasión: Comunicar el mensaje de Jesucristo, por medios impresos y digitales, a fin de animar y apoyar la formación de sus discípulos.

Traductor: Luis Magín Alvarez

Diseño de la portada: Atalo J. Méndez

Primera edición: 1998
Undécima edición: 2020

Clasificación Decimal Dewey: 220.6

Temas: 1. Biblia, Estudios bíblicos

ISBN: 978-0-311-04037-7
EMH Núm. 04037

750 11 20

Impreso en Colombia
Printed in Colombia

Indice

4.000 PREGUNTAS Y RESPUESTAS SOBRE LA BIBLIA

1. EL COMIENZO
(Gén. 1:1—2:7)

1. ¿Cómo se llama el primer libro de la Biblia? Génesis, que significa "comienzos".

2. ¿Qué sabemos en cuanto al comienzo del mundo? Que "en el principio creó Dios los cielos y la tierra" (Gén. 1:1).

3. ¿Qué diferencia hay entre "creó" e "hizo"? "Creó" quiere decir que algo fue hecho de la nada; "hizo" significa que fue formado o desarrollado a partir de algo que ya existía. En el relato del comienzo de este mundo se utiliza la palabra "creó" tres veces.

4. ¿Con qué poder creó Dios al mundo? Con el poder de su palabra (Heb. 1:3; 2 Ped. 3:5).

5. ¿Quién es llamado la Palabra (Verbo) de Dios? Jesucristo (Juan 1:14).

6. ¿Cómo sabemos qué Jesucristo estaba con Dios en la creación?
En el principio era el Verbo, y el Verbo era con Dios... Todas las cosas fueron hechas por medio de él, y sin él no fue hecho nada de lo que ha sido hecho (Juan 1:1, 3).
El es la imagen del Dios invisible... porque en él fueron creadas todas las cosas... (Col. 1:15, 16).

7. ¿Qué fue lo último creado? El hombre, que fue hecho a la imagen de Dios.

2. LA CAIDA (Gén. 2:8—3:24)

1. ¿Dónde colocó Dios al hombre cuando lo creó? En el huerto de Edén (Gén. 2:8-17).

2. ¿Dónde estaba este huerto? Probablemente cerca del actual río Eufrates, en Asia.

3. ¿Qué sabemos de este huerto? Que Dios plantó en él el árbol de la vida, del conocimiento del bien y del mal, y toda clase de árboles atractivos a la vista y buenos para comer.

4. ¿Cómo era regado este huerto? Mediante un río que desembocaba en el mar a través de cuatro brazos, uno de los cuales se llamaba el Eufrates, muy posiblemente el río que conocemos ahora por ese nombre.

5. ¿Estaba el hombre ocioso en el huerto de Edén? No. Fue puesto allí para que lo cultivara y lo guardara.

6. ¿Había alguna prohibición en cuanto al uso del huerto? Sí. Podía comer de todos los árboles del huerto, menos del árbol del conocimiento del bien y del mal.

7. ¿Obedeció el hombre el mandamiento de Dios? No. Comió del fruto prohibido (Gén. 3:1-24).

8. ¿Quién fue la primera persona transgresora del mandamiento? Eva.

9. ¿Qué sucedió? El diablo, adoptando la forma de una serpiente, la engañó con una mentira diciéndole que ciertamente no morirían, como Dios les había dicho, sino que serían como dioses, conociendo el bien y el mal.

10. ¿Qué plan torpe idearon para ocultar su vergüenza? Se escondieron entre los árboles del huerto.

11. ¿Puede algún lugar ocultarnos de Dios? No, ninguno.
¿A dónde me iré de tu Espíritu? ¿A dónde huiré de tu presencia?... aun las tinieblas no encubren de ti, y la noche resplandece como el día. Lo mismo te son las tinieblas que la luz (Sal. 139:7, 12).

12. ¿Qué es lo nos hace temer enfrentarnos con Dios? La conciencia de que hemos pecado y de que él lo sabe.

13. ¿Qué debemos hacer si sabemos que hemos pecado? Confesarlo y arrepentirnos sinceramente; ir a Dios, por medio de Jesucristo, en busca de perdón; y no volver a cometerlo.

14. ¿Con qué vistió Dios los cuerpos de Adán y Eva? Con túnicas de pieles.

15. ¿Qué castigo vino a consecuencia de este pecado? Satanás y la serpiente bajo cuya forma apareció habrían de ser finalmente vencidos; el hombre sería expulsado de Edén, y obligado a trabajar para obtener su sustento y, por último, condenado a morir; y la mujer habría de sufrir dolores y estar sujeta al hombre.

16. ¿Cómo habría de saber el hombre que la tierra había sido también maldecida? Por los espinos y cardos que produciría, y por el esfuerzo que habría que hacer para que diera fruto.

17. ¿Se le concedió a la mujer alguna misericordia especial? Sí. Que de ella vendría el Cristo (Gén. 3:15).

18. ¿Por qué no pudo el hombre seguir viviendo en el huerto de Edén? Para que no comiera del árbol de la vida y viviera así para siempre sobre la tierra en su condición de perdición.

19. ¿Se menciona de nuevo en las Escrituras el árbol de la vida? Sí, en Apocalipsis, donde aparece al lado del río de agua de vida, en medio del paraíso de Dios (Apoc. 2:7; 22:1, 2).

20. ¿Cómo guardó Dios la entrada al Edén? Mediante querubines y una espada incandescente.

21. ¿Por qué llamó Adán a su esposa Eva? Porque sería la madre de todos los vivientes; el nombre significa "viviente" o "vida".

3. CAÍN Y ABEL (Gén. 4)

1. ¿Cómo se llamaron los dos primeros hijos de Adán y Eva? Caín, que significa "posesión", y Abel, que significa "aliento".

2. ¿De qué se ocupaban ellos? Caín era "labrador de la tierra", y Abel "pastor de ovejas".

3. ¿Qué diferencia hubo en las

ofrendas de los dos hermanos?
Caín ofrendó a Dios del fruto de la tierra, y Abel de los primerizos de su rebaño de ovejas.

4. ¿Fueron ambas ofrendas igualmente aceptables a Dios? No.

5. ¿Se debió ésto a que eran diferentes tipos de ofrendas? Probablemente no; por lo menos, no tenemos ninguna indicación de que hubiera un mandamiento anterior en cuanto a sacrificios de animales. Las ofrendas de los primeros frutos fue ordenada después; cada uno ofrecía el producto de su propia labor.
Por la fe Abel ofreció a Dios un sacrificio superior al de Caín. Por ella recibió testimonio de ser justo, pues Dios dio testimonio al aceptar sus ofrendas. Y por medio de la fe, aunque murió, habla todavía (Heb. 11:4).

6. ¿Sabemos qué prueba dio Dios de que el sacrificio fue aceptado? No, es imposible. Pero fue algo de lo cual el oferente sí estaba seguro, porque Caín estaba muy enojado.

7. ¿Cómo lo reprendió Dios? Le dijo que era el pecado lo que había impedido que aceptara su ofrenda.

8. ¿A qué acción atroz condujo la ira a Caín? Al asesinato de su hermano Abel.

9. ¿Qué terrible mentira dijo? Dijo al Dios que todo lo ve que no sabía dónde estaba su hermano.

10. ¿Qué pregunta hizo que debemos hacérnosla a nosotros mismos? "¿Soy yo acaso el guarda de mi hermano?" (Gén. 4:9).

11. ¿Cómo debemos nosotros responder a esta pregunta? Que por ser, hasta cierto punto, guardas de nuestro hermano, debemos tener cuidado de no hacer nada que pueda dañarlo física, mental o espiritualmente. Por el contrario, debemos hacer todo lo posible por ayudarlo.

12. ¿Qué castigo recibió Caín? Sería un errante y fugitivo en la tierra.

13. ¿Cómo se sintió Caín cuando oyó la maldición de Dios? Sintió que su castigo era más grande que de lo que él podía soportar.

14. ¿Qué hizo Dios para suavizarle el castigo? Puso una señal sobre él para impedir que lo mataran.

15. ¿Qué sabemos acerca de los descendientes de Caín? Que fueron hombres fuertes y diestros, con gran capacidad inventiva en la fabricación de tiendas, armas, herramientas e instrumentos musicales. Fueron los primeros en ser dueños de rebaños de ganado.

4. EL MUNDO ANTES DEL DILUVIO (Gén. 5)

1. ¿Qué hijo dio Dios a Adán y Eva después de que perdieron a Caín y Abel? Primero les dio a Set, y luego otros cuyos nombres no son mencionados.

2. ¿Hasta que edad vivían entonces los hombres? Hasta 900 años o más.

3. ¿Qué tres nombres se recuerdan especialmente en este capítulo? Matusalén, el que más vivió; Enoc, el que "caminó con Dios"; y Noé, en cuyos días ocurrió el diluvio (vv. 24, 27, 28, 29).

4. ¿Quién vivió menos que los demás, y por qué? Enoc vivió 365 años, "y desapareció, porque Dios lo llevó consigo".

5. ¿Qué profecía notable en cuanto a Enoc menciona el profeta Judas? "He aquí, el Señor vino entre sus santos millares" (Jud. 14).

6. ¿A qué se refiere ésto? A la segunda venida de nuestro Señor Jesucristo.

5. EL DILUVIO (Gén. 6—9)

1. ¿Qué dos razas parecen haber estado viviendo entonces en el mundo? Una raza piadosa, que adoraba al Dios verdadero, llamada "hijos [e hijas] de Dios"; y otra raza mundana y quizá idólatra, llamada [hijos e] "hijas de los hombres" (Gén. 6:1-6).

2. ¿Continuaron estas razas viviendo separadamente? No.

Y viendo los hijos de Dios que las hijas de los hombres eran bellas, tomaron para sí mujeres, escogiendo entre todas (Gén 6:2).

3. ¿Qué características tuvieron sus descendientes? Eran "héroes", "hombres de renombre", y muy malvados.

4. ¿Qué decidió hacer Dios? Destruir a toda la humanidad y a todos los animales (Gén. 6:7).

5. ¿Encontró Dios una familia justa? Sí, la familia de Noé (Gén. 6:8-22).

6. ¿Qué mandamiento le dio Dios a Noé? Le ordenó que construyera un arca en la cual él y los demás que vivían con él pudieran salvarse del "diluvio de aguas" que Dios traería sobre la tierra.

7. ¿Qué se dice que fue Noé según 2 Pedro. 2:5? Un "heraldo de justicia".

8. ¿A quiénes predicó Noé? A todos los que encontraba, hablándoles del diluvio que vendría a destruirlos. Pero no le creyeron.

9. ¿Cuál fue la consecuencia? "Vino el diluvio y se los llevó a todos" (Mat. 24:39; Gén. 7:21-23).

10. ¿Cómo se salvaron Noé y su familia? Mediante el arca que Noé construyó por orden de Dios.

11. ¿De quién era tipo el arca? De Jesucristo, el medio escogido por Dios para salvar a los hombres de la destrucción.

12. ¿De qué era tipo el diluvio? De la futura destrucción del mundo.

Por esto el mundo de entonces fue destruido, inundado en agua. Pero por la misma palabra, los cielos y la tierra que ahora existen están reservados para el fuego, guardados hasta el día del juicio y de la destrucción de los hombres impíos (2 Ped. 3:6, 7).

13. ¿Qué seres vivientes lograron salvarse en el arca? Noé; sus tres hijos; las esposas de los cuatro; siete parejas de todos los animales limpios (que podían ser utilizados para comer o para los sacrificios); y una pareja de todos los demás (Gén. 6:18-20; 7:2, 3, 13-16).

14. ¿Tuvieron la oportunidad de salvarse más hombres y mujeres? Sí. Si le hubieran creído a Noé y hubieran estado dispuestos a refugiarse en el arca se habrían salvado.

15. ¿Cuánto tiempo siguió lloviendo? Cuarenta días y cuarenta noches (Gén. 7:12-14).

16. ¿Cuántos días prevalecieron las aguas sobre la tierra? Ciento cincuenta días.

17. ¿Cómo supo Noé que las aguas habían disminuido? Envió a una paloma (Gén. 8:8-12).

18. ¿Qué fue lo primero que hizo Noé cuando salió del arca? Construyó un altar y ofreció un sacrificio (Gén 8:20—9:17).

19. ¿Qué promesas le hizo Dios a Noé entonces? Que nunca más volvería a maldecir la tierra por causa del hombre, y otras.

20. ¿Qué le dio Dios como señal? El arco iris.

21. ¿Hizo Dios algún cambio en la comida del hombre en esa época? Sí, les permitió comer carne además de su anterior comida a base de vegetales.

22. ¿Bajo qué condición? Que no comieran "carne con su vida, es decir, su sangre".

6. LA TORRE DE BABEL (Gén. 11:1-9)

1. ¿Qué planearon hacer los hombres a medida que la población aumentó? Construir una ciudad y una torre "cuya cúspide llegue al cielo" para su propia gloria y alabanza.

2. ¿Dónde estaría situada? En "una llanura en la tierra de Sinar", que muy probablemente es lo que llegó a ser Babilonia.

3. ¿Con qué la construyeron? Con ladrillos mezclados con brea hecha de barro bituminoso.

4. ¿Qué hizo Dios ante ese intento? "Confundió su lengua" para que no pudieran entenderse entre sí, lo cual impidió que continuara la obra; y "los dispersó sobre la faz de toda la tierra".

5. ¿Por qué se oponía Dios tanto a que construyeran la torre? Porque iba a ser un monumento al poder del hombre en desafío al poder de Dios.

6. ¿Qué nombre se le dio a la torre? Babel, que significa "confusión".

7. ABRAHAM (Gén 11:27-23; 25)

1. ¿Qué descendencia de Noé aparece plenamente descrita, y por qué? La descendencia de Sem, porque de él descendió el pueblo judío que recibió los libros del Antiguo Testamento, y de quien, según la carne, vendría el Mesías prometido (Gén 11:10-26).

2. ¿De qué hijos de Noé descendieron los gentiles? Se cree que las demás razas blancas descendieron de Jafet; y la raza negra, de Cam.

3. ¿Cómo se llamaba anteriormente Abraham? Abram.

4. ¿Dónde nació Abram? En Ur de los caldeos, al sureste de Babilonia (Gén. 11:28).

5. ¿A qué tierra partió su padre y por qué? A Harán, que también estaba situada a orillas del río Eufrates, pero en la parte norte de Mesopotamia. Lo hizo quizá por causa del llamamiento de Dios a Abram mientras éste se encontraba en Ur.

6. ¿Cuál de los hermanos de Abram murió antes de que partiera de su lugar de origen? Harán, el padre de Lot.

7. ¿Se quedó Abram en Harán después de la muerte de su padre? No. Dios le dijo que se marchara de su tierra y de su parentela y que fuera a una tierra que después le mostraría. Esta era Canaán, o Palestina (Gén. 12:1-9).

8. ¿Quiénes lo acompañaron? Sarai su esposa, Lot su sobrino y sus criados.

9. ¿Qué promesa le hizo Dios a Abram? Que tendría muchos descendientes, que formarían una gran nación y que poseerían Pales-

tina, y que en él serían "benditas todas las familias de la tierra". Véanse Génesis 12:2, 3, 7; 13:14-17; 15:5; 17:5-8; 22:17, 18.

10. ¿A qué se refería por último la promesa? A la venida de Jesucristo.

11. ¿Dónde se estableció Abram por primera vez, y qué fue lo primero que hizo en la tierra de Canaán? En Siquem, donde construyó un altar a Dios.

12. ¿Dónde se menciona de nuevo Siquem? Véanse Josué 24: 1, 25, 26; Juan 4:5-42.

13. ¿Dónde fijó después su residencia Abram? Entre Betel y Hai, a unos 20 kms. al norte de Jerusalén.

14. ¿Era Abram rico o pobre? Más tarde se convirtió en un hombre muy rico; pero no era de ningún modo un hombre pobre antes de eso.

15. ¿Había prosperado Lot? Sí, muchísimo.

16. ¿Que ocasionó esto? Que hubiera una contienda entre los pastores de ambos.

17. ¿Qué actitud tuvo Abram en esta ocasión? Le propuso a Lot que se separaran, y dejó que Lot escogiera su tierra.

18. ¿Piensa usted que Lot tuvo la misma buena actitud de Abram en este asunto? No. El no se mostró generoso a cambio, y pensó más en las ventajas de las tierras fértiles que en la moral de las personas con las que habría de convivir.

19. ¿Tuvo Lot razones para arrepentirse de la elección que hizo? Sí. Vivía en permanente angustia, y al final logró escapar con vida tras perder a su esposa, a muchos de sus parientes y la mayoría o la totalidad de sus bienes (Gén. 19:15-29).

[Dios] rescató al justo Lot, quien era acosado por la conducta sensual de los malvados —porque este hombre justo habitaba en medio de ellos y afligía de día en día su alma justa por los hechos malvados de ellos (2 Ped. 2:7, 8).

20. ¿Qué tristes noticias recibió pronto Abram de Lot? Que Lot y todo lo que tenía había sido llevado cautivo con los demás habitantes de Sodoma por los reyes de Elam, Babilonia, etc. (Gén. 14:11, 12).

21. ¿Qué hizo Abram? Armó a sus criados que él mismo había adiestrado y los persiguió. Dividió a sus hombres, atacó al enemigo de noche por varios lados a la vez, los derrotó, rescató a los prisioneros y recobró sus bienes.

22. ¿Quién salió a recibir a Abram a su regreso? Melquisedec, rey de Salem, que probablemente era la misma Jerusalén.

23. ¿Se menciona de nuevo a este misterioso personaje en la Biblia? Sí, en Hebreos 6:20—7:21.

24. ¿De quién era tipo? De Cristo, al ser rey y sacerdote al mismo tiempo.

25. ¿Tomó Abram del botín de la batalla? No, se negó a tomar nada excepto comida para sus hombres y la parte de sus aliados cananeos.

26. ¿Quién fue Agar? Una de las criadas al servicio de Sarai, con quien Abram tuvo un hijo, pensando que así se cumpliría la promesa de Dios de darle descendencia (Gén. 16).

27. ¿Quién fue su hijo? Ismael, el padre de los árabes de hoy.

28. ¿Qué pacto especial hizo Dios con Abram poco después de esto? El "pacto de la circuncisión" con el que Dios renovaba su promesa de que le daría muchos descendientes, y él prometía ser el Dios de ellos. Le ordenó el rito de la circuncisión como señal del pacto (Gén 17).

29. ¿Qué nuevos nombres dio Dios a Abram y Sarai? A Abram lo llamó Abraham, "padre excelso o padre de una multitud". A Sarai, "princesa mía", la llamó Sara, "princesa" (para toda la raza).

30. ¿Dónde estaba situada Mamre? Cerca de Hebrón, en Judá (Gén. 13:18).

31. ¿Qué acontecimiento extraordinario le sucedió a Abraham allí? El Señor y dos ángeles se le aparecieron, en forma humana (Gén. 18).

32. ¿Cómo los recibió Abraham? Con la natural hospitalidad oriental, pidiéndoles que descansaran mientras él les preparaba comida.

33. ¿Qué le prometieron ellos a Abraham? Que él y Sara tendrían un hijo.

34. ¿Cómo recibió Sara la noticia? Se rió, porque eso le parecía algo imposible.

35. ¿A qué lugar se dirigieron los tres visitantes después de haber comido? A Sodoma, para destruirla y rescatar a Lot.

36. ¿Por qué iban a destruir a Sodoma? Porque "el clamor de Sodoma y de Gomorra es grande, y el pecado de ellos se ha agravado en extremo" (Gén. 18:20).

37. ¿De qué manera intercedió Abraham por la ciudad? Rogó al Señor seis veces que la librara de la destrucción si hubiera cincuenta, cuarenta y cinco, cuarenta, treinta, veinte o aun diez personas justas en ella.

38. ¿Cómo le respondió el Señor? Le permitió pedir todo lo que quiso y accedió a todo lo que le pidió.

39. ¿Habría el Señor salvado la ciudad si Abraham le hubiera pedido que lo hiciera por amor a Lot sólo? Es posible que lo hubiera hecho; pero su destrucción sólo habría sido aplazada, ya que Lot solo jamás habría podido convertir a la ciudad.

40. ¿Qué le dijeron los visitantes celestiales a Lot?
Cualquiera que tengas en la ciudad, sácalos de este lugar. Porque vamos a destruir este lugar, por cuanto el clamor de ellos ha *llegado a ser grande delante de Jehovah* (Gén. 19:12, 13).

41. ¿Cuántos parientes de Lot creyeron la advertencia y huyeron con él? Su esposa y sus dos hijas. Pero su esposa miró hacia atrás y se convirtió en una columna de sal.

42. ¿Hay algún vestigio de este suceso? Sí. El mar Muerto ocupa probablemente el lugar donde estaban las ciudades.

43. ¿Cuándo cumplió Dios su promesa a Sara? Al cabo de un año, en el tiempo que Dios le había indicado (Gén. 21).

44. ¿Qué nombre le fue dado al hijo de la promesa? Isaac, que significa "risa".

45. ¿Qué sucedió el día que Isaac fue destetado? Abraham hizo una gran fiesta e Ismael se burló del joven Isaac.

46. ¿Qué quería Sara que hiciera Abraham? Que echara a Agar e Ismael.

47. ¿Estaba esto de acuerdo con los deseos de Dios? Sí. Así se lo manifestó a Abraham.

48. ¿Qué fue de Agar e Ismael? Después de sufrir algunas penurias se establecieron en el desierto de Parán, en Arabia; Ismael creció y se hizo fuerte y llegó a ser el padre de una raza cuyos representantes actuales son los árabes.

49. ¿Cuál fue la mayor prueba a la fe de Abraham? La orden que le dio Dios de que sacrificara como holocausto a su único hijo, Isaac, a quien amaba (Gén. 22).

50. ¿Dónde habría de realizarse este sacrificio? En "la tierra de Moriah" que se cree que es el monte de ese mismo nombre en Jerusalén.

51. ¿Le dijo Abraham a su hijo lo que proponía hacer? No. Cuando Isaac le preguntó acerca del cordero, le respondió que Dios proveería uno.

52. Cuando Isaac se dio cuenta de la intención de su padre, ¿opuso resistencia? No.

53. ¿Pudo haberlo hecho? Sí, ya que él tenía probablemente 25 años de edad y su padre era un anciano.

54. ¿Permitió Dios que se llevara a cabo el sacrificio? No, sino que un ángel del Señor habló desde el cielo y dijo:

No extiendas tu mano sobre el muchacho, ni le hagas nada, porque ahora conozco que temes a Dios, ya que no me has rehusado tu hijo, tu único (Gén. 22:12).

55. ¿De qué manera proveyó Dios el holocausto? Abraham encontró "un carnero trabado por los cuernos en un matorral" y se lo ofreció a Dios en holocausto.

56. ¿Qué nombre dio Abraham al lugar donde sucedió ésto? Jehovah-yireh, que significa "el Señor proveerá".

57. ¿Qué se dice en el Nuevo Testamento de esta acción?
Por la fe Abraham, cuando fue probado, ofreció a Isaac. El que había recibido las promesas ofrecía a su hijo único, de quien se había dicho: En Isaac te será llamada descendencia. El consideraba que Dios era poderoso para levantar aun de entre los muertos. De allí que, hablando figuradamente, lo volvió a recibir (Heb. 11:17-19).

58. ¿Qué edad tenía Sara cuando murió? Ciento veintisiete años (Gén. 23:1).

59. ¿Dónde la enterró Abraham? En la cueva de Macpela, cerca de Mamre o Hebrón, la cual compró con ese propósito a Efrón el heteo.

60. ¿Qué más sabemos acerca de Abraham? Que tuvo otra esposa llamada Quetura, y que tuvo seis hijos varones (Gén. 25:1-6).

61. ¿Participaron estos hijos de la herencia de Isaac? No. Abraham les dio obsequios y los envió lejos.

62. ¿Qué edad tenía Abraham cuando murió? Ciento setenta y cinco años (Gén. 25:7).

8. ISAAC Y REBECA (Gén. 24)

1. ¿Cómo le consiguió Abraham esposa a Isaac? Envió a su mayordomo a su parentela en Mesopotamia con este propósito, después de que éste le juró que no la buscaría entre los paganos que había a su alrededor.

2. ¿Tuvo éxito el mayordomo

en su misión? Sí. Fue conducido por la providencia divina a la casa del sobrino de Abraham, llamado Betuel, y consiguió la mano de su hija, Rebeca.

3. ¿Qué le dio a ella? Pendientes de oro, brazaletes, objetos de plata y oro, y vestidos, de acuerdo con la costumbre de esas tierras y de esos tiempos.

4. ¿Cómo describió el mayordomo las posesiones de su amo? Dijo que el Señor lo había bendecido mucho, y que le había dado abundancia de ganado, plata, oro, etc.

5. ¿Quién salió a recibir a Rebeca cuando ésta se acercaba a la casa de Isaac? El mismo Isaac.

6. ¿A dónde la llevó y cómo se sintió en cuanto a ella? A la tienda de su madre, "y él la amó. Así se consoló Isaac".

7. ¿Qué edad tenía Isaac entonces? Cuarenta años (Gén. 25: 20).

8. ¿Qué ocupación tenía Isaac? Era pastor y ganadero, y gran parte de su riqueza consistía en ovejas y ganado vacuno.

9. JACOB Y ESAU
(Gén. 25—27)

1. ¿Cuántos hijos tuvo Isaac? Un par de gemelos: Esaú y Jacob (Gén. 25:26).

2. ¿En qué se diferenciaban físicamente estos dos hijos? Esaú era rojizo y velludo, mientras que Jacob tenía piel suave.

3. ¿Tenían los mismos intereses? No. Esaú era un hábil cazador, pero irascible, desordenado y se sentía atraído por el mal estilo de vida de la gente en medio de la cual vivía. Jacob, por el contrario, era tranquilo, amante de su hogar, comerciante sagaz, pero con gran capacidad para el bien cuando tomó la decisión de seguir a Dios (Gén. 25:27-34).

4. ¿Quién era el primogénito? Esaú.

5. ¿Qué era la "primogenitura"? El derecho que tenía el hijo mayor sobre la porción más grande de la herencia familiar. En este caso particular, además, era la herencia de las promesas hechas por Dios a Abraham y a sus descendientes: La bendición que habría de recibir el mundo a través del Mesías.

6. ¿Apreciaba Esaú su primogenitura? ¿Qué prueba tenemos? No la apreciaba, porque la vendió a Jacob por un plato de guisado de lentejas —por un "guiso rojo"— cuando tuvo hambre y sed y se sintió desfallecido. También hoy son muchos los que venden su primogenitura por un plato de lentejas, exponiendo así sus almas por la satisfacción inmediata del placer.

7. ¿Se enteró Isaac de la venta de la primogenitura? Evidentemente no, ya que un tiempo después planeó una fiesta en la que daría a Esaú la bendición de la primogenitura (Gén. 27:1-4).

8. ¿A quiénes escogió Esaú como sus esposas? A Judit y a Basemat, de la tribu idolátra de los heteos.

9. ¿Aprobaron sus padres su elección? No; esto los apesadumbró.

10. ¿Permitió Jacob que Esaú obtuviera la bendición de la primogenitura? No. Por la persuasión y estratagema de su madre fingió ser Esaú para obtener él la bendición (Gén. 27:6-29).

11. ¿Actuó correctamente para lograr la bendición? No. Debió haber dejado eso en manos de Dios, a su debido tiempo y a su manera. Era correcto que él tuviera la primogenitura, pero no fue correcto ni necesario que la obtuviera mediante el engaño.

12. ¿Cómo se sintió Esaú cuando se dio cuenta de que había perdido su bendición? Se acongojó mucho (Gén. 27:36-38).

13. ¿A quién debía culpar de ello? Principalmente a sí mismo, ya que él la había vendido voluntariamente a Jacob unos cuarenta años atrás.

14. ¿A quién debemos culpar si nosotros, como Esaú, despreciamos la bendición de Dios? Sólo a nosotros mismos.

10. JACOB (Gén. 28—35)

1. ¿Cómo trató Esaú a Jacob después que éste obtuvo la bendición? Lo odió y se propuso matarlo.

2. ¿Qué decidieron hacer los padres de Jacob? Lo enviaron a Padan-aram, el lugar nativo de su madre, para salvarlo de Esaú; y también para que consiguiera esposa entre las hijas de Labán (Gén. 27:42—28:5).

3. ¿Volvió Jacob a ver a su madre? Probablemente no, ya que no se la nombra más, a pesar de que Isaac es mencionado en Génesis 35:27-29.

4. ¿Qué experiencia excepcional tuvo Jacob en Betel cuando se dirigía a Siria? Tuvo una visión de noche y una renovación de la promesa y de la bendición de Dios (Gén. 28:10-22).

5. ¿En qué consistió la visión? En una escalera que iba de la tierra al cielo, y de ángeles que subían y descendían por ella.

6. ¿De qué era tipo la escalera? De Cristo, como la escalera de comunicación entre el cielo y la tierra.

De cierto, de cierto os digo que veréis el cielo abierto y a los ángeles de Dios que suben y descienden sobre el Hijo del Hombre (Juan 1:51).

7. ¿Qué pacto hizo Jacob en ese lugar? Que ya que el Señor le había prometido su bendición, él sería su Dios, y que le dedicaría el diezmo de todo lo que le diera.

8. ¿Cómo lo recibió su tío Labán? Con cariño y amabilidad (Gén. 29:13-28).

9. ¿Qué le prometió a Jacob? Darle a Raquel como esposa a cambio de siete años de trabajo para él.

10. ¿Cumplió Labán su promesa? No, sino que le dio a Lea en lugar de Raquel.

11. ¿Se casó después con Raquel? Sí, y por ella sirvió siete años más.

12. ¿Cuántas esposas tuvo Jacob? Primero a Raquel y a Lea; y luego a las siervas Bilha y Zilpa, por el deseo de sus esposas, de acuerdo con la costumbre de ese tiempo. Véase Génesis 7:26 y 16:2.

13. ¿Cuánto tiempo permaneció Jacob con Labán? Veinte años, tras haber servido catorce años por sus esposas, y seis años por sus rebaños (Gén. 31:41).

14. ¿Logró tener Jacob grandes hatos y rebaños? Sí (Gén. 30:43).

15. ¿Cómo se sintieron los hijos de Labán cuando vieron esto? Se sintieron disgustados por su éxito (Gén. 31:1).

16. ¿Tenían razón para sentirse disgustados? No, porque los rebaños de Labán habían aumentado mucho más por haberse ocupado Jacob de ellos (Gén. 31:36-41).

17. ¿Qué decidieron hacer Jacob y sus esposas? Resolvieron regresar a Canaán, por mandato de Dios (Gén. 31:3-55).

18. ¿De qué acción infame fue Raquel culpable? De robar los dioses de su padre.

19. ¿Qué demostraba ésto? Que tanto ella como su padre seguían adorando dioses paganos.

Y Josué dijo a todo el pueblo: Así ha dicho Jehovah Dios de Israel: "Vuestros padres (Taré, padre de Abraham y de Nacor) habitaron antiguamente al otro lado del Río, y sirvieron a otros dioses" (Jos. 24:2).

20. ¿Qué hizo Labán cuando descubrió que Jacob lo había abandonado? Fue tras él.

21. ¿De qué manera protegió Dios a Jacob de la ira de Labán? Haciéndole una advertencia a Labán por medio de un sueño.

22. ¿Cómo terminó la entrevista entre Labán y Jacob? Pacíficamente y con un pacto.

23. ¿Qué significa la palabra Majanaim? Dos campamentos (Gén. 32:1, 2).

24. ¿Por qué fue llamado así el lugar? Porque una compañía de ángeles le salió al encuentro a Jacob allí.

25. ¿Qué debió haber sentido Jacob cuando vio esta protección celestial? Que estaba a salvo de cualquier daño.

El ángel de Jehovah acampa en derredor de los que le temen, y los libra (Sal. 34:7).

26. ¿Cómo se sintió Jacob cuando supo que su hermano Esaú venía a su encuentro? Tuvo gran temor y angustia (Gén. 32:6-23).

27. ¿Qué hizo Jacob? Dividió a su gente y a sus rebaños en dos campamentos, para que si uno era destruido el otro pudiera escapar.

28. ¿Qué le sucedió a Jacob antes de que cruzara el río? Un Ser celestial luchó con él durante toda la noche, hasta que amaneció (Gén. 32:24-32).

29. ¿Qué nombre le dio Jacob al lugar donde ocurrió esto? Peniel, o "la cara de Dios".

30. ¿A qué fue cambiado el nombre de Jacob aquí? Fue cambiado de Jacob, "suplantador", a Israel, "príncipe de Dios".

31. ¿Qué representa esta lucha de Dios con Jacob? Quizá los esfuerzos de Dios de llevar a las almas a una total y completa entrega a él. Hay otros que la consideran como el modelo de oración que prevalece.

32. ¿Cómo fue el encuentro de Jacob y Esaú? Con fraternal afecto y en paz, en respuesta a la oración de Jacob (Gén. 33:1-16).

33. ¿Dónde vivió Jacob cuando regresó a Canaán? En la ciudad de Siquem, donde compró la primera tierra que poseyó su familia en Canaán, aparte de la tierra de la tumba en Macpela (Gén. 33:17-20).

34. ¿Qué quería Dios que hiciera Jacob? Que se fuera a vivir a Betel.

35. ¿Qué preparativos hizo Jacob para este viaje? Pidió que su familia y todos los que lo acompañaban desecharan sus ídolos, se purificaran y se cambiaran sus vestidos (Gén. 35:1-7).

36. ¿Qué gran pérdida sufrió Jacob cuando estaba cerca de Belén? La muerte de Raquel (Gén. 35:19).

37. ¿Cuántos hijos tenía Jacob entonces? Doce (Gén. 35:22-26).

38. ¿Hasta dónde viajó Jacob, en dirección sur? Hasta Mamre, cerca de Hebrón (Gén. 35:27).

39. ¿Quién vivía allí? Isaac, quien probablemente murió tres años después.

11. JACOB Y SUS HIJOS (Gén. 37)

1. ¿Por cuál hijo mostraba Jacob gran favoritismo? Por José.

2. ¿Por qué Jacob hacía ésto y cómo lo demostró? Porque José le había nacido en la vejez, y porque era el hijo de su amada Raquel. Lo demostró haciéndole una "túnica de diversos colores", una vestimenta de distinción utilizada por los príncipes y por los que no estaban obligados a trabajar. Era una señal de que Jacob tenía la intención de que José se convirtiera en el jefe de la familia.

3. ¿Por qué odiaban a José sus hermanos mayores? Por el favoritismo de su padre hacia él, y quizá porque su carácter moral superior los avergonzaba.

4. ¿Tenían esos sueños algo que ver con ese odio? ¿En qué

consistían sus sueños? Sí, muy probablemente. Soñó que las gavillas de sus hermanos se inclinaban hacia la suya, y que el sol, la luna y once estrellas hacían lo mismo hacia él.

5. ¿Cómo cayó José en poder de sus hermanos? Al enviarlo Jacob para ver si estaban bien.

6. ¿Qué le hicieron? Lo echaron a un pozo o cisterna vacía.

7. ¿Quién propuso esto? Rubén, que tenía la intención de hacerlo volver a su padre.

8. ¿Qué otra proposición fue hecha y por quién? Judá propuso que lo vendieran a un grupo de mercaderes madianitas que se dirigían a Egipto.

9. ¿Qué edad a la sazón tenía José? Diecisiete años.

10. ¿Qué cuento le contaron a su padre? Que habían encontrado su túnica ensangrentada, y que lo había matado un animal.

11. ¿Cómo recibió Jacob la noticia? Se enlutó y rehusó ser consolado.

12. JOSE EN EGIPTO
(Gén. 39—41)

1. ¿A quién vendieron los madianitas a José? A Potifar, capitán de la guardia del faraón.

2. ¿Qué cargo le dio Potifar a José? Lo nombró mayordomo de su casa (Gén. 39:2-6).

3. ¿Cómo le mostró Dios a José su protección en esta situación? Prosperó todo lo que tenía bajo su responsabilidad.

4. ¿Qué castigo injusto sufrió José? Le metieron en la cárcel (Gén. 39:19-23).

5. ¿Se olvidó el Señor de él? No. Estuvo con él y le extendió su misericordia.

6. ¿Cómo se portó el encargado de la cárcel con José? Le puso a cargo de todos los presos.

7. ¿Qué les sucedió a dos de los presos? El copero principal del faraón y el panadero principal tuvieron sueños que los turbaron.

8. ¿Cómo los ayudó José en su confusión? Les interpretó los sueños (Gén. 40).

9. ¿Resultó ser verdad lo que les dijo? Sí. El copero fue restituido en su cargo y el panadero fue ahorcado, como lo predijo José.

10. ¿Cómo se portó el copero del faraón con José? Olvidó su promesa de pedir la libertad de José.

11. ¿Qué le recordó el sueño que había tenido? Un sueño que tuvo el faraón (Gén. 41:1-37).

12. ¿Se atribuyó José a sí mismo el honor de la interpretación? No. El dijo: "No está en mí. Dios responderá para el bienestar del faraón" (v. 16).

13. ¿Qué cargo le dio el faraón

a José? Lo hizo gobernador de todo Egipto, el segundo en poder después del faraón, para que pudiera llevar a cabo sus planes en cuanto a la hambruna (Gén. 41:38-57).

14. ¿Qué edad tenía José en ese tiempo? Treinta años.

15. ¿Qué nombre le dio el faraón a José, y qué significa? Zafenat-panéaj: "El hombre a quien le son revelados los secretos" o "revelador de secretos".

16. ¿Cómo se llamaban la esposa y los hijos de José? Asenat; Manasés y Efraín.

17. ¿Qué hizo José durante los siete años de abundancia? Almacenó los alimentos en las ciudades.

18. Cuando el pueblo clamó al faraón durante el hambre pidiendo comida, ¿a quién los envió? A José.

19. ¿Les proveyó comida José? Sí, pero a cambio de su dinero, ganado y tierras y, por último, de ellos mismos, de manera que se hicieron esclavos del faraón. Después de la hambruna le dieron la quinta parte de sus entradas al faraón, a cambio de la utilización de las tierras que ellos le habían vendido (Gén. 47:14-26).

20. ¿Estuvo esta hambruna limitada a la tierra de Egipto? No, sino sobre toda la tierra, o sobre toda la parte conocida por ellos.

13. JACOB Y SUS HIJOS EN EGIPTO (Gén. 42—50)

1. ¿De qué manera consiguieron comida Jacob y su familia durante la hambruna? Diez de los hijos de Jacob fueron a comprar trigo en Egipto.

2. ¿Cómo se portó José ante sus hermanos cuando los vio? Se portó como un extraño y les habló con aspereza, pero no con un espíritu de venganza (Gén. 42:6-28).

3. ¿De qué los acusó? De ser espías.

4. ¿Les proporcionó comida? Sí, y les devolvió su dinero.

5. ¿Bajo qué condición les dijo José que volvería a recibirlos? Que regresaran acompañados de Benjamín.

6. ¿De qué manera se aseguró de que regresarían? Retuvo a Simeón como prisionero.

7. ¿Cómo se sintió Jacob cuando regresaron sus hijos y le contaron lo sucedido? Sintió que todo se había vuelto contra él, y que perdería a Benjamín también.

8. ¿Viajó Benjamín con ellos? Sí, ya que no había otra forma de aliviar el hambre. Judá prometió responsabilizarse de que Benjamín regresara sano y salvo (Gén. 43:1-15).

9. ¿Cómo se sintió José cuando vio a Benjamín entre sus hermanos? Se conmovió profundamente y se apartó para llorar a solas (Gén. 43:30, 31).

10. ¿Qué relación estrecha

existía entre José y Benjamín? Eran hijos de la misma madre, Raquel (Gén. 30:22-24; 35:16-18).

11. ¿Qué edad tenía Benjamín? Se cree que era siete años menor que José, por lo que tendría treinta y dos años. Tenía entonces diez hijos (Gén. 46:21).

12. ¿Cómo trató José a sus hermanos? Los recibió cordialmente y les hizo una gran fiesta (Gén. 43:25-34).

13. ¿Cuál era el propósito de José al tratar a sus hermanos como lo hizo? Averiguar si su carácter había cambiado, a fin de poder hacer lo más conveniente por ellos.

14. ¿Qué otra prueba les hizo pasar a sus hermanos? Puso una copa de plata en el costal de Benjamín, y luego envió a su criado a arrestarlo por ladrón y llevarlo para castigarlo por su delito.

15. ¿Qué actitud tuvo Judá en esta difícil circunstancia? Le rogó que le permitiera a Benjamín regresar con el resto de sus hermanos, y se ofreció a sí mismo como esclavo en lugar suyo (Gén 44:18-24).

16. ¿Cómo afectó todo esto a José? No pudo soportarlo más, lloró a gritos, y les dijo que él era José, su hermano (Gén. 45:1-15).

17. ¿Cómo se sintieron ellos cuando supieron que este poderoso gobernante era su propio hermano? No pudieron responderle nada porque estaban aterrados.

18. ¿Qué pruebas les dio de quién era? Les dio pruebas tanto de su amor como de su poder por los valiosos regalos que les hizo, y por la promesa de darles un hogar y abundancia en Egipto a toda su familia (Gén. 45:17-23; 46:29).

19. ¿Cuántos miembros de la familia de Jacob fueron a vivir a Egipto? Setenta (Gén. 46:25, 27).

20. ¿Dónde habitaron en Egipto Jacob y su familia? En la tie-rra de Gosén (Gén. 47:1).

21. ¿Qué opinión tenían los egipcios de los pastores? Los pastores eran para ellos una "abominación". Quizá porque la dinastía de los reyes pastores los había tratado mal o quizá porque los egipcios habitaban principalmente en las ciudades y menospreciaban a los habitantes del campo.

22. ¿Fue Jacob presentado al faraón? Sí, y Jacob le dio su bendición (Gén. 47:7-10).

23. ¿Cuánto tiempo vivió Jacob en Egipto? Diecisiete años (Gén. 47:28).

24. ¿Qué bendición especial dio Jacob a los hijos de José? Colocó su mano derecha sobre el menor en vez de sobre el mayor, dando así la primogenitura al hijo menor (Gén. 48).

25. ¿Cuál es el último acto registrado de Jacob? La bendición a sus doce hijos poco antes de morir (Gén. 49).

26. ¿A quién dio la primogeni-

tura en su bendición profética? *Judá llegó a ser el más fuerte entre sus hermanos y de él procede un príncipe, el derecho de primogenitura fue de José* (1 Crón. 5:2).

27. ¿Cuál fue la bendición especial de Judá? Que de su familia vendría el Mesías (Gén. 49:10; Heb. 7:14).

28. ¿Dónde fue sepultado Jacob? En la cueva de Macpela, junto con sus antepasados y su esposa Lea (Gén. 49:29-32; 50:13).

29. ¿Qué temieron los hermanos de José después de la muerte de Jacob? Que él los maltratara y castigara; pero los consoló y les habló con bondad (Gén. 50:15).

30. ¿Cuándo fue enterrado José? Su cuerpo fue preparado, indudablemente, de acuerdo con la costumbre egipcia, para su preservación; pero el entierro final no se produjo sino hasta que los israelitas llegaron a Canaán después del éxodo (Gén. 50:26).

Y sepultaron en Siquem los restos de José, que los hijos de Israel habían traído de Egipto, en la parte del campo que Jacob compró a los hijo de Hamor, padre de Siquem, por 100 piezas de dinero (Jos. 24:32).

14. NACIMIENTO Y EDUCACION DE MOISES (Exo. 1—2)

1. ¿Qué trato dieron los egipcios a los hijos de Israel después de la muerte de José? Después de la muerte de los que habían visto lo que José hizo por ellos, los esclavizaron y los oprimieron (Exo. 1:6-14).

2. ¿Se multiplicaron rápidamente los hijos de Israel? Sí.

3. ¿Por qué asustó ésto a los egipcios? Por miedo a que se unieran a sus enemigos, ya que el territorio que ocupaban quedaba entre Egipto y sus enemigos más temidos.

4. ¿En que fueron ocupados los hijos de Israel por los egipcios? En hacer ladrillos y adobes, en trabajos de construcción y en otras labores.

5. ¿Qué cruel plan ideó el faraón para reducir el poder de los israelitas? Empleó a parteras que mataran a los niños varones hebreos en el momento de nacer (Exo. 1:16).

6. ¿Quién fue Moisés? El segundo hijo varón de Amram y Jocabed, de la tribu de Leví (Exo. 2:1; 6:20).

7. ¿Qué plan ideó su madre para salvarle la vida? Lo escondió en una arquilla de juncos entre los juncos que crecían a las orillas del río Nilo (Exo. 2:3).

8. ¿Tuvo éxito su plan? Sí, el niño fue encontrado por la hija del faraón quien se encargó de él.

9. ¿A quién puso su madre a observar la pequeña cesta? A María, la hermana de Moisés.

**10. Cuando la princesa necesitó una nodriza para que cuidara al niño, ¿a quién buscó María? A su madre.

11. ¿Qué bendición le aseguró ésto a Moisés? El cuidado más tierno y el conocimiento del Dios verdadero, así como la enseñanza en su adoración a él.

12. ¿Qué consiguió Moisés al ser adoptado por la princesa? Primero, por supuesto, salvar su vida. Segundo, una excelente educación, ya que los egipcios tenían la mejor cultura y los más avanzados conocimientos en el mundo de esa época. Tercero, preparación militar, liderazgo, etc. Justo todo lo que necesitaría cuando llegara el momento de libertar a Israel.

13. ¿Con quién se identificó Moisés: Con los egipcios o con los hebreos? Exodo 2:11-14. *Por la fe Moisés, cuando llegó a ser grande, rehusó ser llamado hijo de la hija del Faraón. Prefirió, más bien, recibir maltrato junto con el pueblo de Dios* (Heb. 11: 24, 25).

14. ¿Lo recibieron los hebreos amigablemente? No. *¿Quién te ha puesto por gobernador y juez sobre nosotros? ¿Acaso quieres tú matarme como mataste ayer al egipcio?* (Hech. 7:27, 28).

15. ¿A qué se vio Moisés obligado? A salir de Egipto y huir a la tierra de Madián, en el desierto de Arabia (Exo. 2:15-22).

16. ¿Qué le sucedió allí? Se casó con una hija del sacerdote o príncipe de Madián.

17. ¿Cuánto tiempo permaneció allí? Cuarenta años (Hech. 7: 30).

18. ¿De qué valor le resultó esta experiencia? Le dio lecciones en cuanto al dominio propio, lo alejó de la corrupción de la corte, y lo familiarizó con el territorio a través del cual habría de pasar Israel en su viaje a Canaán.

15. EL LLAMADO A MOISES PARA LIBERAR A ISRAEL (Exo. 3—4)

1. ¿Qué visión maravillosa atrajo la atención de Moisés mientras se encontraba apacentando las ovejas de su suegro en el desierto? Una zarza que ardía y no se consumía (Exo. 3:2, 3).

2. ¿De quién era la voz que le habló desde en medio del fuego? Era la voz de Dios (Exo. 3:4-6).

3. ¿Qué misión le dio el Señor a Moisés? Que sacara a los israelitas de Egipto. Pero primero debía tener el permiso del faraón (Exo. 3:7-22).

4. ¿Estuvo Moisés dispuesto a acometer la tarea? No. Dijo que los israelitas no creerían que Dios se le había aparecido (Exo. 4:1).

5. ¿Qué señales le dio el Señor para demostrar al faraón que él era el mensajero de Dios? La transformación de la vara de Moisés en una serpiente, le volvió leprosa la mano y luego se la restauró, y la conversión de agua en sangre (Exo. 4:2-8).

6. ¿Convenció esto a Moisés? No. Se excusó diciendo que era un pésimo orador para transmitir el mensaje de Dios (Exo. 4:10).

7. ¿De qué manera lo ayudó Dios en esto? Le prometió enseñarle lo que habría de decir, y le dijo que le acompañaría su hermano Aarón, que sabía hablar bien (Exo. 4:11-16, 27).

8. ¿Cómo recibieron los israelitas el mensaje? Creyeron y adoraron a Dios, pero después murmuraron (Exo. 4:31). Véase 16.3.

16. LAS PLAGAS DE EGIPTO (Exo. 5—11)

1. ¿Era el rey de Egipto ahora el mismo faraón que había ordenado la muerte de los bebés? No. "Faraón" era el título, no el nombre del gobernante. Habían transcurrido entre ochenta y ochenta y tres años después del edicto.

2. ¿Cómo recibió este faraón a Moisés y Aarón cuando se presentaron delante de él? Los insultó por obstaculizar el trabajo de la gente (Exo. 5:2-4).

3. ¿Cuál fue el resultado? Se agravó el trabajo del pueblo, por lo cual los israelitas culparon a Moisés (Exo. 5:5-21).

4. ¿Qué sucedió cuando el faraón se negó a dejar salir al pueblo? Cayeron las diez plagas sobre Egipto como advertencia y castigo.

5. ¿En qué consistieron las primeras nueve plagas? (1) Las aguas del río Nilo se convirtieron en sangre (Exo. 7). (2) Un gran número de ranas entró en las casas de los egipcios (Exo. 8:1-15). (3) Piojos sobre las personas y animales (Exo. 8:16-19). (4) Nubes de moscas o de insectos punzantes (Exo. 8:20-32). (5) Peste sobre todo el ganado (Exo. 9:1-7). (6) Sarpullido y úlceras en la gente y en los animales (Exo. 9:8-12). (7) Una tormenta de truenos y granizos que destruyó la vegetación y el ganado (Exo. 9:13-35). (8) Una plaga terrible y destructora de langostas (Exo. 10:1-20). (9) Una densa oscuridad durante tres días (Exo. 10:21-29).

6. ¿Por qué fue la primera plaga una molestia especial para los egipcios? Porque utilizaban el agua para beber; se alimentaban en gran parte de peces; el desbordamiento del río Nilo era sumamente importante para la agricultura; y porque adoraban al río como a un dios.

7. ¿Hasta dónde pudieron los magos imitar a Moisés y a Aarón? Hasta convertir el agua en sangre y hacer subir ranas sobre la tierra, pero no pudieron quitar las ranas.

8. ¿Qué dijeron cuando no pudieron hacer más nada? Que los milagros de Moisés eran el dedo de Dios (Exo. 8:19).

9. ¿Cuándo y de qué manera hizo Dios diferencia entre los egipcios y los israelitas? Ninguna plaga, después de la tercera, afectó a la tierra de Gosén, donde vivían los israelitas.

10. ¿Qué misericordiosa pro-

visión hizo Dios en la séptima plaga para todos los que creyeran sus palabras? Les dijo que llevaran el ganado a un lugar de refugio.

11. ¿Por qué razón todos estos castigos no tuvieron ningún efecto sobre el faraón? Porque su corazón había sido endurecido, o él endureció su corazón, como dicen Exodo 8:15, 32; 9:34, 35, de tal manera que Dios lo entregó a la maldad de su propio corazón.

12. ¿No es algo espantoso que Dios entregue a un hombre a su propio corazón endurecido? *Porque si pecamos voluntariamente, después de haber recibido el conocimiento de la verdad, ya no queda más sacrificio por el pecado, sino una horrible expectativa de juicio y de fuego ardiente que ha de devorar a los adversarios* (Heb. 10:26, 27).

13. ¿Qué efecto tuvo la novena plaga sobre el faraón? El faraón le prohibió a Moisés que volviera a presentarse delante de él.

14. ¿En qué consistió la décima plaga? En la muerte de los primogénitos. Véanse Exodo 17 y 18.

17. LA PASCUA (Exo. 12:1-28)

1. ¿Qué mandó Dios hacer a los israelitas antes de enviar la última plaga sobre los egipcios? Que celebraran la Pascua.

2. ¿En qué consistía la Pascua? La comida pascual consistía principalmente de un cordero que era comido con hierbas amargas y pan sin levadura. Posteriormente se creó una ceremonia religiosa alrededor del rito.

3. ¿De quién era tipo el cordero? De Cristo, el Cordero de Dios, inmolado desde antes de la fundación del mundo (Juan 1:29; Apoc. 13:8).

4. ¿En qué maneras fue el cordero pascual tipo de Cristo? En su mansedumbre e inmaculada inocencia; en el ser muerto sin que ninguno de sus huesos fuera quebrado; y en otras varias maneras.

5. ¿Cómo debía ser preparado el pan? Sin levadura, o diastasa, que lo fermentara.

6. ¿De qué es tipo el pan, según el apóstol Pablo? De "sinceridad y de verdad" (1 Cor. 5:7, 8).

7. ¿Qué significan las hierbas amargas? La amargura de la servidumbre en Egipto, el verdadero pesar por el pecado, y el cáliz de sufrimiento de Cristo (Sal. 69: 20, 21).

8. ¿Cómo debía ser comida la Pascua? El pueblo debía estar totalmente preparado para salir inmediatamente de Egipto, y debían comerla de pie para estar bien prevenidos. Posteriormente, la Pascua se comía estando sentados o reclinados, de acuerdo con la costumbre oriental.

9. ¿Qué otra orden les fue dada? Debían rociar el dintel y los postes de las puertas de las casas con la sangre del cordero sacrificado.

10. ¿Por qué debían hacer esto? Como señal de que eran hebreos y adoradores de Jehovah, a fin de que el ángel que pasaría matando al primogénito de cada hogar egipcio no matara sus hijos.

11. ¿Qué significa la palabra "Pascua"? Se refiere al paso del ángel exterminador sobre las puertas de los hijos de Israel rociadas con sangre.

18. EL EXODO
(Exo. 12:29—14:31)

1. ¿Qué hizo el faraón cuando vio que la amenaza de muerte contra su primogénito se había cumplido? Dejó que los israelitas se marcharan inmediatamente.

2. ¿De qué forma recompensó Dios a los israelitas por todo lo que habían sufrido a manos de los egipcios? Haciendo que los egipcios les dieran oro, plata y vestidos.

3. ¿Fue correcto que les pidieran tanto? Sí, ya que habían trabajado durante años sin recibir ninguna paga. Además, estaban dejando muchas propiedades en Egipto que no podían llevar consigo.

4. ¿De qué manera obedecieron los israelitas la orden del faraón? Partieron de inmediato con sus ovejas y ganado, y prepararon apresuradamente la comida (Exo. 12:37-39).

5. ¿Los dejó partir el faraón tranquilamente? No. Después que se recuperó del susto envió en su persecución a un ejército para hacerlos volver (Exo. 14).

6. ¿Qué le dijo el pueblo a Moisés cuando vieron el mar frente a ellos y al ejército del faraón detrás? Que hubiera sido mejor haberse quedado en Egipto.

7. ¿Qué respondió Moisés? Les dijo que esperaran y verían cómo Dios los salvaría.

8. ¿Qué tenían los israelitas para guiarlos? Un columna de nube y de fuego.

9. ¿De qué manera mantuvo Dios separados a los campamentos toda la noche? Mediante la columna de nube y de fuego que mantenía en oscuridad a los egipcios y que les impedía avanzar, pero que servía de iluminación a los israelitas.

10. ¿Cómo salvó Dios a los israelitas? Abriéndoles camino en medio del mar.

11. ¿De qué manera impidió Dios que los carros de los egipcios les dieran alcance? Trabó las ruedas de sus carros en el fango, de modo que "se desplazaban pesadamente".

12. ¿Debemos alguna vez desconfiar de un Dios que tiene el poder de ayudar a su pueblo en cualquier dificultad? No. "Si Dios es por nosotros, ¿quién contra nosotros?" (Rom. 8:31).

13. ¿Qué sucedió inmediatamente después que Israel cruzó a salvo el mar? Los egipcios fueron cubiertos por las aguas que volvieron.

19. EL COMIENZO DEL VIAJE (Exo. 15)

1. ¿Qué fue lo primero que hicieron después de cruzar el mar? Moisés y todo Israel cantaron un cántico de alabanza a Dios por su misericordia.

2. ¿Cuántos días estuvo viajando Israel por el desierto antes de encontrar agua? Tres.

3. Cuando encontraron agua, ¿cómo era? Salada, en Mara.

4. ¿Qué actitud tuvieron los hijos de Israel ante esta desilusión? Murmuraron contra Moisés.

5. ¿Dónde acampó Israel después? En Elim.

6. ¿Qué bendición les tenía Dios preparada allí? Agua abundante y setenta palmeras, un verdadero oasis en el desierto.

20. EL MANA (Exo. 16)

1. ¿Cómo fueron alimentados los israelitas en el desierto? Con maná, la mayor parte del tiempo.

2. ¿Qué era el maná? Una sustancia diminuta y redonda, del tamaño aproximado de una gota congelada de rocío, enviada milagrosamente por Dios y que servía de comida.

3. ¿Cada cuánto tiempo debían recogerlo? Todo los días, excepto el sábado o día de reposo.

4. ¿Qué providencia hizo el Señor para que santificaran el sábado y fuera un día de descanso? El día anterior recibían una doble porción del maná.

5. ¿Fue Israel obediente a Dios en cuanto a esta disposición? No. Algunos de ellos salieron a recoger el maná el día de reposo, pero no hallaron nada.

6. ¿De quién se dice que fue tipo el maná? De Jesucristo, el Hijo de Dios, "el pan vivo que descendió del cielo" (Juan 6:51).

7. ¿Estuvieron los israelitas satisfechos con la provisión hecha por Dios? No todos, porque algunos dijeron: "Nuestra alma está hastiada de esta comida miserable" (Núm. 21:5).

21. LA PEÑA GOLPEADA (Exo. 17:1-7)

1. ¿De dónde obtuvieron agua los israelitas en el desierto cuando no tuvieron pozos de dónde sacarla? De un arroyo que salió de una peña en Horeb, cuando Moisés la golpeó con su vara.

2. ¿De quién es un hermoso tipo la peña o roca golpeada? "La roca era Cristo" (1 Cor. 10:4).

3. ¿Qué dijo Cristo Jesús acerca de esto?
Pero cualquiera que beba del agua que yo le daré, nunca tendrá más sed, sino que el agua que yo le daré será en él una fuente de agua que salte para vida eterna (Juan 4:14).

22. LA BATALLA CONTRA AMALEC (Exo. 17:8-16)

1. ¿Quiénes eran los amalequitas? Descendientes de Esaú, que vivían al sur de Palestina, en la región del Sinaí.

2. ¿Por qué atacaron a Israel? Porque Israel había ocupado uno de sus oasis, y el agua era en aquel tiempo causa frecuente de guerra. Pensaron que el pueblo de Israel era débil y que podrían destruirlo, pero se olvidaron de que Dios estaba de parte de Israel.

3. ¿Se airó Dios contra ellos por esto? Sí. Los sentenció a vivir siempre en guerra, y finalmente a ser destruidos.

4. ¿Qué ejército obtuvo la victoria? El israelita.

5. ¿Cómo la obtuvo? Por la oración incensante de Moisés.

6. ¿Qué lección podemos aprender de esta experiencia? Primero, la importancia de la oración cuando enfrentemos dificultades; y también el deber que tenemos de apoyar, ayudar y "sostener las manos" de nuestro líderes, hasta donde nos sea posible (Exo. 17:12).

7. ¿Qué significa Jehovahnisi? "Jehovah es mi bandera."

23. LA LEY DEL SINAI (Exo. 19—24)

1. ¿Qué es la ley? La palabra se refiere aquí a los Diez Mandamientos, y las otras leyes que siguieron a continuación.

2. ¿Bajo qué circunstancias dio el Señor la ley? Desde la cumbre del monte Sinaí, en medio de truenos, relámpagos, nubes y oscuridad, sonido de trompeta y un terremoto.

3. ¿Dónde queda el monte Sinaí? En la parte meridional de lo que se conoce ahora como península de Arabia.

4. ¿Podía Israel resistir la presencia de Dios? No, por lo que le pidieron a Moisés que les hablara él. "No hable Dios con nosotros, no sea que muramos" (Exo. 20:19).

5. ¿Quién subió a la densa oscuridad donde se encontraba Dios? Moisés (Exo. 19:20; 20:21).

6. ¿Qué prometió el pueblo cuando Moisés descendió con el mensaje de Dios para ellos? Hacer todas las cosas que Jehovah había dicho (Exo. 24:3).

7. ¿Cuáles son los Diez Mandamientos? Apréndalos de memoria y repítalos. Se encuentran en Exodo 20:3-17.

8. ¿Cómo estaban divididos los mandamientos en "las dos tablas de la ley"? Los mandamientos 1-4: "la primera tabla de la ley", son los deberes del hombre para con Dios; el resto: "la segunda tabla de la ley", son los deberes del hombre para con el hombre.

24. EL PACTO QUEBRANTADO (Exo. 32)

1. ¿Cuánto tiempo estuvo

Moisés en el monte con Dios?
Cuarenta días y cuarenta noches.
Exodo 24:18.

2. ¿Qué prueba de su incapacidad de guardar la Ley dio Israel mientras Moisés se encontraba en el monte? Hicieron y adoraron un becerro de oro que quizá representaba a un ídolo de Egipto. Fue hecho, sin duda, con el propósito de representar a Jehovah. Pero véase Exodo 20:4-6.

3. ¿Quién era su líder? Aarón, quien sin duda alguna se opuso, pero al no ser lo suficientemente fuerte para evitarlo, hizo lo que le pidieron.

4. ¿Cómo fue adorado el becerro? Con una fiesta idolátrica y bailes alrededor del ídolo.

5. ¿Qué hizo Moisés cuando lo vio? Rompió las tablas de piedra así como el pueblo había roto la ley, y destruyó al becerro de oro.

6. ¿Cómo se disculpó Aarón? En parte, echándole la culpa al pueblo.

7. ¿Cómo fue castigado Israel? Los líderes murieron a espada, y después hubo una plaga.

8. ¿No fue esto innecesariamente severo? No. Moisés dijo primero a todos: "¡Quien esté de parte de Jehovah únase conmigo!" Todos pudieron haberse unido a él de haber querido. Además, ya que no tenían un rey sino a Dios, tal acción era una traición, y peor aun porque lo hicieron después de su pacto solemne.

25. LA INTERCESION DE MOISES POR ISRAEL
(Exo. 32:30-35; 33; 34)

1. ¿Quién intercedió por Israel en esa horrible ocasión? Moisés, al subir de nuevo al monte.

2. ¿Qué prueba dio el Señor a Moisés de que lo había aceptado? Le permitió ver algo de su gloria y le declaró su nombre.

3. ¿De qué manera les fue dada por segunda vez la ley? Moisés llevó dos nuevas tablas de piedra al monte y Dios escribió en ellas los Diez Mandamientos (Exo. 34:1-28).

4. ¿Cuánto tiempo estuvo Moisés en el monte esta vez? Cuarenta días y cuarenta noches (Deut. 10:10).

5. ¿Qué evidenciaba que Moisés había hablado con Dios cara a cara? Su rostro estaba resplandeciente (Exo. 34:29, 30).
Nunca en Israel se levantó otro profeta como Moisés, a quien Jehovah conociera cara a cara (Deut. 34:10).

6. ¿Cómo se sintieron los hijos de Israel al ver esto? Tuvieron temor de acercarse a él (Exo. 34:30).

26. EL TABERNACULO
(Exo. 35—40)

1. ¿Cómo aprendió Moisés a hacer el tabernáculo? Dios mismo se lo enseñó de acuerdo con un modelo que le mostró en el monte (Exo. 25:9, 40).

2. ¿A quién dotó Dios especialmente con habilidades para este trabajo? A Bezaleel y Oholiab y a otros hombres sabios de corazón (Exo. 36:1).

3. ¿Cómo consiguió Moisés los materiales? Gracias a las ofrendas voluntarias del pueblo (Exo. 35:21-29; 36:3-7).

4. ¿Cuándo estuvo terminado el tabernáculo? El primer día del primer mes del segundo año de estar en el desierto (Exo. 40:17).

5. ¿De quién era tipo el tabernáculo? De Jesucristo, el "verdadero" y "perfecto tabernáculo" (Heb. 8:2; 9:11).

6. ¿Son nuestros cuerpos comparados a un tabernáculo? Sí, a uno que será deshecho para que podamos morar en las mansiones eternas en los cielos (2 Cor. 5:1).

7. ¿Qué cosas había en el tabernáculo? (1) El altar de bronce del holocausto; (2) La fuente en el atrio del tabernáculo; (3) la mesa de la Presencia; (4) el candelabro o candelero; (5) El altar de oro del incienso en el lugar santo; y (6) El arca del testimonio en el lugar santísimo.

8. ¿Quién encendió un fuego por primera vez en el altar del holocausto? Dios mismo (Lev. 9:24).

9. ¿Qué había después del altar de bronce en el atrio exterior? La fuente de agua para lavarse los sacerdotes (Exo. 40:30-32).

10. ¿De qué estaba hecha la fuente de agua? De bronce tomado de los espejos —o platos de metal bruñido— que usaban las mujeres.

11. ¿Qué era el pan de la proposición? Pan ofrecido al Señor. Eran doce panes, uno por cada tribu. Este pan permanecía en el lugar santo durante una semana, y luego era comido por los sacerdotes (Lev. 24:5-9).

12. ¿De qué era tipo el incienso? De las oraciones del pueblo (Apoc. 8:3, 4).

13. ¿Quiénes ministraban en el lugar santo? Los sacerdotes, que eran los únicos que podían entrar en él (Heb. 9:6).

14. ¿Quién era el único que podía entrar en el lugar santísimo?
Una vez al año, entraba el sumo sacerdote solo, no sin sangre, la cual ofrecía por sí mismo y por los pecados que el pueblo cometía por ignorancia (Heb. 9:7).

15. ¿De qué era tipo este lugar santísimo? De la presencia directa de Dios.

16. ¿Quién ha entrado allí?
Por tanto, teniendo un gran sumo sacerdote que ha traspasado los cielos, Jesús el Hijo de Dios, retengamos nuestra confesión (Heb. 4:14).

17. ¿Qué había entre el lugar santo y el lugar santísimo?
Un hermoso velo confeccionado

con ricos materiales y bordado primorosamente.

18. ¿Qué le sucedió al hermoso velo del templo cuando el Señor Jesús fue crucificado? Se rasgó en dos de arriba abajo.

19. ¿Qué mostraba esto? Que el camino al cielo había sido ya abierto sin necesidad de un sacerdote humano mediador (Heb. 10: 19-22).

20. ¿Qué había en el lugar santísimo? El arca del pacto o del testimonio.

21. ¿De qué estaba hecha el arca? De madera de acacia cubierta de oro (Exo. 25:10, 11).

22. ¿Cómo representaba el arca la gloria de Dios? Por el propiciatorio y los querubines que estaban sobre el arca (Exo. 25:17-22).

23. ¿Qué había guardado dentro el arca? Un vaso de oro con el maná, la vara de Aarón que reverdeció y las tablas del pacto (Heb. 9:4).

24. ¿Qué cosa terrible sucedió después de que comenzaron por primera vez los servicios en el tabernáculo? Nadab y Abihú, hijos de Aarón, ofrecieron incienso de una manera que desagradó a Dios y murieron (Lev. 10).

25. ¿Cuál pudo ser la razón? Levítico 10:9 sugiere que pudieron haber estado embriagados.

27. LOS SACRIFICIOS Y OFRENDAS (Lev. 1—17)

1. Mencione las cuatro principales ofrendas.
El holocausto (Lev. 1); el sacrificio por el pecado (Lev. 4); el sacrificio por la culpa (Lev. 5:1-7:7); y el sacrificio de paz (Lev. 3).

El sacrificio por el pecado se refería más bien a la expiación, y el holocausto a la dedicación personal total.

El sacrificio de paz, ya fuera de ganado vacuno o de ganado lanar, era una expresión de agradecimiento a Dios por sus mercedes.

La ofrenda vegetal (Lev. 2) hecha con harina, aceite y vino, era también un sacrificio de acción de gracias.

2. ¿A quién prefiguraban todos estos sacrificios? A Jesucristo, la gran Expiación y Sacrificio ofrecido voluntariamente, quien, después de haberse ofrecido, ha pagado por los pecados una vez y para siempre (Heb. 10:1-18).

3. Mencione algunas de las ceremonias del gran día de la Expiación. Aarón, el sumo sacerdote, ofrecía sacrificios por el pecado propio y del pueblo, rociaba la sangre sobre el propiciatorio en el lugar santísimo, confesaba los pecados del pueblo sobre el macho cabrío expiatorio, lo enviaba al desierto, y ofrecía holocaustos por sí mismo y por el pueblo (Lev. 16).

4. ¿Qué significa la palabra "expiación"? Reconciliación a través de un sacrificio que ocupaba el lugar de otra persona.

5. ¿Quién ha hecho expiación por nuestros pecados? Jesucristo, quien sufrió en lugar nuestro el castigo que merecíamos.

28. LAS FIESTAS (Lev. 23)

1. ¿De qué "fiesta" se habla por primera vez? Del sábado o día de reposo (Lev. 23:3).

2. ¿Cada cuánto tiempo debía celebrarse? Cada siete días.

3. ¿Cuándo fue ordenada por primera vez la celebración del día de reposo? En el huerto de Edén, cuando Dios lo santificó o lo apartó como santo. Véanse también Exodo 16 y 20.

Por eso Dios bendijo y santificó el séptimo día, porque en él reposó de toda su obra de la creación que Dios había hecho (Gén. 2:3).

4. ¿Por qué es llamada aquí "fiesta"? Porque es un día de descanso sagrado y de gozosa adoración. Véase Hebreos 4:8-11.

5. ¿Asocia Dios siempre la felicidad y el gozo con la religión? Sí.

Si apartas tu pie por respeto al sábado, para no hacer tu capricho en mi día santo; si al sábado llamas delicia, consagrado a Jehovah y glorioso; y si lo honras, no haciendo según tus propios caminos ni buscando tu propia conveniencia ni hablando tus propias palabras, entonces te deleitarás en Jehovah. Yo te haré cabalgar sobre las alturas de la tierra, y te daré a comer de la heredad de tu padre Jacob. Porque la boca de Jehovah ha hablado (Isa. 58:13, 14).

6. ¿Cuál es la segunda fiesta de la cual se habla? De la fiesta de la pascua o de los panes sin levadura (Lev. 23:5-8).

7. ¿Cuándo se celebraba? Comenzaba el día 15 del primer mes, que corresponde aproximadamente a nuestro marzo o abril.

8. ¿Cómo se celebraba? Con el sacrificio de un cordero y utilizando pan sin levadura y hierbas amargas.

9. ¿Cuándo fue instituida esta fiesta? Cuando los israelitas salieron de Egipto. Ver la sección 17.

10. ¿Qué fiesta venía después? La de la ofrenda o primicias de la cosecha en Pentecostés, cincuenta días después de la Pascua (Lev. 23:9-22).

11. ¿Qué ceremonia se realizaba con el primer manojo de espigas? El sacerdote debía mecerlo delante del Señor.

12. ¿Qué significaba el "mecerlo"? Un acto de adoración al Señor de toda la tierra.

13. ¿Qué fiesta se realizaba el primer día del mes séptimo? La fiesta de las Trompetas (Lev. 23:23-25).

14. ¿Cuántos días después de esta fiesta de las Trompetas se celebraba el gran día de la expiación? Nueve días después.

15. ¿Qué era el día de la expiación? Véase 27.3.

16. ¿Cuántos días después del día de la expiación se celebraba la fiesta de los Tabernáculos? Cinco días después (Lev. 23:34-43).

17. ¿Qué ceremonias caracterizaban a esta fiesta? La ofrenda de sacrificios y la morada en cabañas durante siete días. Esto debía guardarse a perpetuidad como recordatorio de que había habitado en cabañas en el desierto.

29. EL CENSO DE LOS ISRAELITAS Y LA PARTIDA DEL SINAI (Núm. 1—4; 7—10)

1. ¿Cuánto tiempo permanecieron los hijos de Israel en el Sinaí? Cerca de once meses.

2. ¿Cuáles fueron algunos de los principales hechos que sucedieron allí? La entrega de la ley al pueblo; la adoración del becerro de oro; la construcción del tabernáculo; y el castigo de Nadab y Abihú.

3. ¿Qué rito celebraron el día 14 del mes primero? La Pascua (Núm. 9:1-5).

4. ¿Qué mandó Moisés hacer el día primero del mes segundo del segundo año? Que se hiciera un censo del pueblo (Núm. 1:1-3).

5. ¿A quiénes aceptó Dios para su servicio en vez de los primogénitos? A los levitas; y dado que los primogénitos eran superiores en número, se pagaban cinco siclos al tesoro del tabernáculo por cada uno de más.

6. ¿Cómo debían marchar y acampar los hijos de Israel en su viaje? Cada tribu debía hacerlo por sí misma, de acuerdo a cierto orden y posición establecidos, quedando los levitas en medio de ellas (Núm. 2).

7. ¿Cómo sabían cuándo marchar? Debían seguir el movimiento de la nube que cubría al tabernáculo (Núm. 9:17-23).

8. ¿Cómo eran llevados el equipaje y las demás cosas? En carretas, menos las cosas sagradas del tabernáculo, que debían ser llevadas a hombros por los hijos de Cohat, de la tribu de Leví (Núm. 4:2-15; 7:2-9).

9. ¿Qué daba cada uno de los dirigentes de Israel como ofrenda para el servicio del tabernáculo? Platos de oro y plata, y animales para el sacrificio (Núm. 7).

10. ¿Qué día se movió la nube por primera vez? El día 20 del mes segundo del segundo año después del éxodo (Núm. 10:11).

11. ¿A quién rogó Moisés que los acompañara? A Hohab, el hijo de Reuel el madianita, su suegro (conocido también como Jetro, Exo. 3:1; Núm. 10:29).

12. ¿Qué pruebas tenemos de que Hohab entró después con los israelitas en la tierra prometida?
Los descendientes del queneo, suegro de Moisés, subieron con los hijos de Judá de la Ciudad de las Palmeras al desierto de Judá que está en el Néguev de Arad, y fueron y habitaron con el pueblo (Jue. 1:16).

13. Cuando todo estuvo listo para marchar, ¿qué hermosa oración pronunció Moisés?
¡Levántate, oh Jehovah, y sean dispersados tus enemigos! ¡Huyan

de tu presencia los que te aborrecen! (Núm. 10:35).

14. ¿Y qué oración ofrecía cuando el arca se asentaba nuevamente?
¡Vuelve, oh Jehovah, a las miríadas de millares de Israel! (Núm. 10:36).

30. LAS QUEJAS (Núm. 11)

1. ¿Habían aprendido los israelitas, a estas alturas, a obedecer a Dios? No, como lo demuestran sus reiteradas rebeliones contra él (Heb. 3:8-12; Sal. 106:7, 8, 13-46).

2. ¿Con qué alimentó el Señor a Israel en el Sinaí? Con maná.

3. ¿No debían, entonces, haber confiado en Dios en su viaje? Sí, pero en vez de ello pidieron, con ingratitud y ánimo descontento, un cambio de comida (Núm. 11: 1-6).

4. ¿Lograron el cambio de comida? Sí, el Señor les envió abundancia de codornices al campamento. Pero probablemente las comieron con tal exceso que se enfermaron (Núm. 11:19, 20, 31-33).

5. ¿Sentía Moisés que las continuas quejas del pueblo eran demasiado para él? Sí; se quejó de la carga que esto era para él (Núm. 11:11-15).

6. ¿De qué manera lo ayudó el Señor? Designó a setenta hombres de los ancianos de Israel para que le ayudaran (Núm. 11:16, 17).

31. EL PECADO DE AARON Y MARIA (Núm. 12)

1. ¿Cuál fue el pecado de Aarón y María? Quisieron tener igual autoridad que Moisés.

2. ¿Qué privilegio especial le había concedido Dios a Moisés? Una comunicación más íntima con él y una visión cercana de su gloria.

3. ¿Quién tuvo la iniciativa en este pecado? Parece haber sido María, ya que recibió el castigo más severo: volverse leprosa.

4. ¿Quiénes abogaron por María? Aarón ante Moisés, y Moisés ante Dios.

5. ¿Le quitó Dios el castigo? Sí, pero tuvo que cumplir con la ley en cuanto a la lepra, que exigía que todo sanado de lepra tenía que habitar fuera del campamento durante siete días (Núm. 12:14; Lev. 13:46).

6. ¿De qué era tipo su castigo? De lo repugnante que era su pecado a los ojos de Dios.

32. EL INFORME DE LOS ESPIAS (Núm. 13—14)

1. ¿Dónde se encontraban los hijos de Israel a estas alturas? En Cades, en el desierto de Parán, cerca de la frontera sur de Canaán.

2. ¿Qué le ordenó Dios a Moisés que hiciera? Que enviara a unos hombres a explorar la tierra de Canaán.

3. ¿Cuántos hombres fueron enviados? Doce, uno de cada tribu (Núm. 13:3-16).

4. ¿Quiénes nos resultan familiares de entre ellos? Caleb y Josué.

5. ¿Cuánto tiempo estuvieron explorando la tierra? Cuarenta días (Núm. 13:25).

6. ¿Qué informe dieron? Que la tierra era rica y fértil, y que en ella fluía "leche y miel", pero que sus habitantes eran gigantes y las ciudades grandes y amuralladas (Núm. 13:26-33).

7. ¿A qué conclusión llegaron? Diez de ellos dijeron: "No podemos subir y conquistar la tierra." Los otros dos dijeron: "Jehovah nos ayudará y nos dará la victoria sobre la gente de esa tierra" (Núm. 13:30; 14:6-9).

8. ¿Qué efecto tuvo esto sobre el pueblo? Se llenaron de angustia y propusieron regresar a Egipto (Núm. 14:1-4).

9. ¿Qué hicieron Moisés y Aarón? Se postraron sobre sus rostros en humillación y oración (Núm. 14:5).

10. ¿Qué hizo el pueblo cuando Caleb y Josué trataron de aquietar sus temores? Hablaron de apedrearlos (Núm. 14:10).

11. ¿Quién apareció en el momento que iban a ser apedreados? Dios mismo, en la gloria del tabernáculo.

12. ¿Qué le propuso Dios a Moisés? Desheredar a Israel y hacer de Moisés una nación más grande y más fuerte que la de ellos (Núm. 14:11, 12).

13. ¿Aceptó Moisés este gran honor? No, sino que imploró que los perdonara (Núm. 14:13-25).

14. ¿Qué castigo recibieron los diez espías que desanimaron al pueblo? Murieron a causa de la plaga (Núm. 14:36, 37).

15. ¿Qué castigo le impuso Dios al pueblo? Tendrían que andar errantes durante cuarenta años en el desierto, y morirían allí, en vez de entrar a la tierra prometida (Núm. 14:33).

16. ¿Fue demasiado injusto y severo este castigo? No. No estaban lo suficientemente preparados para resistir las tentaciones de los idólatras que vivían allí, si no podían tener una mayor confianza en Dios.

17. ¿Qué misericordia especial les prometió Dios a Josué y Caleb? Que sólo ellos, de su generación, entrarían a la tierra de Canaán (Núm. 14:26-38).

18. ¿De qué torpeza fue el pueblo culpable el día siguiente? De tratar de entrar a la tierra, haciendo contra el mandamiento de Dios lo que habían tenido temor de hacer con su ayuda (Núm. 14: 40-45).

19. ¿Cuál fue el resultado? Fueron atacados, derrotados y tuvieron que volver a Cades.

33. EL VIOLADOR DEL SABADO; EL PECADO DE CORE; Y LA VARA QUE FLORECIO (Núm. 15—17)

1. ¿De qué pecado fue culpable un hombre en ese tiempo? De recoger leña en el día de reposo (sábado) (Núm. 15:32-36).

2. ¿Qué castigo recibió? Murió apedreado por orden de Dios.

3. ¿Fue demasiado severo este castigo? No, el pueblo no había aprendido a obedecer y tenían que aprender a hacerlo. Además, puesto que Dios era su único rey, tal desobediencia era en la práctica una traición contra él.

4. ¿No había Dios amenazado con este castigo la transgresión de ese mandamiento? Sí. *Guardaréis el sábado, porque es sagrado para vosotros; el que lo profane morirá irremisiblemente. Cualquiera que haga algún trabajo en él será excluido de en medio de su pueblo* (Exo. 31:14).

5. ¿Qué le ordenó Dios al pueblo que hiciera para recordar siempre sus mandamientos? Que se hicieran flecos en los bordes de sus vestiduras.

6. ¿Quiénes fueron Coré, Datán y Abiram? Coré fue un levita, y los otros rubenitas, que se rebelaron contra las normas del sacerdocio (Núm. 16).

7. ¿Que les propuso Moisés a estos hombres? Que acudieran al tabernáculo a quemar incienso para ver si Dios los aceptaba o no como sus sacerdotes.

8. ¿De qué manera mostró inmediatamente Dios su desagrado? Les ordenó a Moisés y Aarón y a la congregación que se apartaran del grupo rebelde y de sus moradas, entonces la tierra se abrió y se los tragó.

9. ¿Cuán numeroso era el grupo de estos hombres y qué pasó con ellos? Eran 250, y el fuego del Señor los consumió.

10. ¿Puso fin esto a las murmuraciones del pueblo? No, ellos acusaron luego a Moisés y Aarón de haber matado al pueblo de Jehovah.

11. ¿De qué manera apareció Dios de nuevo para vindicar la honra del sacerdocio que él había instituido? Más de catorce mil murieron por la plaga.

12. ¿Qué le ordenó Moisés a Aarón que hiciera para evitar el castigo que él sentía que iba a caer sobre el pueblo? Que quemara incienso e hiciera expiación.

13. ¿Qué se hizo con los incensarios de los rebeldes? Fueron convertidos en láminas para cubrir el altar como un recordatorio de su pecado.

14. ¿Cómo mostró Dios mismo a quién él había escogido? Ordenó que el dirigente de cada tribu tomara una vara y la colocara en el tabernáculo. Les declaró que les mostraría a quién había escogido como cabeza del sacerdocio haciendo que su vara floreciera. Al día siguiente la vara de Aarón había florecido y producido fruto (Núm. 17:1-10).

34. EL PECADO DE MOISES Y AARON (Núm. 20)

1. ¿Qué prueba de fe tuvieron los hijos de Israel en el desierto de Zin? La falta de agua.

2. ¿Qué actitud tuvieron? Criticaron a Moisés por esto.

3. ¿Qué le ordenó Dios a Moisés que hiciera? Que le hablara a la roca delante del pueblo, y de ella saldría agua.

4. ¿De qué manera ofendió Moisés a Dios en este asunto? Habló como si él y Aarón, por su propio poder, sacarían agua de la roca; y, además, golpeó la roca.

5. ¿Qué castigo se acarrearon él y Aarón? No se les permitió entrar a la tierra prometida.

6. ¿Dónde murió Aarón? En el monte Hor.

7. ¿Qué ceremonia tuvo lugar allí? Primero, le quitaron sus vestiduras sacerdotales, y luego vistieron a su hijo Eleazar con ellas.

8. ¿Qué manifestación de respeto tuvieron los hijos de Israel por la memoria de Aarón? Hicieron duelo por él durante treinta días.

9. ¿De quién era Aarón tipo? Del Señor Jesucristo, nuestro gran sumo sacerdote.

10. ¿Por qué supera el sacerdocio del Señor Jesucristo al sacerdocio de Aarón? Porque Jesucristo es Dios, y un sacerdote eterno.

35. LA SERPIENTE DE BRONCE (Núm. 21:1-9)

1. ¿Por qué se sintió después particularmente desanimado el pueblo? Se estaban dirigiendo desde Cades al punto de Canaán desde el cual podrían entrar con mayor facilidad a la tierra, pero los edomitas, que estaban asentados en su ruta, les negaron el paso (Núm. 20:14-21).

2. ¿De quién descendían los edomitas? De Esaú, que era llamado Edom, o "rojo" por el guiso rojo que recibió de Jacob (Gén. 25:30; 36:1). Véase 9. 6.

3. ¿Qué otro problema enfrentaron? De nuevo, la falta de agua y comida.

4. ¿De qué manera los castigó Dios por sus quejas? Por medio de serpientes ardientes, ardientes por su apariencia o por su mordedura.

5. ¿Qué remedio se le ordenó a Moisés que preparara? Que colocara una serpiente de bronce sobre un asta para que el pueblo pudiera mirarla, los que tenían fe para mirar quedaban sanados.

6. ¿De quién era esto tipo? De Jesucristo, ya que el pecador puede mirar a él y vivir (Juan 3:14, 15).

36. BALAAM (Núm. 21:10—25:17; 31:1-8)

1. ¿Hasta dónde habían llegado ya los hijos de Israel en su peregrinación? Hasta el desierto frente a Moab, al este del río Jordán.

2. ¿A qué dos reyes poderosos vencieron y mataron? A Sejón, rey de los amorreos; y a Og, rey de Basán (Núm. 21:23-35).

3. ¿Cómo aparece descrito Og en Deuteronomio? *Sólo Og, rey de Basán, había quedado del resto de los (gigantes) refaítas. He aquí su cama, que era de hierro, ¿acaso no está en Rabá de los hijos de Amón? Ella tiene 9 codos de largo por 4 codos de ancho, conforme al codo de un hombre* (Deut. 3:11).

4. ¿Cómo se llamaba el rey de Moab? Balac (Núm. 22:2-4).

5. ¿Quién fue Balaam? Un célebre adivino, o supuesto profeta, que vivía cerca del río Eufrates en Mesopotamia, y que a veces recibía revelaciones de Dios (Núm. 24: 1, 2).

6. ¿Por qué razón deseaba tanto Balac verlo? Para que maldijera a los israelitas, a fin de poder vencerlos (Núm. 22:5, 6).

7. ¿Quería Balaam verse con él? Sí, ya que la paga que le ofreció lo tentó fuertemente.

8. ¿Qué se lo impedía? El mandato de Dios (Núm. 22:7-21).

9. ¿Le permitió Dios hacer lo que quería? Sí.

10. ¿Indicaba eso que Dios estaba de acuerdo con su misión? No, pero le daba a Dios la oportunidad de mostrar su poder sobre Balaam de una manera más pública e impresionante (Núm. 23:7-12).

11. ¿De qué manera mostró Dios su desaprobación? Envió a un ángel para que lo detuviera en el camino (Núm. 22:22-34).

12. ¿Hizo Dios regresar a Balaam o le permitió que siguiera? Le permitió seguir (Núm. 22:35).

13. ¿Tenía Balaam algún poder cuando llegó a donde iba? Sólo tenía la facultad de decir lo que Dios le comunicara (Núm. 22: 38).

14. ¿Trató Balaam de llevar a cabo el deseo de Balac? Sí, mediante la adivinación, mientras Balac ofrecía sacrificios. Pero Dios le hizo pronunciar una bendición en vez de una maldición (Núm. 23:3, 8-10, 15, 20-24; 24:1-9).

15. ¿Cómo se sintió Balac cuando se dio cuenta de que Balaam había dado una bendición, en vez de una maldición, a sus enemigos? Se enfureció contra Balaam (Núm. 24:10).

16. ¿Qué hizo Balaam cuando descubrió que no podía prevalecer por medio de sus hechizos? Se rindió al poder de Dios y expresó una hermosa profecía (Núm. 24:13-17).

Yo lo veré, pero no ahora; lo contemplaré, pero no de cerca: Una estrella saldrá de Jacob, se levantará un cetro de Israel.

17. ¿De qué manera demostró

Balaam que era un hombre malvado? Por su vil consejo a Balac de que tentara a pecar a los hijos de Israel (Apoc. 2:14).

18. ¿Qué final tuvo Balaam? Murió a manos de los israelitas en una batalla contra los madianitas (Núm. 31:8).

37. LAS CIUDADES DE REFUGIO (Núm. 35; Deut. 19; Jos. 20)

1. ¿Cuántos personas quedaban vivas de las que habían salido de Egipto con Moisés? Sólo dos: Caleb y Josué (Núm. 26:65).

2. ¿A que se debía esto? A que Dios había dicho que todos los demás morirían en el desierto. Véase 32.15.

3. ¿Qué petición hizo Moisés al Señor al final de sus días? Que Dios le diera un sucesor (Núm. 27:15-23).

4. ¿A quién nombró el Señor? A Josué, de la tribu de Efraín, que había sido uno de los hombres más grandes de Israel; y a Caleb, que había sido un espía fiel cuando el resto de los espías había dado un informe negativo.

5. ¿Qué tribu no tendría heredad en Palestina? La de Leví, que era la responsable de proporcionar los sacerdotes y los líderes religiosos.

6. ¿Cuántas ciudades de las tribus de Israel les serían dadas? Cuarenta y ocho (Núm. 35:7).

7. ¿A qué propósito debían destinarse seis de estas ciudades? A ser ciudades de refugio.

8. ¿Quiénes tenían el privilegio de huir a ellas? Cualquiera que hubiera matado a otra persona accidentalmente.

9. ¿Gozaba de protección el que matara intencionalmente? No. Si se refugiaba en una de dichas ciudades, tenía que ser entregado si lo encontraban culpable (Núm. 35:11; Deut. 19:11, 12).

10. ¿Quién era "el vengador de la sangre"? El familiar más cercano de la persona asesinada, cuyo deber era asegurarse de que el asesino fuera castigado.

11. ¿Cuántos testigos eran necesarios para acusar a un asesino? Dos (Núm. 35:30).

12. ¿Qué hecho ponía en libertad de la ciudad de refugio al homicida accidental, y le permitía andar libre de nuevo sin temor de que lo mataran? El fallecimiento del sumo sacerdote.

13. ¿De quién eran tipo estas ciudades de refugio? De Jesucristo, el refugio del pecador frente a Satanás y a la ira que habrá de venir.

14. ¿Dónde estaban situadas estas ciudades de refugio? Había tres al oriente del Jordán, en las tribus de Rubén, Gad y Manasés; y tres al occidente, en Neftalí, Manasés y Judá. Había una a cada lado del río en el extremo norte del territorio, una a cada lado en la parte central, y una a cada lado cerca del extremo sur (Deut. 4:41-43; Jos. 20:7, 8).

15. ¿Qué sabemos de los caminos que conducían hasta ellas? Los caminos que llevaban a estas ciudades se mantenían en buen estado; se tenía cuidado de que no hubiera obstáculos en ellos; y había postes indicadores para mostrar qué camino debía tomarse.

38. LOS ULTIMOS DIAS DE MOISES (Deut.)

1. ¿De qué es una recapitulación el libro de Deuteronomio? De gran parte de la historia y de las leyes recogida en los tres libros anteriores, en forma de tres discursos de despedida de Moisés de Israel.

2. ¿A quién se refiere Moisés en Deut. 18:15-19 como "el profeta"? A Jesucristo (Hech. 3:20-22).

3. ¿Qué hermosa ceremonia les ordena realizar cuando llegaran a la tierra prometida? Llevar una canasta de las primicias de la tierra al sacerdote como ofrenda de gratitud a Dios (Deut. 26:1-11).

4. ¿Cómo se llamaban los dos montes en los cuales debían escribirse las bendiciones y las maldiciones? Ebal y Gerizim (Deut. 27:1-8, 11-26).

5. ¿Qué terrible profecía y advertencia profirió Moisés? Maldiciones de plagas, sequía, guerra, hambre y otros males si desobedecían la Ley de Dios (Deut. 28-30).

6. ¿De qué manera le indicó Dios a Josué que lo había escogido para que fuera el líder del pueblo? Se le apareció en el tabernáculo en una columna de nube (Deut. 31:14, 15).

7. ¿Cómo preservó Moisés lo que les dijo Dios? Lo escribió y lo entregó a los sacerdotes, para que lo colocaran en el arca del pacto (Deut. 31:9, 24-26).

8. ¿Qué cántico especial se le ordenó que escribiera y recitara delante del pueblo? El que aparece en Deuteronomio 32:1-43; 31:19.

9. ¿Qué le ordenó el Señor a Moisés que hiciera inmediatamente después que terminó esta tarea? Que subiera al monte Nebo donde moriría (Deut. 32:48-52).

10. ¿Qué magnífica visión le dio el Señor a Moisés antes de su muerte? La visión de la tierra de Canaán (Deut. 34:2-4).

11. ¿En qué fue Moisés diferente a los demás profetas? *Nunca en Israel se levantó otro profeta como Moisés, a quien Jehovah conociera cara a cara* (Deut. 34:10).

12. ¿Qué edad tenía Moisés cuando murió? *Moisés tenía 120 años cuando murió. Sus ojos nunca se debilitaron, ni perdió su vigor* (Deut. 34: 7).

39. EL PASO DEL JORDAN (Jos. 1—4)

1. ¿Quién sucedió a Moisés como líder de Israel? Josué, el hijo de Nun, uno de los dos hombres fieles que habían salido con él de Egipto (Jos. 1:2).

2. ¿Qué mandamiento le dio Dios? *Ahora, levántate, pasa el Jordán tú con todo este pueblo, a la tierra que yo doy a los hijos de Israel* (Jos. 1:2).

3. ¿En qué lado del Jordán estaban los israelitas? En el lado oriental.

4. ¿Qué mandato de Dios se repite varias veces? "No temas ni desmayes."

5. ¿Bajo que condición se les dice aquí que serían prosperados? Ser estudiosos y obedientes de la ley, la palabra de Dios (Jos. 1:7, 8).

6. ¿Era el Jordán un río caudaloso? Generalmente no, pero se desbordaba en la época de las cosechas (Jos. 3:15).

7. ¿Qué hacía que el río fuera difícil de cruzar? No había puentes, y cruzarlo por algunos de sus vados era un proceso que consumía bastante tiempo, y arriesgado para algunas mujeres y niños.

8. ¿Qué hacía necesario que lo cruzaran lo más rápidamente posible? En el otro lado había enemigos que podían destruirlos fácilmente si lo cruzaban en grupos pequeños.

9. ¿Qué fue lo primero que hizo Josué? Envió a dos espías a reconocer la tierra y al pueblo, especialmente a Jericó, la ciudad más cercana (Jos. 2).

10. ¿Cómo fueron tratados estos dos hombres en Jericó? El rey de Jericó envió mensajeros para que los prendieran, y probablemente los habrían matado de no haberlos escondidos una mujer llamada Rajab.

11. ¿Qué promesa le hicieron a la mujer que los había protegido? Que ella y sus familiares salvarían sus vidas y sus propiedades si estaban con ella en la casa cuando Jericó fuera tomado.

12. ¿Qué señal les daría ella para que la casa fuera reconocida por los otros israelitas? Ataría un cordón rojo en la ventana.

13. ¿Fue cumplida la promesa? Sí. Josué 6:23. *Por la fe no pereció la prostituta Rajab junto con los incrédulos, porque recibió en paz a los espías* (Heb. 11:31).

14. ¿Qué informe rindieron los espías? *¡Jehovah ha entregado toda la tierra en nuestras manos! Todos los habitantes de esta tierra tiemblan ante nosotros* (Jos. 2:24).

15. ¿Cómo cruzaron los israelitas el Jordán? El Señor hizo que las aguas se represaran más arriba de ellos y que el resto de las aguas corrieran río abajo, de tal manera que el pueblo lo cruzó sobre tierra seca (Jos. 3).

16. ¿Cómo estaban seguros de que se podía cruzar sin peligro? Los sacerdotes que llevaban el arca estuvieron en medio del lecho del río hasta que todos pasaron.

17. ¿Qué fue lo primero que hicieron después de cruzarlo? Levantaron un monumento en la margen occidental del Jordán, hecho con doce piedras sacadas del lecho del río (Jos. 4:1-9).

18. ¿Qué hechos notables sucedieron en las llanuras de Jericó? La circuncisión del pueblo; la celebración de la Pascua; el cese del maná; y la aparición a Josué del "Jefe del Ejército de Jehovah" (Jos. 5:12-15).

40. LA TOMA DE JERICO Y DE HAI (Jos. 6—8)

1. ¿Qué instrucciones dio Dios a Josué en cuanto a la toma de Jericó? Que marchara alrededor de ella una vez al día durante seis días, y siete veces el séptimo día (Jos. 6:3, 4).

2. ¿Qué era particularmente extraño en cuanto a esto? Que el pueblo debía marchar en absoluto silencio, dirigidos por los sacerdotes que llevaban el arca y tocaban las trompetas sagradas; y que cuando dieran la última vuelta, a una señal todo el pueblo debía gritar.

3. ¿Cuál fue el resultado? Que cuando el pueblo gritó el muro de la ciudad se derrumbó y la ciudad fue tomada.

4. ¿Qué mandato especial le fue dado al pueblo? Que llevaran al tesoro de Jehovah toda la plata y el oro que encontraran en la ciudad, y quemaran el resto del botín.

5. ¿Por qué fue dado este mandato? En parte para evitar que hubiera discordia entre ellos por causa del botín.

6. ¿Quién infringió este mandamiento? Acán, de la tribu de Judá (Jos. 7).

7. ¿Qué castigo ocasionó a Israel este pecado? Fueron derrotados por los hombres de Hai.

8. ¿Cómo fue descubierto el transgresor? Echando suertes bajo la dirección de Dios.

9. ¿Qué castigo se hacía necesario para limpiar a Israel del pecado que Acán les había atraído? Su muerte y la de su familia mediante lapidación; y la destrucción de sus cuerpos y de todas las propiedades de Acán por el fuego.

10. Cuando el pecado de Acán fue quitado, ¿le concedió Dios otra vez la victoria a Israel? Sí. La ciudad de Hai fue tomada y destruida (Jos. 8).

11. ¿Qué acto solemne realizó Josué después de la destrucción de Hai? Escribió la ley sobre piedras, y leyó sus bendiciones y maldiciones al pueblo desde los montes Gerizim y Ebal (Jos. 8:30-35).

12. ¿Dónde estaban situados estos dos montes? Cerca de Siquem, o Samaria.

41. LA CONQUISTA DE CANAAN (Jos. 9—11)

1. ¿Qué hicieron los habitantes de Gabaón cuando vieron las victorias de los israelitas? Enviaron mensajes a Josué afirmando que los gabaonitas no vivían en Canaán, para que Josué no les hiciera daño (Jos. 9).

2. ¿Fueron perdonados? Sí. Josué hizo pacto con ellos el cual fue confirmado mediante un juramento.

3. ¿A qué se debió la falta de Josué en este caso? Estaba tan seguro de estar haciendo lo correcto que no buscó la dirección de Dios.

4. ¿A qué servicio fueron destinados los gabaonitas? A ser cortadores de leña y portadores de agua.

5. ¿Qué hicieron los demás reyes de Canaán cuando descubrieron que los gabaonitas habían hecho un pacto de paz con Israel? Cinco de ellos se unieron y le declararon la guerra a Gabaón (Jos. 10).

6. ¿A quién acudieron los gabaonitas para que los ayudara? A Josué.

7. ¿Acudió él en su ayuda? Sí, con todo su ejército.

8. ¿Qué prueba dio Dios aquí de que estaba con ellos? Arrojó sobre sus enemigos grandes piedras de granizo y prolongó milagrosamente las horas de luz del sol y de la luna sobre el lugar de la batalla y durante la persecución.

9. ¿Hay alguna referencia posterior en cuanto a esto en las Escrituras? Sí.
El sol y la luna se detuvieron en su cenit. Anduvieron a la luz de tus flechas y al resplandor del brillo de tu lanza (Hab. 3:11).

10. ¿Cómo es descrito el ejército que salió contra Josué en la última batalla registrada? Que era tan numeroso como la arena que está a la orilla del mar (Jos. 11:4).

11. ¿Qué gran ventaja tenían los enemigos sobre Israel? Poseían carros y caballos.

12. Sin embargo, ¿quiénes vencieron? Los israelitas los derrotaron por completo (Jos. 11:8).

13. ¿Qué hizo Josué con la ciudad de Hazor, y por qué? La incendió porque era la que dirigía todos los reinos contra los cuales él se había enfrentado.

14. ¿Qué mandamiento había dado el Señor en cuanto a la destrucción de los cananeos? Véase Exodo 34:11-13; Deuteronomio 7: 1, 2.

15. ¿Por qué actuó así el Señor con estas naciones? Porque su maldad había llegado al colmo.
Hasta ahora no ha llegado al colmo la maldad de los amorreos (Gén. 15:16).
No aprenderás a hacer las abominaciones de aquellas naciones (Deut. 18:9).

42. LA DISTRIBUCION DE LA TIERRA (Jos. 12—24)

1. ¿A qué se dedicó Josué tan pronto como la tierra descansó de la guerra? A distribuirla entre las tribus, por sorteo, delante del Señor (Jos. 18:6).

2. ¿Qué porción recibió Caleb? Por petición propia recibió Hebrón, la parte que había explorado como espía (Jos. 14:12-14).

3. ¿Cuántas tribus recibieron su heredad en la parte oriental del Jordán? Rubén, Gad y media tribu de Manasés (Núm. 32:33).

4. ¿Qué condición hubo para que pudieran recibirla? Que todos sus hombres con armas atravesaran el Jordán con el resto de la nación, y que no regresaran sino hasta el fin de la guerra y de la distribución de la tierra.

5. ¿Qué fue lo siguiente que hicieron después de la distribución de la tierra? Fueron designadas las seis ciudades de refugio. Véase la sección 37.

6. ¿Cuál fue el último acto público realizado por Josué? Convocó a Israel a una gran reunión en Siquem donde les recordó todo lo que Dios había hecho por ellos, y los exhortó a renovar su pacto con Dios (Jos. 23—24).

7. ¿Qué promesa solemne hizo allí Israel? Que desecharían los ídolos, y que servirían sólo a Jehovah.

8. ¿Qué señal conmemorativa erigió Josué allí? Una piedra como testigo (Jos. 24:26, 27).

9. ¿Qué edad tenía Josué cuando murió? Ciento diez años.

10. ¿Dónde fue sepultado? En el monte de Efraín (Jos. 24:30).

43. LOS JUECES

1. ¿Conquistó Israel a todos los cananeos? No, dejaron algunas ciudades sin conquistar (Jue. 3:1-3).

2. ¿Cuál fue el resultado de esto? Muchas veces fueron descarriados por ellos (Jue. 2:12-16).

3. ¿Qué pasaba cuando se descarriaban? Dios dejaba de protegerlos y sus enemigos los oprimían.

4. ¿Se arrepentían? Si, y Dios les levantaba libertadores llamados "jueces".

5. ¿Cuántos jueces hubo? Catorce, aparte de Elí y Samuel.

6. ¿Gobernó cada uno de ellos sobre todo Israel? No, algunos gobernaron sólo sobre porciones del país.

7. ¿A quiénes debemos recordar especialmente? A Débora, Barac, Gedeón, Sansón y Jefté.

8. ¿Quién fue el primer libertador? Otoniel, el hermano menor de Caleb, el espía fiel (Jue. 3:8-11).

A. Débora y Barac (Jue. 4—5)

9. ¿Quién fue Débora? Una mujer juez y profetisa que vivió en la parte norte de Palestina, en la región montañosa de Efraín (Jue. 4:4, 5).

10. ¿Quién fue Barac? Un líder de las tribus de Zabulón y Neftalí (Jue. 4:6, 10).

11. ¿Qué nación estaba oprimiendo la parte norte de Israel en ese tiempo? Los cananeos, bajo su rey Jabín y el gran general Sísara.

12. ¿Cómo fue reprendido Barac por su cobardía? Le dijeron que el general de los cananeos sería entregado en manos de una mujer.

13. ¿Qué clase de ejército tenía el general cananeo? Lo integraban novecientos carros de hierro.

14. ¿Por qué pudo Israel vencer a un ejército tal? Porque el poder de Dios estaba con ellos.

15. ¿Qué pasó con Sísara? Huyó y se refugió en la tienda de Jael.

16. ¿Quién era Jael? La esposa de Heber, un queneo, descendiente de Jetro, el suegro de Moisés.

17. ¿Por qué se refugió Sísara en esa tienda? Porque los queneos tenían paz con Jabín, su jefe.

18. ¿Qué hizo Jael? Le permitió descansar en su tienda, pero cuando se durmió lo mató.

B. Gedeón (Jue. 6—9)

19. ¿Por qué después de esto Israel se metió de nuevo en problemas? Porque hicieron lo malo ante los ojos de Jehovah y él permitió que fueran oprimidos por los madianitas.

20. ¿Ocurrió esto en la misma región de Palestina donde había cananeos? No, ocurrió en la parte sur, mientras que lo de los cananeos fue en el norte.

21. ¿A qué condición desgraciada fueron reducidos los israelitas? Estaban pasando hambre.

22. ¿Qué hicieron entonces? Clamaron a Dios.

23. ¿Los escuchó el Señor? Sí; les envió un profeta y después a un libertador, Gedeón, de la tribu de Manasés (Jue. 6:7-23).

24. ¿Quién se le apareció a Gedeón? Un ángel del Señor.

25. ¿Qué estaba haciendo Gedeón cuando esto sucedió? Desgranando trigo en un lugar escondido donde los enemigos no pudieran encontrarlo.

26. ¿Supo él al comienzo quién le estaba hablando? No, pero lo supo cuando el ángel hizo que saliera fuego de la roca que consumió la comida que estaba frente a él, y también por lo que le dijo.

27. ¿Qué le dijo el ángel a Gedeón que hiciera? Que salvara a Israel de los madianitas.

28. ¿Aceptó Gedeón la misión

inmediatamente? No, pensaba que él y su familia eran demasiado pobres e insignificantes.

29. ¿Cuál fue la primera acción de fe de Gedeón? Derribó el altar de Baal (Jue. 6:25-32).

30. ¿Lo mataron por esto? No. Joás, su padre, lo evitó al decir sabiamente que si Baal era un dios, él mismo podía castigar a Gedeón.

31. ¿Qué nombre honroso le fue dado a Gedeón por este gesto? Jerobaal, o "Que Baal contienda con él".

32. Haga una descripción del ejército que se reunió esa vez contra Israel. *Los madianitas, los amalequitas y todos los hijos del oriente se extendían por el valle, numerosos como langostas. Sus camellos eran incontables, numerosos como la arena que está a la orilla del mar* (Jue. 7:12).

33. ¿Estaba Gedeón completamente libre de temores? No, por eso le pidió a Dios que le diera una señal especial de su poder (Jue. 6:36-40).

34. ¿Cómo quedó convencido de que Dios escuchaba y respondía a las oraciones? Por la señal del vellón húmedo sobre la tierra seca, y del vellón seco sobre la tierra húmeda.

35. ¿Cuántos acudieron para ir tras él contra los madianitas, cuando tocó su corneta? Treinta y dos mil (Jue. 6:34; 7:3).

36. ¿Qué prueba dio antes Gedeón a su ejército por orden de Dios? Que regresaran a sus casas todos los que tuvieran miedo (Jue. 7:2, 3).

37. ¿Se regresaron algunos? Sí; veintidós mil.

38. ¿Participaron todos los demás en la batalla? No en la primera parte, pero dirigieron la persecución que siguió después (Jue. 7:4, 23).

39. ¿Qué señal le dio el Señor a Gedeón por medio de la cual sabría cuántos y a quiénes había escogido de la batalla? Las dos maneras diferentes de tomar o beber el agua en una ocasión en particular (Jue. 7:4-8).

40. ¿Por qué era una prueba importante? Porque el lugar en que estaban podía fácilmente ser emboscado. Los que lamieron el agua estaban vigilantes y preparados.

41. ¿Cuántos se quedaron con Gedeón después de esta selección? Trescientos hombres.

42. ¿Qué gran aliento le dio el Señor a Gedeón poco antes de que Gedeón y sus trescientos hombres descendieron a la batalla? Lo envió de noche al campamento de Madián donde escuchó el relato de un sueño que había tenido allí uno de los soldados (Jue. 7:9-14).

43. ¿Qué efecto tuvo sobre Gedeón el sueño de este hombre?

Alabó a Dios e inmediatamente preparó a sus hombres (Jue. 7:15, 16).

44. ¿Qué plan adoptaron para sorprender al enemigo? Los trescientos hombres, cada uno con una corneta y una antorcha encendida dentro de cada cántaro, rodearon al enemigo de noche. Al recibir una señal, romperían los cántaros y tocarían las cornetas (Jue. 7:16-20.

45. ¿Por qué resultó tan eficaz el plan? Porque en medio de la oscuridad y de la confusión los madianitas se mataron entre sí. (Jue. 7:21, 22).

46. ¿Cómo quisieron después los israelitas honrar a Gedeón? Quisieron hacerlo su rey (Jue. 8: 22, 23).

47. ¿Estuvo él dispuesto a aceptar el cargo? No, lo rechazó porque Dios no había señalado todavía esa forma de gobierno para Israel.

48. ¿Cuál de los hijos de Gedeón trató de ser rey? Abimelec (Jue. 9:1-6).

49. ¿Cuál fue una de las primeras cosas que hizo? Mató a todos sus hermanos, con excepción de Jotam.

50. ¿Qué parábola pronunció Jotam? Habló de los árboles útiles, tales como el olivo, la higuera y la vid, que se negaron a gobernar al resto de los árboles; y de la zarza inútil, como el único que lo deseó (Jue. 9:8-20).

51. ¿Cuál era el significado de la parábola? El olivo, la higuera y la vid son símbolos de hombres útiles, sabios y modestos; y la zarza, del carácter y destino que le aguarda a Abimelec.

52. ¿Se cumplió la parábola? Sí, por la necia elección de Abimelec por parte de los siquemitas, los violentos enfrentamientos entre ellos, y la destrucción de ambos.

C. Jefté (Jue. 11)

53. ¿Volvió a pecar Israel? Sí, muchas veces, y otros jueces liberaron a la nación.

54. ¿A qué falsos dioses adoraron? A los baales, a Astarot, y a los otros dioses de los pueblos paganos que había a su alrededor (Jue. 10:6).

55. ¿Cómo los castigó Dios? Los entregó en manos de los filisteos y de los amonitas durante dieciocho años (Jue. 10:7, 8).

56. Cuando Dios los convencía de su pecado y se humillaban por lo que habían hecho, ¿se apartaban del pecado? Sí, repudiaban a sus dioses extraños (Jue. 10:10-18).

57. ¿Quién fue Jefté? Un gran guerrero de Galaad en la tierra de Gad (Jue. 11:1).

58. ¿A qué lado de Israel quedaba la tierra de los amonitas? Al este.

59. ¿Por qué escogieron los hombres de Galaad a Jefté como

su jefe? Porque "era un guerrero valiente" y el que podía darles la victoria sobre los amonitas.

60. ¿Bajo qué condición aceptó Jefté el nombramiento? Que sería su caudillo al regresar (Jue. 11:9).

61. ¿Qué voto hizo Jefté antes de ir a la batalla? Que si lograba la victoria, cualquiera que saliera de su casa a su encuentro sería del Señor, y que él se lo ofrecería en holocausto (Jue. 11:30-40).

62. ¿Quién fue la primera persona que salió a recibirlo? Su único descendiente: una hija.

63. ¿Qué sintió Jefté y qué dijo cuando vio a su hija? Se angustió y le refirió el voto.

64. ¿Cuál fue la hermosa respuesta de ella? Que por haberle dado Dios la victoria, debía cumplir lo prometido en el voto.

65. ¿Qué ley de Dios había para regular lo que podía hacerse bajo tales circunstancias? Que la persona sujeta al voto podía ser redimida mediante el pago de una suma de dinero (Lev. 27:2-5).

66. ¿Por qué creemos que él pudo haberla redimido? Porque sus amigas iban todos los años a lamentar su separación de ellas, o para hablar con ella (Jue. 11:40).

67. ¿Cuánto tiempo juzgó Jefté a Israel? Seis años.

68. ¿Qué gran honor se le hace a Jefté en Hebreos 11:32? Es mencionado junto con David y Samuel y los profetas en la lista de héroes y mártires por la causa de Dios.

D. Sansón (Jue. 13—17)

69. ¿Quién fue Sansón? Un miembro de la tribu de Dan.

70. ¿Qué hecho notable se produjo antes de su nacimiento? El ángel del Señor se le apareció a su madre y le dijo que tendría un hijo, que sería nazareo de Dios, y que libraría a Israel de los filisteos (Jue. 13:2-5).

71. ¿Cómo se llamaba el padre de Sansón? Manoa.

72. ¿Apareció el ángel por segunda vez? Sí, a Manoa, y también a su esposa (Jue. 13:8-21).

73. ¿Cómo supieron Manoa y su esposa que su visitante era un ángel? Por las palabras que dijo y por haber subido en la llama del sacrificio.

74. ¿Qué era admirable en cuanto a Sansón? Su fuerza extraordinaria.

75. ¿Qué era un nazareo? Un hombre "consagrado al Señor", cuyas características externas eran el cabello largo y la abstención de bebidas embriagantes (Núm. 6:2-21).

76. ¿Perdió alguna vez Sansón su fuerza? Sí; tras haber sido persuadido a revelar su secreto, le cortaron el cabello, la señal de su voto nazareo (Jue. 16:17-21).

77. ¿Recuperó alguna vez Sansón su fuerza? Sí, justamente antes de su muerte (Jue. 16:30).

78. Mencione todas sus proezas de fuerza que tenemos registradas, y diga cuál fue la mayor. Despedazó a un cachorro de león como a un cabrito (Jue. 14:5, 6); mató a treinta filisteos (Jue. 14: 19); y después a mil (Jue. 15:15); arrancó y se llevó las puertas de la ciudad de Gaza (Jue. 16:3); rompió las cuerdas de arco frescas y las sogas nuevas con las que lo habían atado (Jue. 16:9, 11); arrancó la clavija de un telar con la cual le habían asegurado el cabello (Jue. 16:14); y derribó un gran edificio apoyándose sobre sus dos columnas y lo hizo caer sobre las cabezas de los filisteos (Jue. 16:29, 30), que es la última hazaña y la mayor de todas.

E. Rut

79. ¿Quién fue Elimelec? Un hombre de Belén de Judá, en los días de los jueces (Rut 1:1, 2).

80. ¿Cómo se llamaban su esposa y sus dos hijos? Noemí, y Majlón y Quelión.

81. ¿A qué lugar se trasladó con su familia? Al país de Moab, por el hambre que había en Judá.

82. ¿Con quienes se casaron sus hijos? Con Orfa y Rut, mujeres de Moab (Rut 1:4).

83. ¿Prosperaron y tuvieron larga vida? No, Elimelec y sus dos hijos murieron al poco tiempo (Rut 1:5).

84. ¿Qué pasó con Noemí después que murieron su esposo e hijos? Regresó a Judá, al enterarse de que el hambre había cesado (Rut 1:6, 7).

85. ¿Qué diferencia hubo en la actitud de sus nueras hacia Noemí? Ambas se afligieron ante la idea de separarse de ella, y dijeron que se marcharían con ella, pero sólo Rut lo hizo.

86. ¿Aceptó Dios a esta extranjera que estuvo dispuesta a abandonar a su pueblo y a sus dioses, y a confiar en él? Sí, y la bendijo grandemente.

87. ¿Qué significa el nombre Noemí? "Delicia."

88. ¿Qué nombre quiso Noemí que le dieran, y por qué? Mara, que significa "amarga", por las aflicciones que había sufrido.

89. ¿Qué pariente rico y noble tenía Noemí en su lugar de origen? A Boaz.

90. ¿Qué hizo Rut para conseguir comida para ella y su suegra? Fue a recoger espigas tras los segadores y dio la casualidad que fue al campo de Boaz (Rut 2:2, 3).

91. ¿Reparó Boaz en Rut? Sí, y le dijo que espigara en su campos, y dio órdenes de que fuera alimentada y protegida, y que se le permitiera un espigueo abundante (Rut 2:4-17, 21).

92. ¿Qué descripción puede darse de Boaz, aparte de que era rico y noble? Que era un hombre piadoso, bondadoso y que honraba a Dios.

93. ¿Qué efecto tuvo sobre Noemí la benevolencia de Boaz cuando se enteró de lo que había hecho? Bendijo a Dios por su bondad y le dijo a Rut que hiciera valer su parentesco con Boaz de acuerdo con la costumbre que había en Israel (Rut 2:19, 20; 3:1-4; Deut. 25:5-10).

94. ¿Era Boaz el pariente más cercano que tenía Noemí? No (Rut 3:12; 4:1).

95. ¿Cumplió su deber para con Noemí el pariente más cercano? No, rehusó hacerlo (Rut 4:1-6).

96. ¿Qué sucedió entonces? Boaz tomó su lugar y se casó con Rut (Rut 4:9-17).

97. ¿De qué grandes personajes terminó siendo Rut antepasado al casarse con Boaz? Del rey David y, por tanto, de Jesucristo, el Salvador, según la carne (Rut 4:17-22).

44. ELI Y SAMUEL (1 Sam. 1-7)

1. ¿Quién fue Elí? El sumo sacerdote de Israel, que sirvió también como juez (1 Sam. 1:9; 4:18).

2. ¿Quién fue el primer sumo sacerdote? Aarón.

3. ¿Cuál de los hijos de Aarón se convirtió en sumo sacerdote tras la muerte de su padre? Eleazar (Núm. 20:25, 26).

4. ¿De quién era descendiente Elí? De Itamar, el hijo menor de Aarón.

5. ¿Anduvieron los hijos de Elí en los pasos de su padre? No; vivieron de manera muy impía (1 Sam. 2:12-17).

6. ¿De qué pecado era Elí culpable, lo que le atrajo la ira de Dios? De censurar sólo levemente a sus impíos hijos cuando debió haberlos corregido con la autoridad que tenía un padre y un sumo sacerdote en esos días (1 Sam. 2: 23-25; 3:13, 14).

7. ¿Quién fue Elcana? Un efrateo de la región montañosa de Efraín (1 Sam. 1:1-9).

8. ¿Cómo se llamaban sus esposas? Ana y Penina.

9. ¿A cuál amaba más? A Ana.

10. ¿Qué gran prueba sufría Ana? El no tener hijos.

11. ¿A quién le contó su aflicción? A Dios en oración (1 Sam. 1:10-12).

12. ¿Qué pensó Elí cuando vio que movía los labios en una oración silenciosa? Que estaba embriagada (1 Sam. 1:13-18).

13. ¿Qué dijo Elí cuando supo que estaba equivocado? Lea 1 Samuel 1:17.

14. ¿Concibió Ana un hijo? Sí, un varón, a quien llamó Samuel, que significa "Pedido a Dios" (1 Sam. 1:19-38).

15. ¿Por qué no subió con su marido el año siguiente para adorar a Dios? Porque prefirió esperar hasta que el niño tuviera edad suficiente para dejarlo para siempre en la casa del Señor para que fuera su siervo, de acuerdo con el voto que ella había hecho.

16. ¿Qué edad tenía Samuel cuando su madre lo llevó y lo dedicó al Señor? Era "pequeño". Tenía quizá seis años (1 Sam. 1:24).

17. ¿Qué mal cometían los hijos de Elí como sacerdotes, y por qué estaba mal lo que hacían? Tomaban para ellos la parte del sacrificio que les apetecía, a pesar de que Dios había asignado a los sacerdotes una parte en particular, es decir, el pecho y el muslo derecho (1 Sam. 2:12-17; Lev. 7: 31-34).

18. ¿Alertó Dios a Elí del pecado de sus hijos? Sí; le envió a un hombre de Dios, a un profeta (1 Sam. 2:27-36).

19. ¿Tuvo en cuenta Elí este terrible mensaje? Quizá no lo suficientemente, ya que le fue enviado otro mensaje pocos años después; o pudo haber sido demasiado tarde, ya que sus hijos se habían endurecido totalmente en el pecado (1 Sam. 2:25).

20. ¿Qué señal patente dio el Señor de que había aceptado la ofrenda de Ana? Dios le hizo a Samuel un llamado especial y le dio un mensaje como profeta (1 Sam. 3:4-21).

21. ¿Qué edad tenía Samuel cuando ocurrió esto? Es probable que unos doce años.

22. ¿Había instruido Elí a Samuel en el conocimiento de Dios antes de que sucediera esto? Sin duda alguna, Elí lo había familiarizado con la ley de Dios, y le había enseñado cómo servir en el tabernáculo; pero Samuel no había experimentado todavía la manera especial como Dios se daba a conocer a sí mismo, o cómo comunicaba su palabra o su voluntad a sus profetas.

23. ¿Qué respondió Samuel cuando Dios lo llamó? "Habla, que tu siervo escucha."

24. ¿Ha respondido usted el llamado que Dios le ha hecho? De no ser así, él le está llamando ahora mientras escucha su palabra: Le llama a ser su hijo y a darle su corazón. Pídale, por amor a su amado Hijo Jesucristo, que lo ayude a obedecer su llamado. Entregue su vida a él, ahora mismo.

25. ¿Qué solemne mensaje le dio Dios a Samuel en cuanto a Elí? Que castigaría su casa, es decir, su familia, para siempre.

26. ¿Quiénes eran los mayores enemigos de Israel en ese tiempo? Los filisteos.

27. ¿Qué acto pecaminoso cometió Israel cuando vio que estaban siendo derrotados por el enemigo, y por qué? Trajeron el arca desde su lugar en Silo y la llevaron al campo de batalla, porque existía entonces la costumbre, y también después, de que los ejércitos se hicieran acompañar de las imágenes o símbolos de sus dioses (1 Sam. 4:3-11).

28. ¿Qué efecto tuvo esto sobre los filisteos? Se llenaron de temor al principio, pero después se dieron ánimos unos a otros para esforzarse más.

29. ¿Qué le sucedió al arca y a los que la llevaban? El arca fue capturada, y los hijos de Elí, que llevaban al arca por su condición de sacerdotes, fueron muertos.

30. ¿Qué demostraba eso? Que Dios no estaba con Israel, aunque tuvieran el arca. *No subáis, porque Jehovah no está entre vosotros. No seáis derrotados delante de vuestros enemigos* (Núm. 14:42).

31. ¿Cómo afectó la noticia a Elí? Cayó de espaldas del banco donde estaba sentado, junto a la puerta, esperando las noticias, y murió (1 Sam. 4:12-18).

32. ¿Qué hicieron los filisteos con el arca? La colocaron junto a su ídolo Dagón (1 Sam. 5:1, 2).

33. ¿Qué le sucedió al ídolo? Cayó en tierra sobre su rostro y se rompió.

34. ¿De qué manera castigó Dios a los filisteos? Con una enfermedad dolorosa, con una plaga de ratones y también con una destrucción mortífera.

35. ¿Qué decidieron hacer? Devolver el arca con una ofrenda por la culpa (1 Sam. 6:2-6).

36. ¿Qué prueba utilizaron para saber a ciencia cierta si había sido el Dios de Israel el que les había ocasionado todas esas desgracias? Uncieron dos vacas a la carreta que llevaba el arca, para ver si se dirigían a la tierra de Israel con sus terneros (1 Sam. 6: 7-12).

37. ¿Cómo fue recibida el arca por Israel? Con alegría y con un sacrificio de acción de gracias a Dios (1 Sam. 6:13, 15).

38. ¿De qué irreverencia fueron culpables los hombres de Bet-semes? De mirar dentro del arca (1 Sam. 6:19), lo que ocasionó que murieran 70 personas.

39. ¿Por qué fue inexcusable su acción? Porque Dios les había dicho: "No entrarán para ver cuando cubran las cosas sagradas, no sea que mueran" (Núm. 4:20).

40. ¿Fue devuelta el arca a Silo? No, fue llevada a Quiriat-jearim (1 Sam. 7:1).

41. ¿Cuánto tiempo permaneció allí? Veinte años (1 Sam. 7:2).

42. ¿Quién la trasladó después, y a dónde fue llevada? Unos setenta años después de haber sido llevada a Quiriat-jearim, David la trasladó al monte de Sion en Jerusalén. Pero no se sabe con seguridad dónde estuvo durante los cincuenta años inmediatamente anteriores al traslado (2 Sam. 6:2-17).

43. ¿Qué peligro se le presentó luego a Israel? Los filisteos se prepararon para atacar de nuevo a Israel (1 Sam. 7:7).

44. ¿A quién clamó Israel solicitando ayuda? A Samuel, para que le pidiera a Dios que los salvara (1 Sam. 7:8-14).

45. ¿Qué hizo Samuel por ellos? Ofreció un sacrificio y clamó al Señor.

46. ¿Qué prueba dio el Señor de que había aceptado su sacrificio y de que había escuchado la oración de ellos? Produjo una gran tempestad y causó una derrota a los filisteos.

47. ¿Qué monumento conmemorativo erigió Samuel como recordatorio de esta liberación? Una piedra llamada "Ebenezer" o "piedra de la ayuda".

48. ¿Cuánto tiempo juzgó Samuel a Israel? "Todo el tiempo que vivió", probablemente unos veinte años más después de esta victoria (1 Sam. 7:15-17).

49. ¿Quiénes fueron nombrados para sucederlo? Sus hijos; pero eran hombres impíos, indignos del cargo. Por eso el pueblo le exigió un rey a Samuel, antes de su muerte (1 Sam. 8:1-5).

45. EL REINO UNIDO: EL REINADO DE SAUL (1 Sam. 8—31)

A. Saúl (1 Sam. 8—15)

1. ¿Quién fue Saúl? Un hijo de Quis, de la tribu de Benjamín; fue el primer rey de Israel (1 Sam. 9: 1).

2. ¿Qué había de extraordinario en su persona? Era muy alto y muy apuesto (1 Sam. 9:2).

3. ¿Cómo fue hecho rey? Fue escogido por Dios, ungido por Samuel y finalmente elegido por sorteo en una gran asamblea de los líderes de Israel (1 Sam. 9:15-17; 10:1, 17-27).

4. ¿Qué contradicciones había en el carácter de Saúl? Honraba a Dios en muchas cosas, pero mezclaba su religión con supersticiones; era, además, soberbio, desobediente y terco.

5. ¿Por qué quería Israel tener un rey? Véanse secciones 44 y 49. Una razón más fue, probablemente, el poder ser como las demás naciones de la tierra.

6. ¿Cómo se sintió Samuel por esto? Se disgustó con ellos por rechazar a Dios de esa manera, y probablemente se sintió herido por el rechazo que hicieron de él y de su familia.

7. ¿Cómo fue consolado? Por medio de la oración y por lo que Dios le dijo (1 Sam. 8:6, 7).

8. ¿En qué espíritu les dio un rey?
En mi furor yo te di rey, y en mi ira lo quité (Ose. 13:11).

9. ¿De qué manera puso Dios el reino en manos de Saúl? Dándole una victoria sobre los amonitas (1 Sam. 11:11-15).

10. ¿Continuó Saúl su actividad victoriosa? Sí. Después atacó a los filisteos (1 Sam. 13).

11. ¿Quien fue Jonatán? El hijo mayor de Saúl.

12. ¿Qué diferencia notable había entre él y su padre? Jonatán era de naturaleza sencilla y afectuosa.

13. ¿Quién logró la victoria que se menciona en 1 Samuel 13: 3? Jonatán.

14. ¿Quién obtuvo el honor por ello? Saúl, por ser el rey y el general en jefe (1 Sam. 13:3, 4).

15. ¿Qué ocurrió inmediatamente después? Hubo un agrupamiento de las fuerzas israelitas y de las fuerzas filisteas para una gran batalla (1 Sam. 13:4-23).

16. ¿Qué debía hacerse antes de la batalla? Un sacrificio a Dios.

17. ¿Qué le dijo Samuel a Saúl cuando llegó? Lo censuró por haber ofrecido un sacrificio a Dios en vez de haberlo hecho el sumo sacerdote, y declaró que por su desobediencia dejaría de reinar.

18. ¿Qué prueba da este capítulo de la opresión que ejercían los filisteos? No les permitían a los hebreos tener armas, ni herreros que afilaran sus herramientas (vv. 19, 20).

19. ¿Qué gran victoria aparece en 1 Sam. 14:4-23? La victoria sobre los filisteos entre Micmas y Ajalón, por parte de Jonatán.

20. ¿De qué manera Saúl casi frustró la victoria de ese día? Al jurar que ninguno de sus hombres comería nada durante todo el día hasta que hubieran ganado la batalla (1 Sam. 14:24, 25).

21. ¿Qué prueba de obediencia le exigió Dios a Saúl? Que al luchar contra los amalequitas matara también sus vacas y sus ovejas; pero él no destruyó lo mejor del ganado (1 Sam. 15:2-9).

22. ¿Qué hizo Samuel? Le dijo a Saúl que no sería más rey, y al darse vuelta para marcharse, Saúl se asió de su manto el cual se rasgó; Samuel le dijo entonces que Dios había rasgado su reino de él y que se lo había dado a un hombre mejor (1 Sam. 15:24-35).

23. ¿Cómo se reveló el verdadero carácter de Saúl al proceder como lo hizo? Era un hombre más preocupado por su propia honra que por la honra de Dios.

B. La juventud de David (1 Sam. 16)

24. ¿A quién había escogido Dios para que fuera rey en lugar de Saúl? A David (1 Sam. 16:1, 13).

25. ¿Quién era David? El hijo menor de Isaí, un hebreo natural de Belén.

26. ¿Qué personalidad tenía David? Era serio e inspiraba cariño; fue también un gran guerrero, y poeta; era un hombre "conforme al corazón de Dios" (Hech. 13:22).

27. ¿Por qué lo había escogido el Señor? En razón de sus cualidades de mente y de corazón.

28. ¿Quién fue designado para ungir a David? Samuel.

29. ¿A qué se dedicaba David en ese tiempo? A pastorear ovejas.

30. ¿Qué poder maligno se posesionaba de Saúl? Un espíritu malo de parte de Dios.

31. ¿Cómo se tranquilizaba? Teniendo a alguien que le tocara el arpa.

32. ¿Quién fue seleccionado como su músico? David.

C. David y Goliat (1 Sam. 17)

33. ¿Continuó David viviendo al lado de Saúl? No, no todo el tiempo; regresó a cuidar los rebaños de ovejas de su padre (1 Sam. 17:15).

34. ¿Qué guerra estalló después? Una de las muchas guerras que hubo con los filisteos (1 Sam. 17:1).

35. ¿Dónde se hallaban los hermanos de David? Los tres mayores habían acompañado a Saúl a la batalla.

36. ¿Qué quería Isaí que hiciera David? Que le llevara a sus hermanos un presente y que averiguara si estaban bien.

37. ¿Qué tenían particularmente los filisteos que los animaba a pelear en esa oportunidad? El gigante Goliat estaba peleando a su favor.

38. ¿Qué hizo David cuando llegó al campamento? Preguntó quién era Goliat, y cuál era la recompensa por matarlo.

39. ¿Qué pasó después? David se dispuso a enfrentarse al filisteo.

40. ¿Cómo quiso Saúl preparar a David? Colocándole su armadura, pero él la rechazó porque no estaba acostumbrado a ella.

41. ¿Qué preparativos hizo David? Sólo tomó su cayado, su honda y cinco piedras que colocó en una bolsa.

42. ¿Cuál fue el resultado del enfrentamiento? El gigante cayó muerto por la primera piedra lanzada (1 Sam. 17:41-58).

43. ¿Cayó sólo el gigante? No. Los filisteos huyeron y muchos de ellos fueron matados.

44. ¿Qué hizo David con la cabeza y con la armadura de Goliat? Llevó la cabeza a Saúl y a Jerusalén, y después puso la armadura en su tienda.

45. ¿Por qué causa tenía David tal poder? Porque confiaba en el Señor su Dios.

D. David y Jonatán (1 Sam. 18—20)

46. ¿Cuál de los hijos de Saúl que estaba cerca sintió que su alma "quedó ligada a la de David"? Jonatán, su hijo mayor (1 Sam. 18:1; 20:17).

47. ¿Qué prueba conmovedora le dio Jonatán de su amor? Le dio su túnica y algunas de sus armas, a pesar de que la escasez de armas las había hecho particularmente valiosas (1 Sam. 18:4; 13: 22).

48. ¿Qué canto de gozo cantaron las mujeres cuando fueron a recibir a los vencedores después de la batalla? "¡Saúl derrotó a sus miles! ¡Y David a sus diez miles!" (1 Sam. 18:6-16).

49. ¿Qué efecto tuvo esto sobre Saúl? Hizo que sintiera celos y que se enojara.

50. ¿Qué actitud tuvo David? Una actitud sabia.

51. ¿Recordó Saúl su promesa de dar a su hija en matrimonio al hombre que matara a Goliat? No, sino que se la dio a otro hombre (1 Sam. 18:17-19).

52. ¿Qué plan astuto concibió Saúl para que mataran a David? Le exigió que matara a cien filisteos como el precio a pagar por su hija Mical, esperando que ellos lo mataran (1 Sam. 18:20-30).

53. ¿Tuvo éxito el plan? No. David mató a doscientos filisteos y resultó ileso.

54. ¿Amaba la hija de Saúl a David? Sí, y lo demostró descolgándolo por una ventana para que escapara de la cólera de su padre (1 Sam. 18:20, 28; 19:8-17).

55. ¿A dónde fue David después de escapar? Fue a Ramá, a la ciudad donde vivía Samuel (1 Sam. 19:18).

56. ¿Qué poder maravilloso ejerció Dios sobre los mensajeros enviados para prender a David? El poder de su Espíritu, haciendo que profetizaran como profetas de Samuel (1 Sam. 19:20-24).

57. ¿Qué hizo estar seguro a Jonatán de que su padre deseaba realmente la muerte de David? Las palabras del propio Saúl cuando Jonatán salió en su defensa (1 Sam. 19:1-7; 20:25-34).

58. ¿Cómo se lo comunicó a David? Mediante una señal previamente convenida entre los dos. Véase el relato en 1 Samuel 20:18-24, 35-40.

59. ¿Qué hermoso pacto hicieron ambos? Que Jonatán mantendría informado a David, y que David tendría misericordia de Jonatán y de sus hijos (1 Sam. 20:12-17, 23).

E. David fugitivo (1 Sam. 21-31)

60. ¿A dónde huyó David después que Jonatán lo previno? A Nob, donde se encontraba el sumo sacerdote (1 Sam. 21:1-9).

61. ¿Qué consiguió allí? Pan y la espada de Goliat.

62. ¿Actuó David honrosamente? No. Mintió diciendo que el rey le había encomendado un asunto.

63. ¿Se sintió seguro allí? No, sintió que debía marcharse del reino de Saúl para estar a salvo.

64. ¿A dónde se dirigió? Se fue

donde Aquis, el rey de Gat, donde fingió estar loco para evitar que lo apresaran (1 Sam. 21:10-15).

65. ¿A dónde se fue después de estar con Aquis? A la cueva de Adulam (1 Sam. 22:1).

66. ¿Quiénes venían a verlo allí? Todos los descontentos y todos los endeudados y los amargados de espíritu (1 Sam. 22:2).

67. ¿Qué solícito cuidado proveyó David para sus padres? Los puso bajo el cuidado del rey de Moab, para protegerlos de la venganza de Saúl (1 Sam. 22:3, 4).

68. ¿Hay alguna descripción de los hombres que acompañaban a David? Se mencionan tres grandes soldados y líderes, de los cuales Joab era el primero; y treinta valientes más, entre quienes, por sus proezas, sobresalían sobre todos Abisai y Benaías (2 Sam. 23; 1 Crón. 11).

69. ¿Qué demostración de amor le dieron a David sus hombres esa vez? Tres de ellos entraron en el campamento de los filisteos para traerle agua de un pozo favorito (2 Sam. 23: 16, 17).

70. ¿Cómo exhibió David la delicadeza que había en su corazón a cambio de lo que ellos habían hecho? Negándose a beber lo que había sido obtenido con tanto peligro, al arriesgar sus vidas sus hombres, derramándola más bien como una libación a Jehovah.

71. ¿Quién había visto a David mientras éste se hallaba en Nob? Doeg, un edomita servidor de Saúl (1 Sam. 21:7; 22:9, 10).

72. ¿De qué acto de cobardía hacia los sacerdotes que habían ayudado a David fue culpable Saúl? Ordenó que todos fueran asesinados, y Doeg llevó a cabo la orden (1 Sam. 22:17-19).

73. ¿En qué estaban ocupados David y su banda de guerreros? En luchar contra los filisteos, los enemigos de su nación (1 Sam. 23: 1-5).

74. ¿Qué evidencia el aborrecimiento que tenía Saúl por David? Trató varias veces de capturarlo, pero sin lograrlo (1 Sam. 23: 7-28).

75. ¿En qué lugar de difícil acceso se refugió David? En Enguedi (1 Sam. 23:29).

76. ¿Lo persiguió hasta aquí Saúl? Sí (1 Sam. 24:1-22).

77. ¿Cómo se portó David cuando tuvo a Saúl en sus manos? No quiso matarlo, ni permitió a sus hombres que lo hicieran.

78. ¿Qué efecto tuvo esta acción en Saúl? Lloró y le habló con afabilidad a David.

79. ¿Qué trato recibió David de Nabal en este tiempo? Se negó a alimentar a David y a sus hombres, a pesar de que ellos habían protegido a sus pastores de los enemigos que amenazaban con robarlos, y no habían tomado nada de ellos a cambio (1 Sam. 25:1-31).

80. ¿Qué hizo la esposa de Nabal? Fue a donde estaba David con una provisión de comida, y le rogó que no vengara el insulto.

81. ¿Salió Saúl otra vez en persecución de David? Sí, en el desierto de Zif (1 Sam. 26:1-25).

82. ¿Cómo se vengó David? Perdonó de nuevo la vida a Saúl.

83. ¿Con quién se alió después David? Con el mismo Aquis, rey de Gat, con quien se había refugiado anteriormente (1 Sam. 27). Véase la pregunta 64.

84. ¿Qué problema tuvo David como resultado de esta alianza? Fue invitado por Aquis a alistarse contra Israel (1 Sam. 28:1, 2).

85. ¿Dónde se encontraba David cuando tuvo lugar la última batalla decisiva entre Saúl y los filisteos? Afortunadamente, los príncipes filisteos se opusieron a que participara en el ataque a Israel, y por eso regresó a su casa en Siclag (1 Sam. 29).

86. ¿Qué sucedió cuando él y sus hombres se hallaban ausentes de Siclag? Los amalequitas incendiaron la ciudad y se llevaron cautivos a las mujeres y a los niños (1 Sam. 30:1-5).

87. ¿Recuperaron las pertenencias? Sí. Persiguieron y mataron a los amalequitas, y lo recuperaron todo, después de que David presentó su angustia a Dios y logró su dirección (1 Sam. 30:6-20).

88. ¿Qué hizo David con el botín logrado? Lo repartió entre todos sus hombres que habían participado en la lucha, ya sea que hubieran combatido realmente o que hubieran estado cuidando el bagaje (1 Sam. 30:21-25).

89. ¿Qué gran batalla estaba librando Israel mientras David y sus hombres se ocupaban en combatir a los amalequitas? La batalla contra los filisteos en el monte Gilboa (1 Sam. 31).

90. ¿Cuál fue el resultado? Los israelitas fueron derrotados y Saúl y sus hijos murieron (1 Sam. 31:7; 1 Crón. 10:1, 2).

46. EL REINO UNIDO: EL REINADO DE DAVID (2 Sam.; 1 Rey. 1:1—2:10; 1 Crón. 11—29)

A. David rey en Hebrón (2 Sam. 1—4, 1 Crón. 11:1-3)

1. ¿Qué efecto tuvo sobre David la muerte de Saúl? Hizo duelo por él y lloró (2 Sam. 1:12).

2. ¿Qué testimonio conmovedor dejó David en cuanto a su amor por Saúl y Jonatán? Un poema de lamento (2 Sam. 1:17-27).

3. ¿Tomó David posesión del reino inmediatamente? Sí. Después de buscar la dirección de Dios, subió a Hebrón y allí fue ungido rey (2 Sam. 2:1-4).

4. ¿Cuál fue la primera tribu que reconoció el derecho de David al trono? Judá, su propia tribu.

5. ¿Se sumaron las demás tribus inmediatamente? No, sino que siguieron a Isboset, el único hijo que le había quedado a Saúl (2 Sam. 2:5-10).

6. ¿Cuál fue el resultado? Hubo guerra entre ambos bandos (2 Sam. 2:12—5:1).

7. ¿Cuánto tiempo duró esta guerra? Cerca de dos años.

8. ¿Qué acontecimiento inclinó la balanza a favor de David? La deserción de Abner de las filas de Isboset por un insulto que recibió de éste, y por el propósito de Abner de hacer la paz con David.

9. ¿Recibió David a Abner? Sí, hospitalariamente y con honores.

10. ¿Qué le pareció esto a Joab? Censuró a David por esto, y mató a Abner en venganza por la muerte de Asael, a quien Abner había matado durante la guerra.

11. ¿Aprobó David la conducta de Joab? No, porque Abner no era ya un enemigo, y porque Joab lo había asesinado con astucia y por venganza mientras disfrutaba de la hospitalidad del rey, estando, por tanto, bajo su protección. David hizo un llamado a todo el pueblo a hacer duelo por Abner.

12. ¿Por qué David no castigó a Joab? Porque no era lo suficientemente fuerte en el trono; y porque Joab siempre le había sido leal.

13. ¿De qué acto de traición fueron culpables los servidores de Isboset? De haber asesinado a su señor.

14. ¿Allanó la muerte de Isboset el ascenso de David al trono de todo Israel? Sí, ya que nadie más aspiraba a ser rey.

15. ¿Premió David a los asesinos por lo que hicieron? No. En vez de recompensarlos por su traición mandó matarlos.

B. David y el arca de Dios (2 Sam. 5—6; 1 Crón. 14—16)

16. ¿Que fue lo primero que conquistó David como rey de todo Israel? La fortaleza de Sion (Sam. 5:6-9).

17. ¿Qué rey le hizo regalos a David? Hiram, rey de Tiro (2 Sam. 5:11).

18. ¿Dónde quedaba Tiro? Al norte de Canaán, en la costa del mar Mediterráneo.

19. ¿Por qué era famosa Tiro? Por las manufacturas color púrpura y por su comercio.

20. ¿Trataron los filisteos a David de igual forma que Hiram? No, le declararon la guerra, pero fueron vencidos (2 Sam. 5:18-25).

21. ¿Cuál fue la siguiente acción de David? Llevó el arca de Dios de Baala (otro nombre de Quiriat-jearim) a Jerusalén (2 Sam. 6). Véanse Josué 15:9, 60; y la sección 44. 27-42.

22. ¿Cómo la llevaron? Sobre

una carreta nueva, en medio de cantos de alabanza.

23. ¿Cómo debió ser llevada? A mano y con varas (Núm. 4:15).

24. ¿Qué le sucedió a Uza, el que guiaba la carreta? Dios lo mató por agarrar imprudentemente al arca.

25. ¿Cómo se sintió David? Se disgustó y tuvo temor de seguir llevando el arca.

26. ¿Qué hizo entonces con el arca? La dejó en la casa de Obededom el geteo.

27. ¿Cuánto tiempo transcurrió antes de que David tuviera el valor de ir de nuevo a por el arca? Tres meses.

28. ¿Qué lo indujo a hacerlo? La bendición que recibían los que tenían la custodia de ella.

29. ¿Por qué se ofendió con David su esposa Mical? Porque estuvo danzando al compás de la música delante del arca.

30. ¿Qué expresaba en realidad la actitud de David? Su gozo religioso y su humilde gratitud a Dios.

31. ¿Dónde colocó David el arca? En una tienda en el monte de Sion, en la ciudad de David (2 Sam. 7:2, 7).

32. ¿Estaba él satisfecho con esto? No, quería construir una casa de cedro para el arca.

33. ¿Le permitió el Señor que lo hiciera? No, por ser hombre de guerra.

34. ¿De qué manera le comunicaba el Señor su voluntad a David? Por medio de Natán el profeta (2 Sam. 7:3-15).

35. ¿Cómo se sintió David y qué dijo? Se sintió muy indigno de las bendiciones prometidas por Dios, y le pidió a él que confirmara su palabra (2 Sam. 7:16-27).

36. ¿En quién habría de ser confirmada para siempre la casa de David? En Jesucristo, tal como lo declaró Zacarías en Lucas 1:68-70.

C. Victorias militares de David; su pecado (2 Sam. 8—12; 1 Crón. 18—20)

37. ¿Qué había prometido Dios en cuanto a las fronteras que poseería Israel? Que se extenderían "desde el arroyo de Egipto hasta el río Eufrates".

38. ¿Qué conquistas logró David que hicieron que esta promesa se cumpliera? Las conquistas de los filisteos, de los moabitas, de los amonitas y de los sirios (2 Sam. 8:6, 12-14; 10:19).

39. ¿Qué hacía con el botín que ganaba en las batallas? Lo entregaba para la ornamentación y servicio del tabernáculo, o para el templo que habría de edificar su hijo (2 Sam. 8:10, 11).

40. ¿Se olvidó David, en su prosperidad, de su amigo Jona-

tán? No. Indagó sobre la familia de Saúl y dio las tierras de éste y un lugar en su mesa a Mefiboset, el hijo de Jonatán (2 Sam. 9).

41. ¿A quién envió David a poner sitio a Rabá? A Joab (2 Sam. 11:1).

42. ¿Dónde se hallaba David? En Jerusalén.

43. ¿Por qué envió David a Urías con una carta a Joab, en la que decía que pusiera a Urías en el frente de la batalla? Para que muriera (2 Sam. 11:15).

44. ¿Por qué quería David que el valiente Urías muriera? Para poder quedarse con su esposa.

45. ¿A quién envió el Señor para persuadir a David de su pecado? A Natán el profeta (2 Sam. 12:1, 2).

46. ¿Perdonó Dios a David? Sí, pero lo castigó con la muerte de su hijo (2 Sam. 12:13-23).

47. ¿Cómo se sintió David? Se cree que su profunda tristeza por su pecado se halla expresada en el Salmo 51; y su gozo por el perdón de Dios, en el Salmo 32.

48. ¿Qué prueba le dio el Señor a David como señal de su perdón gratuito y absoluto? Le dio otro hijo (2 Sam. 12:24).

49. ¿Cómo se llamó ese hijo? Salomón, que significa "Pacífico".

50. ¿Qué otro nombre le dio el Señor a Salomón, por medio del profeta **Natán?** "Yedidías", que significa "Amado de Jehovah" (2 Sam. 12:25).

D. David y Absalón
(2 Sam. 13—20)

51. ¿Quién fue Absalón? Uno de los hijos de David; quizá el mayor de los que vivían, y su heredero natural (2 Sam. 13:1).

52. ¿Por qué huyó Absalón a Gesur? Porque había matado a su medio hermano Amnón, por haber éste violado a su hermana Tamar (2 Sam. 13:24-38).

53. ¿Quién lo regresó a su casa otra vez? Joab, quien valiéndose de una estratagema obtuvo el permiso de David, después de pasados tres años (2 Sam. 14:1-23).

54. ¿Cómo correspondió Absalón a la bondad de su padre? Conspirando contra él para apoderarse del reino, ya que no era el hijo favorito de David y en esa época el sucesor podía ser escogido de entre cualquiera de los herederos (2 Sam. 15).

55. ¿Cómo le robaba Absalón a David el afecto que le tenía el pueblo? Con discursos astutos, promesas y demostraciones de cortesía.

56. ¿Qué hizo David cuando se enteró de la conspiración? Huyó de Jerusalén.

57. ¿Quiénes le acompañaron? Toda su familia y 600 hombres de Gat.

58. ¿Qué famoso consejero si-

guió a Absalón? Ajitofel.

59. ¿Quién consiguió, mediante un ardid, anular su consejo? Husai, el amigo de David (2 Sam. 15:32-37; 17:1-14).

60. ¿Qué efecto tuvo esto sobre Ajitofel? Se ahorcó (2 Sam. 17:23).

61. ¿Por qué Husai aconsejó a Absalón como lo hizo? Para lograr que David escapara y tuviera tiempo de reunir su ejército.

62. ¿Quiénes ganaron la batalla? Los hombres de David (2 Sam. 18).

63. ¿Quién mató a Absalón? Joab.

64. ¿Cómo lo hizo? Lo mató al quedar Absalón atrapado de las ramas de una encina, en la que había quedado colgando por su larga cabellera cuando pasaba por debajo de ella. (No hay base para la creencia de que él mismo se ahorcó utilizando su cabello.)

65. ¿Qué orden había dado David a sus jefes militares en cuanto a Absalón? Que lo trataran con benignidad por consideración a él.

66. ¿Cómo se sintió David cuando Absalón murió, y qué dijo? Se angustió profundamente y dijo:
¡Quien me diera que yo muriese en tu lugar, Absalón, hijo mío, hijo mío! (2 Sam. 18:33; 19:1-4).

67. ¿Fue merecida la muerte de Absalón? Sí, ya que fue un rebelde contra su padre y rey. Cualquier otro hombre habría muerto, por orden de David.

68. ¿Qué clase de hombre era Absalón? Era el más apuesto de toda la nación, y particularmente famoso por su larga cabellera. Era afable con el pueblo y conciliador, y muy popular.

69. ¿Qué salmo de David se cree que se refiere a estos acontecimientos? El Salmo 3.

70. ¿Le hizo David algo a Joab por haber matado a Absalón? Sí. Lo destituyó como general en jefe de su ejército y puso a Amasa en su lugar (2 Sam. 19:13).

71. ¿Qué hizo Joab al enterarse de esto? Asesinó a Amasa (2 Sam. 20:9, 10).

72. ¿Qué parentesco había entre Amasa y David? Amasa era su sobrino, hijo de su hermana Abigaíl.

73. ¿Perdonó David otra vez a Joab? Sí; lo confirmó como jefe del ejército, ya que a pesar de sus faltas era el hombre más competente para el cargo y le era totalmente leal a David como rey.

74. ¿De qué trata el capítulo 22 de 2 Samuel? Es un salmo de David que expresa gratitud a Dios por haber sido librado de la mano de sus enemigos.

E. Los últimos días de David (2 Sam. 24; 1 Rey. 1—2; 1 Crón. 21—29)

75. ¿Por quién fue incitado David a censar a Israel? Por Satanás (1 Crón. 21:1).

76. ¿Quién lo reconvino por esto? Joab (2 Sam. 24:3).

77. ¿No sintió David dolor de corazón después que lo hizo? Sí; dijo que había pecado gravemente y que había actuado muy neciamente (2 Sam. 24:10).

78. ¿A quién envió el Señor para que reprendiera a David? Al profeta Gad (2 Sam. 24:11-25).

79. ¿Qué le dijo a David? Que escogiera entre tres castigos.

80. ¿Qué castigo escogió y por qué? Hambre o epidemia en vez de guerra; la mano de Dios antes que la mano del hombre.

81. ¿En qué lugar se detuvo el ángel de la muerte? En la era de Arauna.

82. ¿Cómo supo David que el Señor había aceptado su ofrenda? Porque cesó la epidemia.

83. ¿Qué preparativos hizo David para la futura construcción del templo? Dispuso piedra labrada, plata, oro, bronce y cedro. (1 Crón. 22:2-5, 14-16).

84. ¿Qué mandamiento dio David a Salomón en cuanto a la construcción del templo? Que lo edificara tal como David había deseado que fuera (1 Crón. 22:6-16).

85. ¿Qué otros preparativos hizo David? Distribuyó a los sacerdotes, a los levitas y a los demás oficiales en grupos, y les fijó sus tareas (1 Crón. 23-27).

86. ¿Hubo, además de David, otros que contribuyeron a la gloria futura del templo? Sí; los jefes y el pueblo (1 Crón. 29:6-9).

87. ¿A quién proclamó David rey de Israel antes de su muerte? A Salomón, a quien se lo había prometido (1 Crón. 23:1).

88. ¿Por qué lo hizo? Porque Adonías, el mayor de los hijos de David que vivían, estaba conspirando para usurpar el trono (1 Rey. 1).

89. ¿Qué edad tenía David cuando murió? Setenta años.

90. ¿Cuántos años había reinado?
David tenía 30 años cuando comenzó a reinar, y reinó 40 años. En Hebrón reinó sobre Judá siete años y seis meses, y en Jerusalén reinó 33 años sobre todo Israel y Judá (2 Sam. 5:4, 5).

91. ¿En qué sentido fue David "un hombre conforme al corazón de Dios"? En el carácter general de su vida; y en su pesar y verdadero arrepentimiento cuando pecaba.

92. ¿De quién es David tipo? De Jesucristo, cuyo reinado eterno sobre el trono de David fue profetizado.

47. EL REINO UNIDO: EL REINADO DE SALOMON (1 Rey. 1—11; 1 Crón. 29 y 2 Crón. 1—9)

1. ¿Qué característica tuvo el reinado de Salomón? Fue un reinado generalmente pacífico.

2. ¿Qué alianza hizo Salomón con Egipto, y por qué? Se casó con la hija del faraón, probablemente como un recurso político, ya que Egipto seguía siendo la nación más poderosa del mundo (1 Rey. 3:1).

3. ¿Qué extraordinaria aparición vio Salomón en un sueño, poco después de la muerte de su padre? Dios le dijo que pidiera lo que quisiera (1 Rey. 3:2-15).

4. ¿Qué pidió? Sabiduría para gobernar bien a su pueblo.

5. ¿Qué prometió Dios darle que no había pedido? Riquezas y gloria.

6. ¿Por orden de quién construyó Salomón el templo? Por mandato de Dios (1 Rey. 5:5).

7. ¿Quién había hecho grandes preparativos para ello, antes de Salomón? David (1 Crón. 22). Véase la sección 46. 83-86.

8. ¿Por qué no se le permitió a David construir el templo? Porque había sido un "hombre de guerra" (1 Crón. 28:3).

9. ¿A quién le había sido mostrado el diseño del templo? A David, por "el Espíritu" de Dios (1 Crón. 28:11, 12).

10. ¿Quién escogió el lugar donde habría de ser construido el templo? David (1 Crón. 21:28— 22:2.

11. ¿Sobre qué monte fue construido? Sobre el monte Moriah, en Jerusalén (2 Crón. 3:1).

12. ¿Qué hay actualmente sobre ese monte? La mezquita musulmana de Omar.

13. ¿Quién le proporcionó a Salomón madera y piedra para la edificación del templo? Hiram, rey de Tiro (1 Rey. 5).

14. ¿Fue esto un regalo a Salomón o pagó por él? Salomón pagó el trabajo de los obreros de Hiram y les proporcionó alimentación; y le dio veinte ciudades en lo que se llamó después Galilea. Véase 1 Reyes 9:11.

15. ¿Hubo algo singular en cuanto a la preparación de la piedra? Sí, fue totalmente preparada antes de ser traída al lugar donde se construyó el templo. *Cuando edificaron el templo, usaron piedras enteras labradas en las canteras, de manera que mientras lo construían, no se oía en el templo el ruido de martillos, hachas ni otras herramientas de hierro* (1 Rey. 6:7).

16. ¿Cómo fue dedicado el templo? Hubo una fiesta solemne, el traslado del arca, la oración de Salomón, y los holocaustos y sacrificios de paz (1 Rey. 8).

17. Describa la magnificencia de Salomón. Tenía una gran provisión diaria para su casa, muchos establos para los caballos de sus carros y miles de jinetes (1 Rey. 4).

18. ¿Por qué fue especialmente célebre Salomón? Por su sabiduría al decidir sobre cuestiones difíciles. Véase 1 Reyes 4:29-31; 3:12, 16-28.

19. ¿Qué reina fue a visitar a Salomón desde lejos, después de haber oído acerca de su sabiduría? La reina de Saba, que quedaba probablemente en el territorio de Arabia (1 Rey. 10).

20. ¿Sufrió un desengaño? No; dijo que no le habían contado ni la mitad.

21. ¿De qué sirve como tipo esta?
Cosas que ojo no vio ni oído oyó, que ni han surgido en el corazón del hombre, son las que Dios ha preparado para los que le aman. Pero a nosotros Dios nos las reveló por el Espíritu (1 Cor. 2:9, 10).

22. ¿Cómo se refirió Cristo Jesús a este acontecimiento?
La reina del Sur se levantará en el juicio contra esta generación y la condenará, porque vino de los confines de la tierra para oír la sabiduría de Salomón. ¡Y he aquí uno mayor que Salomón está en este lugar! (Mat. 12:42).

23. ¿De qué gran pecado fue culpable Salomón al final de sus días? De idolatría, por la influencia de sus esposas (1 Rey. 11:1-10).

24. ¿Qué le dijo el Señor a Salomón en cuanto a esto? Que le quitaría la mayor parte de su reino a su familia (1 Rey. 11:11-13).

25. ¿A qué "pacto" se refirió el Señor?
Cuando se cumplan tus días y reposes con tus padres, yo levantaré despues de ti a un descendiente tuyo... y afirmaré su reino. El edificará una casa a mi nombre, y yo estableceré el trono de su reino para siempre. Yo seré para él, padre; y él será para mí, hijo (2 Sam. 7:12-14).

26. ¿Había Salomón quebrantado este pacto? Sí, por su idolatría.

27. ¿Cuáles fueron las consecuencias? El surgimiento de enemigos después de un largo reinado de paz.

28. ¿Cuánto tiempo reinó Salomón? Cuarenta años.

48. ROBOAM (1 Rey. 12:1-20)

1. ¿Quién sucedió a Salomón como rey? Su hijo Roboam (1 Rey. 11:43).

2. ¿Fue Roboam un rey sabio o insensato? Fue un insensato.

3. ¿Qué prueba hay de esto? Siguió el consejo de los jóvenes cortesanos en vez del consejo de los hombres mayores y sabios que habían sido consejeros de su padre Salomón.

4. ¿Cuál era exactamente el problema que había entre Roboam y el pueblo? El reinado de esplendor de Salomón había sido penoso para el pueblo, que se vio obligado a trabajar duramente para construir los grandes edificios; además, tenían que pagar impuestos excesivos, por lo que habían pedido que les fuera aliviada la carga.

5. ¿Cuál fue la respuesta de Roboam? Respondió con dureza, diciéndoles que en vez de disminuir sus cargas se las aumentaría.

6. ¿Cuál fue el resultado? Diez de las tribus se sublevaron bajo el liderazgo de Jeroboam, quedándose Roboam sólo con dos.

(Véase en la sección 55 el resto de la historia de Roboam.)

49. LOS REYES DE ISRAEL: DINASTIA DE JEROBOAM (1 Rey. 11:26-40; 12:15—14:20; 15:25-28)

1. ¿Quién fue Jeroboam? Un hijo de Nabat, y un servidor de Salomón que "se rebeló contra el rey", por lo que tuvo que refugiarse en Egipto (1 Rey. 11:26, 40).

2. ¿Qué profecía fue dicha en cuanto a él? El profeta Ajías dijo que Jeroboam reinaría sobre diez tribus de Israel (1 Rey. 11:29-39).

3. ¿Cómo lo dijo? Rasgando el manto de Jeroboam en doce pedazos y dándole diez de ellos.

4. ¿Cuándo se cumplió esta profecía? Cuando se sublevaron las diez tribus. Ver la sección 48.

5. ¿De qué medio perverso se valió para mantener a las diez tribus bajo su dominio? Hizo dos becerros de oro para la adoración del pueblo; uno estaba en Betel, en la tribu de Benjamín; y otro en Dan, en el extremo norte (1 Rey. 12:28, 29).

6. ¿Tenían el propósito de ser imágenes de falsos dioses? No. Se hicieron con el propósito de que fueran imágenes de Jehovah, pero violó el segundo mandamiento al hacerlas; y la adoración de las imágenes vino a ser semejante a la adoración de los dioses falsos.

7. ¿Qué otra falta hubo en la adoración de lo anterior? Los sacerdotes no eran de la tribu de Leví; más tarde fueron de lo más bajo del pueblo, y la adoración degeneró en una verdadera idolatría (1 Rey. 12:30-33; 13:33, 34).

8. ¿Permitió Dios que la pecaminosa idolatría de Israel quedara sin condenar? No. Envió a un profeta a reprender a Jeroboam (1 Rey. 13:1-6).

9. ¿Qué hizo el rey cuando escuchó el mensaje del profeta? Extendió la mano y ordenó que fuera prendido.

10. ¿Qué castigo recibió por esto? El brazo se le paralizó y se le secó la mano.

11. ¿Cómo le fue restaurado el uso del brazo al rey? Por medio de la oración del profeta.

12. ¿Cuánto tiempo reinó Jeroboam? Veintidós años (1 Rey. 14:20).

13. ¿Cuántos miembros de la familia de Jeroboam fueron reyes? Sólo Nadab su hijo, quien gobernó dos años y fue asesinado por Baasa (1 Rey. 14:20).

50. LOS REYES DE ISRAEL: BAASA, ELA y ZIMRI (1 Rey. 15:27—16:20)

1. ¿Cómo se apoderó Baasa del trono? Por medio de una conspiración en un tiempo de guerra, después de matar al rey Nadab.

2. ¿Qué fue lo primero que hizo como rey? Se fortaleció en el reino a la usanza oriental asesinando a todos los miembros de la familia de Jeroboam.

3. ¿Qué clase de rey fue Baasa? *Hizo lo malo ante los ojos de Jehovah* (1 Rey. 15:34).

4. ¿Cuánto tiempo reinó? Veinticuatro años (1 Rey. 15:33).

5. ¿Quién lo sucedió? Su hijo Ela, quien reinó dos años (1 Rey. 16:8-10).

6. ¿Quién fue Zimri? Uno de los jefes militares del rey Ela, que conspiró contra él, lo mató y se apoderó del trono (1 Rey. 16:9-12).

7. ¿Cuánto tiempo reinó Zimri? Siete días (1 Rey. 16:15-20).

8. ¿Qué fin tuvo? Se prendió fuego a sí mismo en su casa cuando se vio rodeado por sus enemigos y no tuvo la oportunidad de escapar.

51. LOS REYES DE ISRAEL: LA DINASTIA DE OMRI (1 Rey. 16:21—22:40; 2 Rey. 1:1—9:26)

A. Omri (1 Rey. 16:16-28)

1. ¿Quién reinó luego sobre Israel? Omri, "el jefe del ejército", que fue escogido como rey por el pueblo.

2. ¿Cuánto tiempo duró su reinado? Doce años.

3. ¿Qué ciudad compró y convirtió en la principal de Israel? Samaria.

4. ¿Fue Omri un buen rey? El ensanchó y fortaleció el reino, pero "hizo lo malo ante los ojos de Jehovah".

B. Acab (1 Rey. 16:29—22:40)

5. ¿Quién fue Acab? El hijo de Omri.

6. ¿Cómo fue el carácter de Acab? Era un rey políticamente fuerte, pero fue moral y espiritualmente el peor que tuvo Israel en toda su historia (1 Rey. 16:30-33).

7. ¿Cómo se llamaba su esposa? Jezabel, una hija del rey de Sidón (1 Rey. 16:31).

8. ¿Qué nueva adoración idolátrica se introdujo por medio de ella? La adoración de Baal.

9. ¿Qué gran profeta surgió durante este reinado? Elías.

(Para más información sobre Acab, véanse C. Elías; y D. Historia posterior de Acab.)

C. Elías (1 Rey. 17—19; 2 Rey. 2:1-18)

10. ¿Quién fue Elías? Un profeta de Galaad, uno de los profetas más grandes en toda la historia de Israel y Judá.

11. ¿Cómo era su aspecto? Era

de presencia tosca y desarreglada, se vestía con pieles de animales, y usaba un cinturón de cuero y un largo mantón de piel de oveja.

12. ¿Qué se le encargó a Elías que dijera a Acab? Que no habría ni rocío ni lluvia, lo cual, por consiguiente, traería hambre sobre la tierra (1 Rey. 17:1).

13. ¿Por qué envió Dios esta sequía? Por causa de los pecados del pueblo, tal como lo había profetizado Moisés en Deut. 28:15-18.

14. ¿Dónde prometió Dios sustentar a Elías y cómo lo haría? Junto al arroyo de Querit, por medio de cuervos.

15. ¿A dónde le ordenó el Señor a Elías que se marchara después que se secó el arroyo? A Sarepta, donde una viuda lo alimentaría.

16. ¿En que penoso trabajo encontró Elías ocupada a la viuda? Recogiendo leña para preparar su última comida.

17. ¿Qué resultado tuvo el que Elías viniera a su casa? *Y comieron él, ella y su familia, por mucho tiempo. La harina de la tinaja no se acabó, ni faltó el aceite de la botella* (1 Rey. 17:15, 16).

18. ¿Qué milagro realizó Elías aquí? Resucitó al hijo de la viuda en cuya casa vivía.

19. ¿Eran los israelitas, en este tiempo, idólatras o adoradores del Dios verdadero? Eran idólatras, adoradores de Baal.

20. ¿Eran todos adoradores de Baal? No, siete mil de ellos no lo eran.

21. ¿Quien fue Abdías? Un administrador o mayordomo de la casa de Acab.

22. ¿Qué acción bondadosa había hecho? Cuando la perversa reina Jezabel estaba acabando con los profetas del Señor, él los escondió y los alimentó (1 Rey. 18:4).

23. ¿Cuántos años de hambre habían transcurrido ya cuando Elías se presentó delante de Acab? "Más de dos años."

24. ¿De qué acusó Acab a Elías? De ser el causante de los problemas de Israel.

25. ¿De quién era, en realidad, la culpa? Del propio Acab, y de los demás idólatras.

26. ¿Cómo propuso Elías resolver la cuestión de quién era el Dios verdadero? Mediante una confrontación con los sacerdotes de Baal, y viendo sobre qué sacrificios descendía fuego del cielo (1 Rey. 18:19-46).

27. ¿Cuántos contrincantes había de cada lado? Cuatrocientos cincuenta sacerdotes de Baal de un lado; y Elías —y Dios— del otro.

28. ¿De qué manera ridiculizó Elías a los sacerdotes de Baal? Diciéndoles que gritaran a gran voz, porque quizá su dios estaba durmiendo.

**29. ¿Les dio Elías tiempo sufi-

ciente para que demostraran lo que podían hacer? Sí, desde la mañana hasta la tarde.

30. ¿Qué hizo entonces Elías? Construyó un altar y preparó el sacrificio; luego empapó el sacrificio, la leña y el altar con agua; y después ofreció una oración sencilla a Dios.

31. ¿Cómo es que pudo encontrarse tal cantidad de agua en un período de tanta sequía? En el monte Carmelo hay un manantial permanente, un hecho demostrado por el tipo de vida natural que se encuentra en él.

32. ¿Cómo se manifestó el poder de Dios? El fuego lo consumió todo: El agua, al toro del holocausto, a la leña y a las piedras.

33. ¿Qué efecto tuvo esto sobre el pueblo? Se postraron sobre sus rostros y gritaron que Jehovah era el Dios verdadero.

34. ¿Qué sucedió con los sacerdotes de Baal? Los apresaron y los mataron.

35. ¿Qué se atrevió Elías a prometer a Acab antes de que hubiera alguna señal de ello? Que habría lluvia abundante.

36. ¿En qué descansaba la fe de Elías? En la promesa de Dios.

37. ¿Qué dijo Jezabel cuando se enteró de la muerte de sus sacerdotes? Amenazó de muerte a Elías (1 Rey. 19:1, 2).

38. ¿A qué lugar huyó Elías? A Beerseba, y de allí al desierto.

39. ¿Por qué estaba tan desanimado? Por la reacción resultante de la emoción vivida, por la decepción sufrida al darse cuenta de que el pueblo no estaba suficientemente dispuesto a seguirle, y por la fatiga después de un viaje largo y apresurado.

40. ¿Qué amoroso cuidado tuvo el Señor para con él? Un ángel le trajo pan y agua un par de veces.

41. ¿Cuánto tiempo lo sustentó esa comida? Cuarenta días.

42. ¿A dónde se fue cuando se reanimó? Al monte Horeb.

43. ¿Cómo le habló el Señor a Elías? Primero hubo un viento, luego un terremoto y después un fuego; pero el propio Señor le habló con voz apacible y delicada (1 Rey. 19:11, 12).

44. ¿De qué manera le habla Dios a su pueblo hoy? A veces con la voz del sufrimiento y de la aflicción, pero con mayor frecuencia por medio del suave susurro de su Espíritu que le habla al corazón.

45. ¿Qué otra tarea le encomendó el Señor a Elías? Que ungiera a dos reyes y a un profeta.

46. ¿Qué efecto tuvo sobre Eliseo el que Elías echara su manto sobre él? Le llevó a abandonar su actividad y su hogar para dedicarse al servicio para el cual lo llamaba Dios.

47. ¿De qué forma extraña partió Elías de este mundo? Elías no murió, sino que subió al cielo en un torbellino, en un carro de fuego tirado por caballos de fuego (2 Rey. 2:1-12).

48. ¿Qué le dijo Elías a Eliseo antes de separarse de él? Que pidiera lo que quisiera.

49. ¿Qué pidió Eliseo? Una doble porción del espíritu de Elías; es decir, no dos veces lo que tenía Elías, sino la herencia del primogénito, del sucesor; el doble de lo que los demás pudieran heredar.

50. ¿Le fue concedido? Sí.

51. ¿Qué le dejó Elías? Su largo manto hecho con piel de oveja.

52. ¿De qué manera lo utilizó Eliseo? Con él separó las aguas del Jordán para poder cruzarlo.

53. ¿Cómo reconocieron los demás profetas la superioridad de Eliseo? Por el espíritu de Elías que reposaba sobre él (2 Rey. 2: 15).

54. ¿Cómo manifestaron ellos su incredulidad? Al enviar unos hombres en busca de Elías.

55. ¿Cedió Eliseo en cuanto a esto? Sí, finalmente.

(En cuanto a la historia de Eliseo, véase la sección 52.)

D. Historia posterior de Acab (1 Rey. 20—22; 2 Crón. 18)

56. ¿Quiénes eran los enemigos más fuertes de Israel en ese tiempo? Los sirios, bajo el reinado de Ben-hadad.

57. ¿Cuál era la capital de Siria? Damasco.

58. ¿Qué se propuso hacer Ben-hadad a Israel? Le hizo exigencias cada vez mayores hasta que prácticamente demandó la totalidad del reino (1 Rey. 20:1-10).

59. ¿Se doblegó Acab? Al comienzo sí, pero después fue inducido a resistir.

60. ¿Qué proverbio citó Acab? *No se jacte tanto el que se ciñe como el que se desciñe* (1 Rey. 20: 11).

61. ¿Cuál fue el desenlace? Un pequeño grupo tomó por sorpresa a los sirios mientras que sus líderes se embriagaban, causando confusión entre ellos; después vino un grupo mayor y terminó de derrotarlos (1 Rey. 20:13-21).

62. ¿Fue esta una derrota definitiva? No, hubo más guerras después (1 Rey. 20:22-43).

63. ¿Quién fue Nabot? El dueño de una viña que estaba situada junto al palacio de Acab en Jezreel (1 Rey. 21).

64. ¿Por qué se negó Nabot a permitir que Acab tuviera su viña? Porque estaba prohibido por la ley mosaica desprenderse definitivamente de la tierra que se había heredado de los padres. *La tierra no será vendida a perpetuidad, pues la tierra es mía; porque vosotros sois para mí como* *forasteros y advenedizos. Por eso en toda la tierra de vuestra posesión otorgaréis el derecho de rescatar la tierra* (Lev. 25:23, 24).

65. ¿A qué acción inicua incitó Jezabel a Acab? A que matara a Nabot para apoderarse de su viña.

66. ¿Permitió Dios que esto quedara sin castigo? No. Envió a Elías a decirle a Acab que Dios destruiría su familia, y que los perros comerían la carne de Jezabel y lamerían su sangre.

67. ¿Cómo recibió Acab la noticia? Exteriorizó las señales de arrepentimiento y se humilló delante de Dios.

68. ¿Qué enemigos atacaron de nuevo a Israel? Los sirios (1 Rey. 22:1-40).

69. ¿Qué lugar ocuparon? Ramot de Galaad, al oriente del Jordán, en el territorio de Gad.

70. ¿Con quién hizo Acab una alianza? Con Josafat, rey de Judá. Véase la sección 56.

71. ¿Qué exigió Josafat antes de subir a pelear? Consultar la voluntad de Dios.

72. ¿Qué dijeron los profetas de Acab? Que podía ir, y que Dios estaría con él.

73. ¿Estuvieron todos de acuerdo con esto? Todos, menos uno: Micaías.

74. ¿Qué maravillosa visión contó Micaías? Que Dios estaba

sobre su trono, rodeado por el ejército de los cielos, y que un espíritu malo había salido para llevar a Acab a la derrota.

75. ¿Qué hizo Acab para evitar que esta profecía se cumpliera? Se disfrazó para que el enemigo no lo reconociera.

76. ¿Murió Acab? Sí, lo mató una flecha lanzada a la ventura.

77. ¿De qué manera se cumplió la profecía de Elías que aparece en 1 Reyes 21:19? Los perros lamieron su sangre en su carro.

E. Ocozías (1 Rey. 22:51-53; 2 Rey. 1)

78. ¿Cuál de los hijos de Acab sucedió a su padre? Ocozías.

79. ¿Qué carácter tenía Ocozías? Era malvado e idólatra.

80. ¿Qué accidente le sobrevino? Cayó desde una ventana de un piso alto (2 Rey. 1:2).

81. ¿De qué medio se valió para su recuperación? Envió a consultar a un ídolo.

82. ¿Qué le dijo Elías? Que no se recuperaría, ya que no había acudido a Dios ni a su profeta.

83. ¿Qué acción tomó Ocozías? Envió soldados que arrestaran a Elías.

84. ¿Qué le sucedió a sus mensajeros? Dos grupos fueron consumidos por el fuego, pero el tercero fue perdonado en respuesta al ruego de su jefe.

F. Joram (2 Rey. 3:1-27; 8:28, 29; 9:16-26)

85. ¿Quién reinó en Israel después de Ocozías? Su hermano Joram, por no tener hijos Ocozías (2 Rey. 1:17; 3:1).

86. ¿Cómo era Joram? Quitó a Baal, pero en lo demás fue muy perverso (2 Rey. 3:2, 3).

87. ¿Continuó Joram la alianza que había con Josafat? Sí (2 Rey. 3:7).

88. ¿Contra quiénes salieron a combatir? Contra los moabitas.

89. ¿Por qué fue consultado Eliseo? Para saber si los moabitas serían o no derrotados (2 Rey. 3: 11-20).

90. ¿Cómo los ayudó el Señor? Engañó a los moabitas haciéndoles ver, por una acción milagrosa, que el agua se había vuelto roja, y llevándolos a creer que eso se debía a que los ejércitos de sus enemigos se habían destruido entre sí (2 Rey. 3:20-27).

91. ¿Qué espantoso sacrificio ofreció el rey de Moab para obtener el favor sus dioses? Sacrificó en holocausto a su hijo mayor (2 Rey. 3:27).

92. ¿Cómo trató después el rey de Moab de vengar esta derrota? Le declaró la guerra a Josafat (2 Crón. 20:1).

93. ¿Cuánto tiempo reinó Joram? Doce años (2 Rey. 3:1).

94. ¿Qué final tuvo? Fue asesi-nado por Jehú cuando éste se apoderó del trono (2 Rey. 9:16-20). Véase la sección 53.

52. EL PROFETA ELISEO (2 Rey. 2:19-25; 3:11-19; 4:1—8:15; 9:1; 13:14-21)

1. ¿A qué ciudad fue Eliseo desde el Jordán? A Jericó (2 Rey. 2:15, 18).

2. ¿Qué serio problema tenían los habitantes de la ciudad? No disponían de agua buena en el lugar (2 Rey. 2:19-22).

3. ¿Cómo saneó Eliseo el manantial de las aguas? Echándole un poco de sal, acompañada por el poder sanador de Dios.

4. ¿Quiénes se burlaron de Eliseo cuando éste llegó a Betel? Algunas versiones de la Biblia dicen "niños", pero es más correcto "muchachos". La palabra se utilizaba a menudo para referirse a varones de entre dieciséis y dieciocho años de edad, y es la misma palabra utilizada por Salomón en 1 Reyes 3:7 (2 Rey. 2:23-25).

5. ¿Qué castigo recibieron? Fueron "despedazados" por dos osas. (No se dice que murieron.)

6. ¿Quién clamó a Eliseo por ayuda? La viuda de uno de los "hijos de los profetas" o estudiantes de la escuela de los profetas (2 Rey. 4:1-7).

7. ¿Cuál era su problema? Un acreedor de su difunto esposo se había llevado a sus dos hijos como esclavos, por la deuda.

8. ¿Qué le ordenó Eliseo que hiciera? Que pidiera prestadas vasijas vacías y que las llenara utilizando su frasco de aceite, lo único de valor que tenía.

9. ¿Cuándo cesó de fluir el aceite? Sólo cuando no tuvo más vasijas que llenar.

10. ¿De qué puede ser esto tipo? Del Espíritu Santo, que nos es dado de acuerdo con nuestra capacidad. No hay limitación para la provisión de Dios; la única limitación la ponemos nosotros mismos.

11. ¿Cómo fue hospedado Eliseo por la mujer rica de Sunem? Ella y su esposo construyeron un cuarto para que él lo usara cada vez que fuera allí, porque ella sabía que Eliseo era un santo varón de Dios (2 Rey. 4:8-37).

12. ¿Qué bondad tuvo el Señor para con ella, por consideración a Eliseo? Le concedió que tuviera un hijo, siendo que ella nunca había concebido.

13. ¿Qué le sucedió a este niño después? Murió a causa de una insolación.

14. ¿Qué hizo la desdichada madre? Se dirigió inmediatamente al monte Carmelo para ver a Eliseo.

15. ¿Qué medio utilizó primero Eliseo para resucitar al niño? Su siervo se adelantó y puso el bastón de Eliseo sobre el niño, pero esto no surtió efecto.

16. ¿Qué hizo entonces Eli-seo? Oró y se echó sobre el niño, y éste revivió.

17. ¿Quién fue Naamán? El general jefe del ejército del rey de Siria, y alguien que padecía de lepra (2 Rey. 5).

18. ¿Qué hizo por su amo la humilde criada cautiva? Le dijo que sería bueno que fuera a ver al profeta Eliseo, quien lo curaría.

19. ¿Fue Naamán a Israel? Sí, con una carta del rey de Siria al rey de Israel, de quien suponía que Eliseo era servidor.

20. ¿Cómo lo recibió Eliseo? Mandó a decirle que se lavara en el Jordán y que así quedaría limpio.

21. ¿Qué había esperado Naamán? Que Eliseo, impresionado por su rango, saldría a donde él estaba y que de una manera solemne le pediría a Dios que lo sanara.

22. ¿Quedó Naamán convencido de utilizar el recurso sugerido? Sí. Su orgullo y su ira cedieron ante el sabio consejo de quienes lo acompañaban, y quedó luego perfectamente curado.

23. ¿Encontramos nosotros una lección en esta historia? Sí. Que debemos ser humildes de corazón ante Dios y sus servidores.

24. ¿De qué es tipo la lepra en las Sagradas Escrituras? De la suciedad del pecado.

25. Si una joven criada cautiva pudo hacer tanto por su amo,

¿no hay algo que nosotros podemos hacer por los demás? Sí. Podemos darnos a nosotros mismos, y dar una parte de nuestro tiempo y de nuestro dinero para esparcir en el mundo el conocimiento de nuestro Salvador. Y todos podemos ofrecer nuestras oraciones.

26. ¿A qué terribles pecados condujo la codicia a Guejazi, el criado de Eliseo, en este hecho? A mentir y a tentar al Espíritu de Dios.

27. ¿Qué castigo recibió? Se volvió leproso y, por lo tanto, tuvo que vivir apartado de los demás. Véase lo que dice la ley en Levítico 13:45, 46.

28. ¿Qué hizo Eliseo en favor de su nación? Supo de parte de Dios los planes de los sirios que estaban invadiendo Israel, y puso sobre aviso al rey de Israel (2 Rey. 6:8-12).

29. ¿Qué efecto tuvo esto sobre el rey de Siria? Se turbó mucho, y sospechó al principio que algunos de su propia gente le estaban traicionado.

30. ¿Qué medio utilizó para evitarlo? Envió un ejército a capturar a Eliseo (2 Rey. 6:13-23).

31. ¿Cómo se sintió el criado de Eliseo al ver al ejército de sirios? Sintió mucho temor.

32. ¿Por qué no sintió igual temor Eliseo? Porque tenía más confianza en Dios.

33. ¿De qué manera le comu- nicó Eliseo confianza a su criado? Le pidió a Dios que le abriera los ojos para que pudiera ver a los defensores celestiales. *El ángel de Jehovah acampa en derredor de los que le temen, y los libra* (Sal. 34:7).

34. ¿Cuál fue el resultado? Los soldados quedaron ciegos y Eliseo los condujo al campamento del rey en Samaria.

35. ¿Salvó esto a Israel de sus enemigos? Sí, no volvieron durante un tiempo.

36. ¿Qué sucedió cuando combatieron de nuevo contra Israel? Sitiaron a Samaria y causaron un hambre terrible allí (2 Rey. 6:24; 7:17-20).

37. ¿Qué hizo el rey de Israel? Amenazó a Eliseo.

38. ¿Qué le dijo Eliseo al rey? Que dentro de veinticuatro horas habría comida abundante.

39. ¿Cuál fue la respuesta incrédula ante esto? Uno de los funcionarios que acompañaban al rey dijo que a menos que Dios hiciera ventanas en los cielos, la promesa no podría cumplirse.

40. ¿Cuál fue la respuesta de Eliseo? Que aquel hombre lo vería, pero que no comería de ella.

41. ¿De qué manera el gran cambio de acontecimientos hizo que la promesa se cumpliera? Los sirios creyeron haber escuchado el ruido de un gran ejército que se acercaba para socorrer a la ciudad. Dios hizo que huyeran para salvar sus vidas, abandonando así sus provisiones y demás suministros (2 Rey. 7:6, 7).

42. ¿Cómo se cumplió la profecía hecha en cuanto el funcionario del rey? El estaba a cargo de la puerta de la ciudad y murió atropellado por la multitud al salir ésta precipitadamente en busca de comida.

43. ¿Qué más sabemos en cuanto a los hechos de Eliseo? Que le profetizó a Hazael de Damasco que asesinaría a su jefe para apoderarse del trono (2 Rey. 8:7-15); y que envió a uno de los jóvenes profetas a ungir a un general de Israel llamado Jehú para que fuera rey en lugar de Joram (2 Rey. 9:1, 2). Después hay un silencio de quizá cincuenta años, hasta su última enfermedad. Sobre esto, véase la sección 53. C.

53. LOS REYES DE ISRAEL: LA DINASTIA DE JEHU (2 Rey. 9:1—10:36; 13:1-25; 14:8-16, 23-29; 15:8-12)

A. Jehú (2 Rey. 9:1—10:36)

1. ¿Quién fue Jehú? Un jefe del ejército de Israel estacionado en Ramot de Galaad.

2. ¿Qué mensajero fue a él? Un profeta enviado por Eliseo que lo ungió como rey (2 Rey. 9:1-14).

3. ¿Dónde se encontraba Joram, el rey de Israel? En Jezreel (2 Rey. 9:15).

4. ¿Quién lo estaba visitando? Su sobrino Ocozías, rey de Judá (2 Rey. 9:16; 8:16-18, 29). Véase la sección 57. B.

5. ¿Qué hizo Jehú? Cabalgó inmediatamente hasta Jezreel, mató a Joram y a Ocozías y entró en la ciudad (2 Rey. 9:13-30).

6. ¿Cómo fue asesinada Jezabel? La arrojaron desde una ventana y murió (2 Rey. 9:30-33; 1 Rey. 21:23).

7. ¿De quién es Jezabel tipo? De cualquier iglesia o persona impía que ha desechado el verdadero amor y la verdadera adoración a Dios, y que ha descarriado a los hombres (Apoc. 2:20-22; 17:18; 19:1-3).

8. ¿Qué hizo Jehú después? Mató al resto de la familia de Acab que quedaba en Israel, y después, valiéndose de un gran engaño reunió y mató a todos los adoradores de Baal (2 Rey. 10:1-28).

9. ¿Cómo fue Jehú? Acabó con la adoración a Baal, pero dejó los becerros que había en Betel y Dan (2 Rey. 10:28, 29).

10. ¿Qué promesa le hizo el Señor a Jehú? Que sus hijos se sentarían en el trono de Israel hasta la cuarta generación (2 Rey. 10:30).

B. Joacaz (2 Rey. 13:1-9)

12. ¿Quién sucedió en el trono a Jehú? Su hijo Joacaz.

13. ¿Qué carácter tenía? Fue un hombre impío.

14. ¿De qué manera castigó Dios a Israel? Entregándolos en manos de Hazael, el rey de Siria.

15. ¿Qué efecto tuvo esto sobre el rey Joacaz? Oró a Dios que lo socorriera y fue escuchado; pero la idolatría siguió estando presente en la nación.

16. ¿Cuánto tiempo reinó? Diecisiete años.

C. Joás (2 Rey. 13:10-25; 14:8-16)

17. ¿Quién sucedió a Joacaz? Su hizo Joás (2 Rey. 13:10, 25; 14:1).

18. ¿Fue éste un buen rey? No, sino que, como su padre, anduvo en los pecados de Jeroboam.

19. ¿Qué hecho triste ocurrió en este reinado? La muerte de Eliseo.

20. ¿Qué hizo Joás cuando se enteró de la enfermedad del profeta? Fue a donde estaba, lloró por él y lo ensalzó.

21. ¿Qué profecía simbólica fue hecha en esta entrevista? Se le dijo a Joás que golpeara la tierra con las flechas como símbolo de éxito contra los sirios. Pero la golpeó sólo tres veces.

22. ¿Se cumplió la profecía de Eliseo? Sí. Joás derrotó a los sirios tres veces, como había dicho Eliseo.

23. ¿Por qué entraron en guerra Israel y Judá durante este reinado? Porque el rey de Judá desafió a Joás (2 Rey. 14:8-14).

24. ¿Qué respuesta dio Joás a Judá? Respondió que aplastaría a su rey como lo hace una fiera salvaje con un cardo.

25. ¿De qué lado estuvo la victoria? Del lado de Israel.

26. ¿Cuánto tiempo reinó Joás sobre Israel? Dieciséis años (2 Rey. 13:10).

D. Jeroboam II (2 Rey. 14:16, 23-29)

27. ¿Quién sucedió a Joás en el trono? Su hijo Jeroboam.

28. ¿Cuántos años reinó? Cuarenta y uno.

29. ¿Qué carácter tuvo Jeroboam? Hizo lo malo ante los ojos de Jehovah.

30. ¿Qué clase de rey fue? Tuvo éxitos militares y recuperó las tierras fronterizas que Israel había perdido. Tuvo prácticamente el control, durante un tiempo también de Judá (2 Rey. 14:25-28).

31. ¿Qué profetas profetizaron en este reinado? Probablemente Jonás, Oseas y Amós.

32. ¿Quién sucedió a Jeroboam II? Su hijo Zacarías, durante seis meses. Se cumplieron así las cuatro generaciones que Dios había prometido a Jehú (2 Rey. 10: 30; 15:8-11).

54. ULTIMOS REYES DE ISRAEL (2 Rey. 15:10-31; 17)

1. ¿Quién asesinó a Zacarías, el último rey de la dinastía de Jehú? Salum (2 Rey. 15:10).

2. ¿Cuánto tiempo reinó Salum? Un mes (2 Rey. 15:13-15).

3. ¿Quién lo mató? Menajem.

4. ¿Cuánto tiempo reinó Menajem? Diez años (2 Rey. 15:17-22).

5. ¿Qué clase de rey fue? Fue un rey malvado.

6. ¿Quién peleó contra él? Pul o Tiglat-pileser, rey de Asiria.

7. ¿Quién sucedió a Menajem? Su hijo Pecaías.

8. ¿Cuánto tiempo reinó Pecaías? Dos años (2 Rey. 15:23-26).

9. ¿Quién lo asesinó? Pécaj, uno de sus comandantes.

10. ¿Cuánto tiempo reinó Pécaj? Veinte años (2 Rey. 15:25-31).

11. ¿Quién fue el último rey de Israel? Oseas, quien asesinó a Pécaj y se erigió rey (2 Rey. 15:30).

12. ¿Cuánto tiempo reinó Oseas? Nueve años (2 Rey. 17:1).

13. ¿Quién conquistó a Israel durante su reinado? Salmanazar, rey de Asiria.

14. ¿Por qué sucedió esto? *Jehovah te llevará a ti, y a tu rey que hayas establecido sobre ti, a una nación que ni tú ni tus padres habéis conocido. Allá rendi-* *rás culto a otros dioses de madera y de piedra... Sobre ti vendrán todas estas maldiciones. Te perseguirán y te alcanzarán hasta que perezcas, porque no habrás escuchado la voz de Jehovah tu Dios, a fin de guardar los mandamientos y los estatutos que él te ha mandado* (Deut. 28:36, 45).

15. ¿A qué lugares fue llevado cautivo el pueblo de Israel? A lugares de Media y Mesopotamia.

16. ¿Quiénes fueron llevados para poblar las ciudades deshabitadas? Gente de Babilonia y de las regiones vecinas (2 Rey. 17:24).

17. ¿Cuál fue la consecuencia? Hubo una mescolanza del culto a Dios y de idolatría (2 Rey. 17:33).

55. LOS REYES DE JUDA: ROBOAM, ABIAS Y ASA (1 Rey. 12:1-24; 14: 21-31; 15:1-24; 2 Crón. 10:1-16, 14)

A. Roboam (1 Rey. 12:1-24; 14:21-31; 2 Crón. 10:1-12:16)

1. ¿Quién fue Roboam? El hijo de Salomón que le sucedió.

2. ¿Cuál fue el primer acontecimiento importante de su reinado? La sublevación de las diez tribus. Véase la sección 48.

3. ¿Trató Roboam de recuperar lo perdido? Sí, mediante la guerra. Dios le ordenó que no lo hiciera (1 Rey. 12:18-24; 2 Crón. 11:1-4).

4. ¿Cuánto tiempo adoró fielmente Roboam a Dios? Tres años (2 Crón. 11:17).

5. ¿Qué sucedió cuando se apartó de Dios? Fue atacado y derrotado por Sisac, rey de Egipto (1 Rey. 14:25-28; 2 Crón. 12:1-10).

B. Abías (1 Rey. 14:31—15: 8; 2 Crón. 13:1-22)

6. ¿Quién sucedió a Roboam como rey de Judá? Su hijo Abías.

7. ¿Con quién entró en guerra Abías? Con Israel.

8. ¿Qué petición le hicieron a Jeroboam? "No luchéis contra Jehovah, Dios de vuestros padres."

9. ¿Cuál fue la reacción de Jeroboam ante la petición? Envió a sus soldados para que le pusieran una emboscada al rey de Judá.

10. ¿A quién clamó el ejército de Judá cuando estaba en peligro? A Dios, y ganaron la batalla porque pusieron su confianza en Dios.

C. Asa (1 Rey. 15:8-24; 2 Crón. 14:1—16:14)

11. ¿Quién sucedió a Abías en el trono de Judá? Su hijo Asa.

12. ¿Cómo fue Asa en opinión de Dios? Hizo lo bueno y lo recto.

13. ¿Qué prueba dio de la rectitud de su corazón para con Dios cuando ascendió al trono? Destruyó los ídolos y sus lugares de adoración (1 Rey. 15; 2 Crón. 14).

14. ¿Fue próspero el comienzo de su reinado? Sí, y hubo paz en la nación.

15. ¿Cómo se condujo cuando el numeroso ejército de Etiopía salió contra él? Oró a Dios y peleó en su nombre; y los etíopes huyeron (2 Crón. 14).

16. ¿Qué ánimo le dio el Señor a Asa por boca del profeta Azarías? Que estaría con él mientras fuera obediente (2 Crón. 15:1-7).

17. ¿Qué efecto tuvo esto sobre el rey y el pueblo? Quitó la idolatría y el pueblo se comprometió a buscar a Dios de todo corazón (2 Crón. 15:8-15), y él les dio paz.

18. ¿Continuó este bienestar hasta el fin del reinado de Asa? Continuó hasta el año 35 de su reinado.

19. ¿Qué sucedió después? Baasa, rey de Israel, subió contra Asa y en vez de buscar la ayuda de Dios, éste buscó la alianza del rey de Siria (1 Rey. 15:16-21; 2 Crón. 16:1-6).

20. ¿Qué le dijo entonces el profeta Hanani a Asa? Le recordó la disposición de Dios de ayudar a su pueblo, y le dijo que en lo sucesivo tendría guerras (2 Crón. 16:7-10).

21. ¿Cómo reaccionó Asa ante la amonestación? Se enojó y metió al profeta en la cárcel.

56. LOS REYES DE JUDA: JOSAFAT (1 Rey. 15:24; 22:1-20; 2 Rey. 3; 2 Crón. 17:1—21:1)

1. ¿Quién sucedió a Asa como rey de Judá? Su hijo Josafat (2 Crón. 17:1).

2. ¿Cómo fue Josafat? Buscó al Dios de su padre y anduvo en sus mandamientos.

3. ¿Tuvo un reinado próspero? Sí; hubo un largo período de paz y se convirtió en un gran rey, con abundancia de riquezas y de honra.

4. ¿Con quién hizo Josafat alianza y qué resultó de ella? Con Acab, rey de Israel. Véanse la sección 51. D. 68-77 y 2 Crón. 18.

5. ¿Cómo mostró Dios su disgusto cuando Josafat se alió con Ocozías, el hijo de Acab, para enviar barcos a Tarsis? Hizo que las embarcaciones naufragaran (1 Rey. 22:48; 2 Crón. 20:35-37).

6. ¿Con qué otro rey de Israel se alió Josafat? Con Joram, hijo de Acab, sucesor de Ocozías (2 Rey. 3). Véase la sección 51. F.

7. ¿A quiénes salieron a combatir? A los moabitas.

8. ¿Cómo trató luego el rey de Moab de vengar su derrota? Declarándole la guerra a Josafat (2 Crón. 20:1-30).

9. ¿Qué reyes se le unieron? Los reyes amonitas y otros.

10. ¿Cómo afectó esto a Josafat? Tuvo temor, proclamó un ayuno y oró a Dios delante del pueblo.

11. ¿Qué mensaje le envió el Señor? Que destruiría a sus enemigos sin tener que combatir.

12. ¿Creyeron Josafat y el pueblo el mensaje enviado por

Dios? Sí, y se unieron inmediatamente en alabanza a Dios.

13. ¿Qué botín lograron? Muchísimas riquezas y joyas.

14. ¿Qué impresión produjo esto en las naciones vecinas? El temor de Dios cayó sobre ellas y no hostigaron más a Josafat.

15. ¿Liberó Josafat a su nación del yugo de todas las abominaciones de la idolatría? No. Dejó los lugares altos de los dioses paganos.

16. ¿Cuál de los hijos de Josafat reinó juntamente con su padre durante un período de tiempo? Joram, por unos cuatro años. Compárese 2 Reyes 1:17 con 2 Reyes 3:1; 8:16.

17. ¿Qué edad tenía Josafat cuando murió? Sesenta años, después de haber reinado durante 25 años (2 Crón. 20:31).

57. LOS REYES DE JUDA: DESDE JORAM HASTA AMASIAS (2 Rey. 8:16-29; 9:16-29; 11—12; 14:1-20; 2 Crón. 21—25)

A. Joram (2 Rey. 8:16-24; 2 Crón. 21:1-20)

1. ¿De quién era hijo Joram, rey de Judá? De Josafat (2 Crón. 21:1).

2. ¿Qué reyes de Israel reinaron al mismo tiempo que Joram? Ocozías, y después Joram (2 Rey. 1:17, 18).

3. ¿De quién era hija la esposa

de Joram? Su esposa Atalía era hija de Acab (2 Crón. 21:6).

4. ¿Qué efecto tuvo esta alianza sobre el rey? Le llevó a cometer los mismos pecados de la casa de Acab.

5. ¿Qué mensaje le envió Dios por medio del profeta Elías? Que su familia y su nación serían víctimas de una plaga o calamidad, y que a él mismo lo atacaría una enfermedad mortal.

6. ¿Cuánto tiempo reinó Joram? Ocho años, entre los que estaban incluidos probablemente los cuatro años que gobernó junto con su padre. Véase la sección 56. 16.

7. ¿Quién lo sucedió en el trono? Su hijo Ocozías.

B. Ocozías (2 Rey. 8:25-29; 9:16-29; 2 Crón. 22:1-9)

8. ¿Con qué tres nombres se le conoce a este rey? Ocozías, Joacaz y Azarías; pero se le conoce más por Ocozías (2 Rey. 9).

9. ¿Cuál de los hijos de Joram era él? El menor; los demás habían sido capturados en la guerra (2 Crón. 21:16, 17).

10. ¿Qué final tuvo este rey de Judá? Fue asesinado junto con Joram de Israel por órdenes de Jehú (2 Rey. 9:27; 2 Crón. 22:7, 8). Véase la sección 53. A.

C. Atalía (2 Rey. 11; 2 Crón. 22:10-12)

11. ¿Cómo se llamaba la madre de Ocozías? Atalía, que era hija de Acab y Jezabel, de Israel.

12. ¿Qué hizo ella cuando vio que su hijo había muerto? Ordenó que todos los hijos del rey, es decir, sus propios nietos, fueran asesinados, y usurpó el trono (2 Crón. 22:10).

13. ¿Cómo se salvó sorprendentemente un nieto? Fue escondido por su tía Josabet, que era la esposa de Joyada, el sumo sacerdote (2 Crón. 22:11).

14. ¿Cuánto tiempo conservó el trono la malvada Atalía? Seis años.

15. ¿Qué final tuvo? Fue ejecutada cuando ascendió al trono Joás, el rey legítimo que fue escondido cuando los demás familiares eran exterminados.

D. Joás (2 Rey. 12; 2 Crón. 23-24)

16. ¿Qué edad tenía el joven rey cuando comenzó a reinar? Siete años.

17. ¿Cuánto tiempo siguió haciendo lo recto? Alrededor de veintiocho años, mientras vivió el sumo sacerdote Joyada.

18. ¿Qué buen servicio le hizo al templo de Dios durante la vida de Joyada? Lo reparó y volvió a equipar (2 Crón. 24:4-14).

19. ¿Qué edad tenía Joyada cuando murió? Ciento treinta años (2 Crón. 24:15).

20. ¿Qué honra le hicieron? Lo sepultaron entre los reyes.

21. ¿Cómo se comportó Joás después de la muerte de su tío? Adoró ídolos.

22. ¿A quién envió el Señor para que lo amonestara por sus pecados? A Zacarías, el hijo de Joyada.

23. ¿Qué ordenó Joás que le hicieran? Que muriera apedreado (2 Crón. 24:21).

24. ¿Cómo castigó el Señor a Judá por su idolatría? Por medio del ejército sirio.

25. ¿De qué manera castigó al rey? Con terribles enfermedades.

26. ¿Cómo murió Joás? Lo asesinaron sus propios servidores.

27. ¿Cuánto tiempo reinó? Cuarenta años (2 Crón. 24:1).

28. ¿Quién le sucedió en el trono? Su hijo Amasías.

E. Amasías (2 Rey. 14:1-20; 2 Crón. 25)

29. ¿Fue Amasías mejor que su padre? Probablemente no, ya que su corazón no fue recto para con Dios, y después de reinar un cierto tiempo cayó en la idolatría.

30. ¿Qué nuevo culto idolátrico introdujo? El culto a los dioses de los edomitas (2 Crón. 25:14, 20; 2 Rey. 14:19, 20).

31. ¿Qué castigo recibió por ello? Fue derrotado en una guerra contra el rey Joás de Israel, y fue víctima de una conspiración (2 Crón. 25:17-24; 2 Rey. 14:19, 20).

32. ¿Cómo murió Amasías? Asesinado por su propio pueblo.

33. ¿Cuánto tiempo reinó? Veintinueve años.

58. LOS REYES DE JUDA: UZIAS, JOTAM Y ACAZ (2 Crón. 26—32; 2 Rey. 14:21, 22; 15:1-7, 32-38)

A. Uzías (2 Crón. 26; 2 Rey. 14:21, 22; 15:1-7)

1. ¿Quién fue Uzías? Un hijo de Amasías.

2. ¿Qué edad tenía cuando comenzó a reinar? Dieciséis años.

3. ¿Con qué otro nombre es conocido? Como Azarías.

4. ¿Qué rey reinaba en Israel en ese tiempo? Jeroboam II.

5. ¿Qué profetas profetizaron durante el reinado de Uzías? Amós, Oseas e Isaías.

6. ¿Qué se dice de Uzías en 2 Crón. 26:5? Que en el tiempo que buscó a Jehovah, Dios lo prosperó.

7. ¿Qué prueba hay de esto en los comienzos de su reinado? Tuvo gran éxito en la guerra (2 Crón. 26:6-15).

8. ¿Por la influencia de quién se mantuvo en el buen camino? Por la influencia de Zacarías, que era un hombre de Dios.

9. ¿Qué efecto tuvo sobre él la prosperidad? "Su corazón se enaltecíó", es decir, se volvió soberbio y presuntuoso.

10. ¿A qué acto impío le llevó la soberbia? A quemar incienso como si él fuera un sacerdote.

11. ¿Qué castigo recibió? Se volvió leproso.

12. ¿Qué grandes pérdidas sufrió Uzías como resultado de su enfermedad? Fue excluido de la casa de Jehovah, y se le negaron los honores de un rey y toda relación humana.

13. ¿De qué se ocupó principalmente Uzías? De hacer la guerra, de construir ciudades y torres, de excavar pozos y de mantener mucho ganado; también se ocupó del cultivo de campos fértiles.

14. ¿Cuántos años reinó? Veinticinco años.

15. ¿Quién reinó por él cuando enfermó, y después le sucedió en el trono? Su hijo Jotam.

B. Jotam (2 Rey. 15:5, 32-38; 2 Crón. 26:21; 27)

16. ¿Qué edad tenía Jotam cuando comenzó a reinar? Veinticinco años (2 Crón. 27:1). (Esto se refiere probablemente a la edad que tenía cuando se convirtió en regente en vida de su padre.)

17. ¿Qué se dice de él? "Hizo lo recto ante los ojos de Jehovah."

18. ¿Cuánto tiempo reinó? Dieciséis años como rey, además de su regencia durante la vida de su padre.

C. Acaz (2 Rey. 16: 2 Crón. 28)

19. ¿Quién sucedió a Jotam? Su hijo Acaz, quien "no hizo lo recto ante los ojos de Jehovah".

20. ¿Se mantuvo Acaz en este lamentable camino sin ser amonestado? No. Fue amonestado por los profetas.

21. ¿Qué profetas profetizaron durante su reinado? Isaías y Miqueas.

22. ¿Qué nuevos cultos idolátricos introdujo Acaz? El culto a Baal y a los dioses de Siria.

23. ¿A qué cruel costumbre pagana sometió a sus hijos? Los sacrificó en el fuego (2 Crón. 28:3).

24. ¿Qué enemigos fueron contra Judá como castigo por los pecados de la nación? Pécaj, rey de Israel y Rezín, rey de Siria.

25. ¿A quién solicitó ayuda Acaz? A Asiria.

26. ¿Cómo desmanteló al templo de Dios para pagar al rey asirio? Le quitó gran cantidad de sus obras de bronce (2 Rey. 16:17, 18).

27. ¿Logró Acaz, después de todo, la ayuda que deseaba? No.

28. ¿Qué consecuencias tuvo sobre él el castigo de Dios? Pecó aun más contra el Señor (2 Crón. 28:23).

29. ¿Cuántos años reinó? Dieciséis.

59. LOS REYES DE JUDA: EZEQUIAS (2 Rey. 18—20; 2 Crón. 29—32; Isa. 36—39)

1. ¿Quién reinó después de Acaz? Su hijo Ezequías.

2. ¿Qué edad tenía Ezequías cuando comenzó a reinar? Veinticinco años.

3. ¿En qué condiciones estaba el templo? En muy mal estado.

4. ¿Qué hizo Ezequías para restablecer el culto a Dios? Hizo venir a los sacerdotes y a los levitas para que lo ayudaran a purificar al templo y al pueblo (2 Crón. 29:12-17, 28-35).

5. ¿Se limitaron sus reformas a Judá, o tuvo el deseo de extenderlas a todo Israel? Invitó a todo Israel y a Judá a unirse en la celebración de una Pascua solemne.

6. ¿Cómo recibieron a los enviados de Ezequías? Se rieron de ellos y la mayoría los ridiculizó; no obstante, acudieron algunos de las tribus de Aser, Manasés y Zabulón (2 Crón. 30:10, 11).

7. ¿Qué hermosa oración ofreció Ezequías por éstos? Que el Dios misericordioso perdonara a todos los que habían preparado su corazón para buscarle, aunque no estuvieran purificados de acuerdo con las normas del templo.

8. ¿Cuánto tiempo había transcurrido sin que celebraran una Pascua como ésta? Desde el tiempo de Salomón, unos trescientos años antes.

9. ¿Qué efecto tuvo sobre la gente este gozo en el Señor en cuanto a los ídolos que había en su tierra? Los destruyeron en su totalidad (2 Crón. 31:1).

10. ¿Qué prueba dio el pueblo de que sus corazones eran rectos para con Dios? La ofrenda abundante que dieron para el servicio de Dios (2 Crón. 31:5-7).

11. ¿Quién subió contra Jerusalén? Senaquerib de Asiria (Isa. 36:1; 2 Crón. 32:1).

12. ¿Qué hizo Ezequías? Fortificó la ciudad y cegó los manantiales de aguas que podían servir al enemigo.

13. ¿De quién dependió para su socorro? De Dios solamente (2 Crón. 32:8).

14. ¿Cómo se sintió el pueblo cuando el rey los animó? "Tuvo confianza en las palabras de Ezequías."

15. ¿Qué hizo Senaquerib para debilitar la confianza del pueblo en Dios? Envió a su vasallo, el Rabsaces, para que les leyera las cartas en las que se jactaba de sus victorias en otras tierras.

16. ¿Logró su propósito? No. El pueblo guardó silencio y mantuvo su confianza en Dios (2 Rey. 18:36).

17. ¿A quién se dirigió Ezequías y qué hizo él mismo? Envió emisarios a Isaías y entró en el templo para orar a Dios (2 Rey. 19:1, 2; Isa. 37:2).

18. ¿Qué dijo Dios a su pueblo en esa ocasión? Les prometió que Senaquerib se marcharía y que luego moriría (2 Rey. 19: 6, 7).

19. ¿Trató el rey de Asiria de atacar de nuevo a Jerusalén? Sí, y envió otra carta con amenazas.

20. ¿Qué hizo Ezequías con la carta? La puso delante de Dios en oración.

21. ¿Qué pidió Ezequías en su oración? Que el Señor los salvara, para la gloria del mismo Señor (2 Rey. 19:15-19).

22. ¿Cómo se produjo esta maravillosa salvación? Por medio del ángel ("mensajero") de Dios, que destruyó al ejército asirio.

23. ¿Qué fin tuvo Senaquerib? Fue asesinado por sus hijos.

24. ¿Qué ciudad era la capital del imperio asirio? Nínive.

25. ¿Se tienen pruebas hoy de las conquistas de Senaquerib y de su derrota final? Las ruinas de Nínive son la evidencia en las que se han encontrado cartas y dibujos, tallados en piedra, o en ladri-llos de arcilla, que confirman el testimonio de la Biblia.

26. ¿Qué se dice después de Ezequías? Que "cayó enfermo de muerte" (2 Rey. 20:1-7; Isa. 38:1).

27. ¿Murió de esa enfermedad? No. Recuperó la salud en respuesta a su oración y por la bendición divina en cuanto al medio que Isaías mandó que fuera utilizado.

28. ¿Hubo algo necio en la historia de Ezequías? Sí. Exhibió todos sus tesoros a los mensajeros del rey de Babilonia.

29. ¿Qué terrible profecía le fue dada a Isaías para que se la comunicara? Que vendrían días en que todos sus tesoros serían llevados a Babilonia (2 Rey. 20:17, 18; Isa. 39:6).

30. ¿Cuáles fueron algunas cosas buenas que hizo Ezequías en favor de Jerusalén? Construyó varios edificios públicos y trajo agua desde lejos a la ciudad.

31. ¿Cuántos años reinó Ezequías? Veintinueve (2 Rey. 18:2).

60. LOS REYES DE JUDA: MANASES, AMON Y JOSIAS (2 Rey. 21:1—23:30; 2 Crón. 33—35)

A. Manasés (2 Rey. 21:1-18) 2 Crón. 33:1-20)

1. ¿De quién era hijo Manasés? De Ezequías.

2. ¿Fue un buen rey como su padre? No. Restableció la idolatría y la hechicería y puso ídolos en el propio templo. Se le atribuye el asesinato del profeta Isaías.

3. ¿De qué manera lo castigó el Señor? Fue llevado cautivo a Babilonia.

4. ¿Qué efecto tuvo el cautiverio sobre él? Lo llevó, por la gracia de Dios, al arrepentimiento y a la oración.

5. ¿Escuchó y respondió el Se-

ñor su oración? Sí; le restituyó el reino.

6. ¿Cómo actuó Manasés después que regresó a su reino? Quitó la idolatría en toda Judá.

7. ¿Cuántos años reinó Manasés? Veinticinco años.

B. Amón (2 Rey. 21:19-25; 2 Crón. 33:20-25)

8. ¿Quién sucedió a Manasés? Su hijo Amón, quien, de haber continuado vivo, habría acabado con todas las reformas hechas por su padre.

9. ¿Cuánto tiempo reinó Amón? Dos años.

10. ¿Cuál fue su triste final? Fue asesinado por sus propios servidores.

C. Josías (2 Rey. 22:1—22:30; 2 Crón. 34—35)

11. ¿Qué edad tenía Josías cuando ascendió al trono de Judá? Ocho años.

12. ¿De quién era hijo? De Amón.

13. ¿Cómo fue Josías? "Hizo lo recto ante los ojos de Jehovah."

14. ¿Desde qué edad comenzó a dar muestras de su amor a Dios? Desde los quince o dieciséis años (2 Crón. 34:3).

15. ¿Cuál fue la primera reforma que llevó a cabo? La eliminación de todo lo relacionado con el culto a los ídolos.

16. ¿Qué maravilloso descubrimiento hubo cuando hicieron la limpieza del templo? Encontraron el libro de la ley que había sido olvidado. Lo hallado fue, probablemente, todo o parte del libro de Deuteronomio.

17. ¿Qué efecto tuvo sobre el joven rey la lectura de la palabra de Dios? Se preocupó por la culpabilidad de la nación y por el peligro en que estaban.

18. ¿A quién envió un mensaje para saber la voluntad de Dios en cuanto a su pueblo? A la profetisa Hulda.

19. ¿De qué manera consoló el Señor a Josías? Le prometió que sus juicios contra la nación no se producirían durante su vida.

20. ¿Qué efecto tuvo este mensaje sobre Josías? Hizo que el libro de la ley fuera leído públicamente y exhortó al pueblo a renovar su pacto con Dios.

21. ¿Qué cultos idolátricos se habían establecido en Judá en ese tiempo? La adoración a Baal y a los ídolos abominables de Sidón, Moab y Amón (2 Rey. 23).

22. ¿Qué hizo Josías con ellos? Los eliminó y demolió sus altares.

23. ¿Qué notable profecía se había hecho antes en cuanto a este joven rey? *He aquí que un hombre de Dios llegó de Judá a Betel, por mandato de Jehovah, cuando Jeroboam estaba de pie junto al altar para quemar incienso. Y clamó contra el* *altar, por mandato de Jehovah, diciendo: Altar, altar, así ha dicho Jehová: "He aquí, a la casa de David le nacerá un hijo que se llamará Josías, quien matara sobre ti a los sacerdotes de los lugares altos que queman incienso sobre ti; y sobre ti quemarán huesos de hombres"* (1 Rey. 13:1, 2).

24. ¿Cumplió Josías esta profecía? Sí, de manera perfecta (2 Crón. 34:5).

25. ¿Qué final tuvo Josías? Murió en la batalla de Meguido.

26. ¿Qué sucedió? Murió al enfrentarse al rey de Egipto cuando éste se dirigía a pelear contra el rey de Asiria.

27. ¿Cómo recibió el pueblo la noticia de su muerte? Hubo un gran duelo general.

28. ¿Qué famoso profeta hizo duelo por él? Jeremías (2 Crón. 35:25).
El aliento de nuestra vida, el ungido de Jehovah, ha sido atrapado en sus fosas; aquel de quien habíamos dicho: "A su sombra viviremos entre las naciones" (Lam. 4:20).

29. ¿Cuánto tiempo reinó este virtuoso rey? Treinta y un años.

61. LOS ULTIMOS REYES DE JUDA (2 Rey. 23—25; 2 Crón. 36; Jer.)

1. ¿Cuál de los hijos de Josías le sucedió en el trono? Joacaz.

2. ¿Qué edad tenía cuando comenzó a reinar y cuánto tiempo reinó? Veintitrés años, y reinó tres meses.

3. ¿Por qué fue tan breve su reinado? Fue depuesto por el Faraón quien lo llevó cautivo a Egipto, donde murió (Jer. 22:11, 12).

4. ¿Quién reinó en su lugar? Eliaquim, otro de los hijos de Josías.

5. ¿Qué nuevo nombre le dio a Eliaquim el rey egipcio? Joacim.

6. ¿Qué edad tenía cuando comenzó a reinar y cuánto tiempo reinó? Veinticinco años, y reinó once.

7. ¿Quién sucedió a Joacim? Su hijo.

8. ¿Por cuántos nombres se le conoce? Por tres: Joaquín (2 Rey. 24:8), Jeconías (1 Crón. 3:16) y Conías (Jer. 22:24).

9. ¿Qué edad tenía cuando murió su padre? Dieciocho (2 Crón. 36:8).

10. ¿Cuánto tiempo después lo llevaron a Babilonia? Poco más de tres meses (2 Crón. 36:9, 10).

11. ¿A quién pusieron como rey en su lugar? Nabucodonosor, el rey de Babilonia, puso en el trono a su tío Matanías, cuyo nombre cambió a Sedequías.

12. ¿Qué parentesco había entre Sedequías y el piadoso rey Josías? Era su hijo.

13. ¿Qué se llevó Nabucodo-

nosor a Babilonia juntamente con el rey? Los tesoros y los utensilios preciosos del templo.

14. ¿Cómo se comportó Sedequías? Hizo lo malo ante los ojos de Jehovah (2 Crón. 36:12).

15. ¿Qué profeta tuvo gran relieve en ese tiempo? Jeremías.

16. ¿Qué le preguntó Sedequías a Jeremías? Qué consecuencias tendría un ataque de Nabucodonosor sobre Jerusalén.

17. ¿Qué mensaje le envió el Señor a Sedequías en cuanto a esto? Que los que escaparan de la peste y del hambre morirían bajo la espada del rey de Babilonia.

18. ¿De quién logró Sedequías ayuda en su lucha contra los caldeos? Del ejército egipcio (Jer. 37).

19. ¿Tuvo éxito la alianza? Sí. Mantuvieron alejado al enemigo por un tiempo.

20. ¿Cuál fue el destino de Jerusalén? Fue capturada por los caldeos y el pueblo llevado cautivo.

21. ¿Cómo trató Nabucodonosor al rey Sedequías? Hizo que lo llevaran ante él en Ribla y le sacó los ojos después de matar a sus hijos y a sus magistrados delante de él; luego lo mantuvo cautivo en Babilonia por el resto de su vida (Jer. 52:10, 11).

22. ¿Qué par de profecías aparentemente contrarias se avienen con lo sucedido? La profecía de Jer. 34:3-5, que dice que sería

llevado cautivo a Babilonia y que moriría allí; y la de Eze. 12:13, de que nunca vería la ciudad.

23. ¿Qué profeta había profetizado la cautividad de los judíos? Jeremías: "Y estas naciones servirán al rey de Babilonia durante setenta años" (25:11).

24. ¿Por qué había sido fijado ese tiempo preciso? Véanse 2 Crón. 36:20, 21; Lev. 26:33-35.

A los sobrevivientes de la espada, los llevó cautivos a Babilonia, y fueron hechos esclavos del rey y de sus hijos hasta el establecimiento del rey de Persia, para que se cumpliese la palabra de Jehovah por boca de Jeremías, hasta que la tierra hubiera disfrutado de su reposo. Todo el tiempo de su desolación reposó, hasta que se cumplieron los setenta años.

25. ¿Fueron llevados cautivos todos los habitantes de Judá? No. Dejaron a los más pobres para que cuidaran de la tierra (Jer. 39:10).

26. ¿Se sometieron por las buenas a la dominación de Babilonia? No. Algunos se sublevaron, mataron al gobernador babilonio y huyeron a Egipto, llevando consigo a Jeremías en contra de su voluntad (Jer. 41:42).

62. ESDRAS

1. ¿En el reinado de quién regresaron los israelitas después de los setenta años de cautiverio? En el reinado de Ciro, rey de Persia, quien había sometido a Babilonia.

2. ¿Qué profeta se había referido al rey Ciro por su nombre? Isaías.

Así ha dicho Jehovah, a su ungido, a Ciro, a quien tomé por su mano derecha para sojuzgar a las naciones delante de él (Isa. 45:1).

3. ¿Cuánto tiempo hacía que fue dicho antes de que ocurriera? Unos ciento setenta años antes de la toma de Babilonia por Ciro; el retorno se produjo quizá un año después.

4. ¿Qué edicto promulgó Ciro en cuanto a los judíos cautivos? Que podían volver a Judea y reconstruir el templo.

5. ¿Quién era en ese tiempo príncipe de Judá? Sesbasar.

6. ¿Quién era el jefe de la tribu de Leví y, por tanto, el sumo sacerdote por derecho de nacimiento? Jesúa (Esd. 2:40; 3:2).

7. ¿Cuántos regresaron a Judea cuando fue publicado este decreto? Cuarenta y dos mil trescientos sesenta (42.360), más 7.337 siervos (Esd. 2:1, 64, 65).

8. ¿Qué se llevaron? Los utensilios de oro y de plata del templo.

9. ¿Cuánto duró el viaje? Probablemente entre cuatro y cinco meses en ese tiempo, tomando en consideración la multitud.

10. ¿En qué mes del año llegaron a Jerusalén? En el mes séptimo, que corresponde a nuestro octubre (Esd. 3:1).

11. ¿Qué fiesta había el día 15 de ese mes? La fiesta de los Tabernáculos.

12. ¿Hasta dónde habían llegado en la edificación del templo antes de ser estorbados? Hasta poner los cimientos (Esd. 3: 11; 4:4).

13. ¿Qué enemigos los estorbaron, y durante cuánto tiempo? Los samaritanos o los pueblos de raza híbrida que ocupaban el territorio que había pertenecido antes al reino de norte; los estorbaron durante quince años.

14. ¿Por medio de quiénes los animó el Señor a hacer su tarea? Por medio de los profetas Hageo y Zacarías (Esd. 5:1).

15. ¿Cómo nos enseña el primer capítulo de Hageo que los judíos estaban más preocupados por construir sus propias casas, que por edificar el templo del Señor? *¿Acaso es tiempo de que vosotros habitéis en vuestras casas enmaderadas mientras que esta casa está en ruinas?* (Hag. 1:4).

16. ¿Qué efecto tuvo esto sobre Zorobabel, el príncipe de Judá, y sobre Josué, el sumo sacerdote? *Y Jehovah despertó el espíritu de Zorobabel hijo de Salatiel, gobernador de Judá, el espíritu de Josué hijo de Josadac, sumo sacerdote, y el espíritu de todo el remanente del pueblo, y ellos acudieron y emprendieron la obra de la casa de Jehovah de los Ejércitos, su Dios* (Hag. 1:14).

17. ¿Qué promesas hizo el

Señor a los judíos con respecto a la edificación de su casa? Que él estaría con ellos, y que les daría gloria y paz (Hag. 2:4, 9). Véase también la sección 83.

18. ¿Qué efecto tuvieron estas promesas sobre los judíos? Comenzaron a edificar la casa del Señor, y prosperaron y la terminaron (Esd. 5:2; 6:12).

19. ¿Cómo pudieron resistir a sus adversarios? Porque el "ojo de su Dios" velaba sobre ellos (Esd. 5:5)

20. ¿Qué nuevo edicto lograron del rey? Que el gobierno de Persia les proporcionaría suministros para la construcción del templo y para los sacrificios (Esd. 6:6-14).

21. ¿Cómo se logró esto? Por el descubrimiento del decreto de Ciro en cuanto a eso (Esd. 5:3; 6:2, 3).

22. ¿Cuándo fue terminado el templo? En el sexto año del rey Darío, en el año 516 a. de J.C.

23. ¿Cómo fue dedicado? Con sacrificios especiales y la celebración de la pascua (Esd. 6:16-22).

24. ¿Quién es el Artajerjes mencionado en Esdras? Se cree que fue Artajerjes Longimano, hijo de Jerjes, relacionado con la historia de Grecia.

25. ¿Quién fue Esdras? Un sacerdote descendiente de Aarón y escriba de la ley (Esd. 7:1-5, 11).

26. ¿Qué fin perseguía al ir a

Jerusalén? Deseaba llevar a algunos voluntarios que lo ayudaran a restablecer la adoración a Dios y el conocimiento de él.

27. ¿Qué carta y qué regalo generoso obtuvo del rey persa? Una carta que autorizaba a los judíos a regresar a Jerusalén, exceptuando a muchos de ellos de los impuestos; y un donativo de plata y oro y otras cosas necesarias.

28. ¿Qué dice Esdras en cuanto a su viaje de Babilonia a Judea? Que partieron tras haber ayunado y orado, y que llegaron sanos y salvos gracias a la sola protección de Dios (Esd. 8:21-23, 31, 32).

29. ¿Qué acto de adoración realizaron al llegar a Judea? Ofrecieron holocaustos (Esd. 8:35).

30. ¿Qué pecado le contaron a Esdras que habían cometido los líderes de Judá? Que habían contraído matrimonios mixtos con los pueblos de la tierra (Esd. 9).

31. ¿Justificó Esdras ante el Señor lo que ellos habían hecho, o confesó este pecado a Dios? Lo confesó con la más intensa humillación.

32. ¿Qué efecto tuvo sobre el pueblo su lealtad a Dios? Se mostraron realmente arrepentidos y acongojados, y despidieron a sus esposas paganas (Esd. 10:1, 19).

33. ¿Cómo logró el pueblo la deseada enmienda? Hicieron un pacto con el Señor y entre ellos mismos, y un juramento público.

63. NEHEMIAS

1. ¿Qué cargo tenía Nehemías en la corte persa? Era copero del rey (Neh. 1:11).

2. ¿Qué rey persa era éste? Se cree que era Artajerjes Longimano. Véase la sección 62. 24.

3. ¿Era un cargo importante? Sí. Significaba que Nehemías era uno de los favoritos del rey, y que tenía un acceso al soberano que los demás no tenían.

4. ¿Por qué quiso dejar un cargo tan importante? Para poder regresar a Jerusalén y ayudar en la reedificación del templo y de la ciudad.

5. ¿De qué medio se valió para lograr su deseo? De la oración a Dios (Neh. 1:11; 2:4).

6. ¿Le concedió el rey su petición? Sí (Neh. 2:6).

7. ¿Cuál fue específicamente la petición de Nehemías al rey? Que lo enviara a Judea a reedificar su ciudad (Neh. 2:5).

8. ¿De qué manera fue enviado? Con una gran comitiva, por su condición de alto funcionario real.

9. ¿Cómo se sintieron los enemigos de los judíos cuando comprendieron en qué consistía la misión de Nehemías? Se enojaron mucho (Neh. 2:10, 19; 4:1, 7).

10. ¿Qué fue lo primero que hizo Nehemías cuando llegó a Jerusalén? Inspeccionó privadamente, de noche, las ruinas de la ciudad (Neh. 2:12-15).

11. ¿En qué estado encontró la muralla? Estaba deshecha por todas partes.

12. ¿Cuál fue su primer acto público? Exhortar al pueblo a reedificar las murallas (Neh. 2:17, 18).

13. ¿Qué respuesta hubo a su exhortación? El pueblo dijo: "¡Levantémonos y edifiquemos!" (Neh. 2:18).

14. ¿Quién hizo el trabajo de reedificación? El pueblo mismo.

15. ¿Qué quisieron hacer los enemigos de los judíos cuando vieron que la construcción de la muralla avanzaba? Quisieron hacer cesar la obra (Neh. 4:11).

16. ¿Qué crítica le hicieron a la obra? Que si subía una zorra derribaría el muro de piedra (Neh. 4:3).

17. ¿Cómo enfrentó Nehemías el peligro? Con fe y oración, y con los obreros armados y vigilantes día y noche (Neh. 4:9-23).

18. ¿A qué gran abuso se dispuso Nehemías ponerle fin? A la práctica de la usura por los préstamos de dinero hechos a los pobres (Neh. 5).

19. ¿Estuvo el pueblo dispuesto a hacer lo que dijo Nehemías? Sí, y actuaron de inmediato.

20. ¿Qué ejemplo personal les

dio Nehemías? No quiso recibir su paga como funcionario real para que los pobres no fueran gravados.

21. ¿Qué plan malvado tramaron luego Sanbalat y sus compañeros para intimidar a Nehemías? Lo invitaron a una reunión con ellos para apoderarse de él, por lo que enviaron a un falso profeta para que lo persuadiera a abandonar su obra (Neh. 6).

22. ¿Cuánto tiempo duró la construcción de la muralla? Cincuenta y dos días (Neh. 6:15).

23. ¿A quiénes puso Nehemías a cargo de Jerusalén, y por qué? *Luego puse a cargo de Jerusalén a mi hermano Hanani y a Ananías, jefe de la fortaleza, por ser éste un hombre de verdad y temeroso de Dios más que muchos* (Neh. 7:2).

24. ¿Qué puso Dios en el corazón de Nehemías que hiciera después de esto? Que hiciera un registro de las familias que habían vuelto de Babilonia (Neh. 7:5).

25. ¿Por qué era tan importante la preservación de las genealogías de los hijos de Israel? Para mostrar el cumplimiento en Cristo de la promesa hecha a Abraham de que en su descendencia serían benditas todas las familias de la tierra (Gén. 22:18), y de la promesa a David de que Dios levantaría a un rey que se sentaría en su trono para siempre (Hech. 2:29, 30; Luc. 1:30-33).

26. ¿Qué otro asunto terminaron en el mes séptimo? El asen-

tamiento de los israelitas en sus ciudades en todo el territorio (Neh. 7:73).

27. ¿Qué fiesta especial debía celebrarse ese mes? La fiesta de los Tabernáculos (Neh. 8:14-18).

28. ¿Qué simbolizaba la fiesta? Los tabernáculos, o cabañas, eran un recordatorio de que habían morado en tiendas en el desierto (Lev. 23:43).

29. ¿Qué gran asamblea se tuvo? Todo el pueblo se reunió al aire libre; se colocó un púlpito y fue leída y explicada la ley (Neh. 8).

30. ¿Por qué era leída así la ley? Porque los libros eran caros y escasos, y eran pocos quienes podían adquirirlos.

31. ¿Quién le leyó la ley a Israel? Esdras mismo, y un grupo de levitas.

32. ¿Qué efecto tuvo sobre el pueblo la lectura de la ley? Lloraron con sentimientos encontrados de pesar y alegría.

33. ¿De qué manera animó Esdras al pueblo? Les dijo que el gozo del Señor era su fortaleza.

34. ¿Qué hubo poco tiempo después de la fiesta de los Tabernáculos? Un ayuno solemne junto con la lectura de la ley y la confesión de pecados (Neh. 9:1-37).

35. ¿Qué resultado tuvo esto? Los jefes del pueblo hicieron y firmaron un pacto de obedecer la ley de Dios (Neh. 9:38—10:27).

36. ¿Cómo fue dedicada la muralla? Con música, acción de gracias y gran gozo (Neh. 12:27-30).

37. ¿Cuánto tiempo duró esta reforma? Todos los días de Zorobabel y de Nehemías (Neh. 12:47).

38. ¿Cuándo volvió Nehemías al rey de Persia? En el año 32 del reinado de Artajerjes (Neh. 5: 14; 13:6).

39. Cuando regresó a Jerusalén otra vez, ¿encontró que todo iba bien? No.

40. ¿Qué males encontró? Descuido de la casa de Dios, violación del día de reposo y casamientos con paganos (Neh. 13).

41. ¿No había sido el día de reposo, o sábado, el gran símbolo del pacto entre el Señor e Israel? Sí (Isa. 58:13,14; Eze. 20:12-20).

42. ¿Qué mandamiento había dado el Señor en cuanto al matrimonio con mujeres paganas? *No harás alianza con ellas [las naciones] ni tendrás de ellas misericordia. No emparentarás con ellas: No darás tu hija a su hijo, ni tomarás su hija para tu hijo. Porque desviará a tu hijo en pos de mí, y servirá a otros dioses* (Deut. 7:2-4).

43. ¿Erradicó enérgicamente Nehemías este pecado? Sí (Neh. 13:25-28, 30).

44. ¿Dónde se cree que ter- **minó sus días Nehemías?** En Persia, como copero del rey.

64. ESTER

1. ¿Quién fue Asuero? Se cree generalmente que fue Jerjes de Persia, conocido en la historia secular por haber invadido a Grecia.

2. ¿Quién fue Ester? Una doncella judía que vivía en Persia, que se convirtió en la reina de ese país.

3. ¿Cómo sucedió eso? Asuero se había divorciado de su esposa y Ester fue escogida en su lugar de entre muchas que habían sido llevadas delante del rey por disposición suya (Est. 1:9; 2:1-17).

4. ¿Quién fue Mardoqueo? Un primo de Ester, quien la adoptó como su hija al morir sus padres. El tenía un cargo en el palacio (Est. 2:5-7).

5. ¿Dónde estaba la corte de Persia en ese tiempo? En Susa.

6. ¿Quién era en ese tiempo el gran enemigo que tenían los judíos en Persia? Amán, de quien la tradición dice que descendía de Agag, rey de los amalequitas.

7. ¿Por qué odiaba Amán a los judíos? Porque Mardoqueo era el único hombre en Susa que no le hacía reverencias (Est. 3:2, 5, 6).

8. ¿De qué manera trató de vengarse de ellos? Matando a todos los que había en el reino.

9. ¿Quién se enteró del complot? Mardoqueo, quien exhortó a

Ester a que intercediera ante el rey por su pueblo (Est. 4:1-14).

10. ¿Por qué era ésta una misión peligrosa? Porque nadie podía acercarse al rey sin ser llamado, lo cual era penado con la muerte, a menos el que el rey perdonara el castigo.

11. ¿Qué ordenó el rey que le fuera leída y por qué? La historia de su reinado, para recrear su ánimo, una noche en la que no podía dormir (Est. 6:1).

12. ¿De qué se enteró allí? De que Mardoqueo había descubierto un complot, salvando así la vida del rey, y que no había recibido ninguna recompensa por ello.

13. ¿Cómo logró Ester la salvación de su pueblo? Pidiéndole al rey que los salvara de Amán.

14. ¿Cuál fue la respuesta del rey? Amán fue ejecutado y se concedió a los judíos el derecho a defenderse (Est. 8:9-11).

15. ¿Qué fiesta se celebra desde entonces entre los judíos para conmemorar esta salvación? La fiesta de Purim (Est. 9:26).

16. ¿Por qué fue llamada así? Porque sus enemigos habían echado pur, o suertes, para saber la fecha en que los destruirían (Est. 9:24; 3:6, 7).

17. ¿A qué cargo fue elevado Mardoqueo en la corte de Persia? Al más alto, inmediatamente después del rey (Est. 10:3).

65. JOB

1. ¿Quién fue Job? Un hombre muy rico del norte de Arabia, que adoraba al Dios verdadero (Job 1:3).

2. ¿En qué época se cree que vivió? Probablemente en la época de los patriarcas, unos dos mil años antes de Cristo.

3. ¿Quién escribió el libro de Job? No se sabe.

4. ¿Qué característica tiene el libro? Está escrito en poesía casi en su totalidad; sólo los capítulos primero y último y unos pocos versículos están escritos en prosa.

5. ¿Dónde se inicia el escenario del poema? En el cielo, en donde se presenta Satanás con los ángeles de Dios, para hablarle de lo que ha hecho en la tierra.

6. ¿Qué excelsas palabras de elogio utilizó el Señor cuando le habló a Satanás acerca de Job? Léase Job 1:8.

7. ¿Y cómo se refirió Dios a él al hablarle después a Ezequiel? Lo puso al mismo nivel de Noé y Daniel, como hombre justo (Eze. 14:12-21).

8. ¿De qué manera probó el Señor a Job? Privándole en un solo día de sus hijos, de sus criados y de sus bienes (Job 1).

9. ¿Se apartó Job de Dios? No, se sometió a la voluntad del Señor y lo bendijo con palabras dignas de recordarse (Léase Job 1:21).

10. ¿Obtuvo de nuevo Satanás el permiso para hacerle daño? Sí, causándole sufrimiento físico (Job 2:4-8).

11. ¿Permaneció Job firme? Parece que no lanzó ninguna queja contra Dios, ni siquiera cuando su esposa le incitó a hacerlo.

12. ¿Quiénes vinieron a consolarlo? Sus tres principales amigos (Job. 2:11).

13. ¿No creían sus amigos que las desgracias de Job le habían sobrevenido a consecuencia de su pecado? Sí; y casi la totalidad de la parte poética consiste en los argumentos defendiendo su creencia, y en la defensa de Job de sí mismo como hombre justo.

14. ¿Cómo se sintió Job cuando Dios mismo le habló al fin? Profundamente humillado.

15. ¿Qué dijo Job? *Entonces Job respondió a Jehovah y dijo: He aquí que yo soy insignificante. ¿Qué te he de responder? Pongo mi mano sobre mi boca* (Job 40:3, 4).

16. ¿Lo culpó el Señor? No, sino que lo aprobó (Job. 42:9).

17. ¿En consideración a qué perdonó el Señor el error de los tres amigos que condenaron a Job? En consideración a su holocausto y a la oración de Job en favor de ellos (Job 42:7-9).

18. ¿Qué sucedió posteriormente con Job? Fue curado de su enfermedad y prosperó tanto que tuvo el doble de los bienes que había tenido antes de su prueba. Tuvo, además, siete hijos y tres hijas en lugar de los hijos que había perdido (Job 42:10-17).

66. LOS SALMOS

1. ¿Qué son los Salmos? El himnario hebreo, el Libro de las Alabanzas; himnos escritos para ser acompañados con música y usados en la adoración.

2. ¿Cuántos salmos hay? Ciento cincuenta, agrupados en cinco libros que terminan, respectivamente, en los Salmos 41, 72, 89, 106 y 150, cada uno de los cuales concluye con una expresión de bendición.

3. ¿Quién escribió los salmos? David escribió la mayoría, pero muchos fueron escritos por otros autores en diferentes períodos, antes y después de él.

4. ¿Qué son los títulos y otras indicaciones dadas antes de algunos de los salmos? Son títulos atribuidos a ciertos autores y hechos que, a pesar de ser muy antiguos, no son parte original de los salmos, y que pueden ser ciertos o no. Los otros datos son orientaciones en cuanto a la música, tales como "Alamot", para voces de soprano; "Seminit", para voces de bajo; y "Nejilot", para acompañamiento de flauta. Hay también ciertos datos que son los nombres de la melodía popular con la cual se cantaba el salmo. Por ejemplo, el Salmo 9 está adaptado a la melodía "La muerte del hijo", y el Salmo 45, a la melodía "Los lirios".

5. ¿Son también valiosos estos himnos para nuestro tiempo? Sí; casi todos ellos expresan los sentimientos más profundos del alma humana de cualquier época.

6. ¿Cuáles serían los salmos más valiosos para nosotros? Todos son valiosos, pero podemos mencionar particularmente los Salmos 1, 19, 23, 24, 32, 46, 51, 84, 90, 91, 103, 119 y 121.

7. ¿Hay algunos salmos que anuncian al Mesías? Sí, la totalidad o ciertas partes de los Salmos 2, 16, 22, 40 y 110, entre otros.

8. ¿Hay algunos salmos que son históricos? Sí, por ejemplo: Salmos 78, 105 y 106.

9. ¿Cuál es el salmo más largo, y de qué trata? El Salmo 119, que se refiere a la Palabra de Dios.

10. ¿Cuál es el versículo más conocido de este Salmo? Probablemente el versículo 105.
Lámpara es a mis pies tu palabra, y lumbrera a mi camino.

67. PROVERBIOS

1. ¿Qué es el libro de Proverbios? "Una antología de la Sabiduría en cinco libros, constituido por 375 breves composiciones literarias, sin relación unas con otras."

2. ¿Quién escribió el libro de Proverbios? Se cree que Salomón escribió dos de los cinco libros; otro fue recopilado por otra persona en tiempos del rey Ezequías, y consistía probablemente de dichos populares, algunos de los cuales pudieron haber sido anteriores al tiempo de Salomón, o de su misma época; en cuanto a los otros dos, se desconoce el autor o autores.

3. ¿Cuál es el principio del conocimiento o de la sabiduría? El temor de Jehovah (Prov. 1:7).

4. ¿Qué es diadema de gracia en el cuello de un hijo? La obediencia a la disciplina e instrucción de sus padres (Prov. 1:8, 9; 6:20, etc.)

5. ¿Qué recompensa es prometida a los que buscan diligentemente la sabiduría? Que la encontrarán.

6. ¿De qué los preservará la sabiduría? Del camino y de la compañía de los hombres inicuos, de toda insensatez y pecado, y de todo mal concreto.

7. ¿Qué valor tiene la sabiduría? Es más valiosa que todas las riquezas de este mundo (Prov. 3: 13-18; 8:11, 19).

8. ¿Tienen algo que temer los que ponen su confianza en el Señor? ¿Por qué sí o por qué no? No; porque el Señor lo ha prometido (Prov. 3:5, 6, 21-26).

9. ¿Qué proverbio enseña la indignidad de la pereza? "Vé a la hormiga, oh perezoso", etc. (Prov. 6:6-11).

10. ¿Qué versículos hablan de la bajeza de la borrachera? Proverbios 20:1; 23:29-35.

11. ¿Qué capítulo se refiere a

las cualidades de la mujer virtuosa? El capítulo 31.

68. ECLESIASTES

1. ¿Por quién fue escrito Eclesiastés? Generalmente se cree que Salomón fue su autor.

2. ¿Qué significa el nombre Eclesiastés? "El Predicador."

3. ¿De qué trata el libro en general? Es la confesión de un hombre de gran conocimiento y amplia experiencia, que pecó y pagó las consecuencias, aprendiendo a través de esto la lección que Dios quiso enseñarle.

4. ¿Qué enseñanza práctica le dio su gran conocimiento? Que todo es vanidad debajo del sol (Ecl. 1:2, 3).

5. ¿Qué enseña el capítulo 12 en cuanto a la lección que aprendió finalmente? Que la vida verdadera consiste en temer a Dios y guardar sus mandamientos.

6. ¿Qué razones utiliza Salomón para exhortar a que comencemos a servir a Dios desde la juventud? La certeza de la vejez y de la muerte (Ecl. 12:1-7).

7. ¿Está de acuerdo el apóstol Pablo con el autor del libro? *Los padecimientos del tiempo presente no son dignos de comparar con la gloria que pronto nos ha de ser revelada* (Rom. 8:18). Véase también 2 Corintios 4:17, 18.

69. EL CANTAR DE LOS CANTARES

1. ¿En qué consiste este libro? Es quizá un canto nupcial acerca de Salomón. Es un poema.

2. ¿Cuál es su interpretación religiosa? Simboliza el amor de Cristo por su iglesia, "su novia" (Apoc. 21:2; 22:17); y el amor de la iglesia por Cristo.

70. ISAIAS

1. ¿Quién fue Isaías? Uno de los más grandes profetas hebreos, y el autor del libro que lleva su nombre.

2. ¿En los reinados de quiénes profetizó? En los de "Uzías, Jotam, Acaz y Ezequías, reyes de Judá". Véase las secciones 58 y 59.

3. ¿Son históricas algunas partes de su libro? Sí, los capítulos 1 al 39 lo son, aunque hay canciones, poemas y profecías intercaladas; mucho contenido histórico se halla expresado con lenguaje simbólico.

4. ¿A qué personaje glorioso tuvo el privilegio de anunciar? Al Mesías, especialmente en Isa. 7:14; 9:1-7; 11:1-10; 53. *Porque un niño nos es nacido, un hijo nos es dado, y el dominio estará sobre su hombro. Se llamará su nombre: Admirable Consejero, Dios Fuerte, Padre Eterno, Príncipe de Paz. Lo dilatado de su dominio y la paz no tendrán fin sobre el trono de David y sobre su reino, para afirmarlo y fortalecerlo con derecho y con justicia, desde ahora y para siempre* (Isa. 9:6, 7).

5. ¿Qué profecía de Isaías cita Mateo 1:23?

Por tanto, el mismo Señor os dará señal: He aquí que la virgen concebirá y dará a luz un hijo, y llamará su nombre Emanuel (Isa. 7:14).

6. ¿Con qué nombre se refiere al Señor Jesús Isaías 11:1? "Un retoño brotará del tronco de Isaí, y un vástago de sus raíces dará fruto."

7. ¿Quién fue Isaí? El padre de David.

8. ¿En qué lugar el Señor Jesús se llama a sí mismo "la raíz y el linaje de David"? En Apocalipsis 22:16.

9. ¿Cómo es llamado el Señor Jesús en Apoc. 5:5? "El León de la tribu de Judá, la Raíz de David."

10. ¿Cómo describe Isaías al poder regio del Señor Jesús? "He aquí que un rey reinará según la justicia" (Isa. 32:1).

11. ¿Bajo qué característica describe al Señor Jesús en el v. 2 de ese mismo capítulo? *Aquel hombre será como un escondedero contra el viento y como un refugio contra la tempestad. Será como corrientes de agua en tierra de sequedad, como la sombra de un gran peñasco en una tierra sedienta.*

12. ¿Qué porción del libro de Isaías leyó y usó el Señor Jesús en cierta ocasión mientras estuvo en la tierra? Isaías 61:1, 2.

El Espíritu del Señor Jehovah está sobre mí, porque me ha ungido Jehovah. Me ha enviado para anunciar buenas nuevas a los po- *bres, para vendar a los quebrantados de corazón, para proclamar libertad a los cautivos y a los prisioneros apertura de la cárcel, para proclamar el año de la buena voluntad de Jehovah* (Luc. 4:18, 19).

13. ¿Qué dijo el Señor después que cerró el libro? "Hoy se ha cumplido esta Escritura en vuestros oídos" (Luc. 4:21).

14. ¿Qué parte de Isaías estaba leyendo el etíope cuando Felipe se acercó a él? Isaías 53:7, 8.

15. ¿Qué versículos de la profecía de Isaías 53 se aplican a la vida terrenal de Jesucristo?

v. 1. Pero a pesar de haber hecho tantas señales delante de ellos, no creían en él (Juan 12:37).

v. 2. Se despojó a sí mismo, tomando forma de siervo, haciéndose semejante a los hombres (Fil. 2:7).

v. 3. ¿No es éste el carpintero, hijo de María? (Mar. 6:3). *De Galilea no se levanta ningún profeta* (Juan 7:52).

v. 4. Con su palabra echó fuera a los espíritus y sanó a todos los enfermos (Mat. 8:16).

vv. 5, 6. Cristo murió por nuestros pecados, conforme a las Escrituras (1 Cor. 15:3).

v. 7. Y siendo acusado por los principales sacerdotes y por los ancianos, no respondió nada (Mat. 27:12).

v. 8. Y después de atarlo, le llevaron y le entregaron al procurador Pilato... y después de haber azotado a Jesús, le entregó para que fuese crucificado (Mat. 27:2, 26).

v. 9. Llevaban también a otros dos, que eran malhechores, para ser ejecutados con él (Luc. 23:32). *Vino un hombre rico de Arimatea llamado José... Este se presentó a Pilato y pidió el cuerpo de Jesús. Entonces Pilato mandó que se le diese* (Mat. 27:57, 58).

16. ¿En qué partes del Nuevo Testamento se aplican los versículos 10-12? *Vv. 10, 11. Y miré, y he aquí el Cordero de pie sobre el monte Sion, y con él estaban los 144.000 que tenían su nombre y el nombre de su Padre escrito en sus frentes... Estos fueron redimidos de entre los hombres, primicias para Dios y para el Cordero. Y en sus bocas no se halló engaño; son sin mancha* (Apoc. 14: 1, 4, 5). *V. 12. Por tanto, puesto que los hijos han participado de carne y sangre, de igual manera él participó también de lo mismo, para destruir por medio de la muerte al que tenía el dominio sobre la muerte (éste es el diablo)* (Heb. 2: 14).

17. ¿Hay muchas invitaciones misericordiosas a los pecadores a lo largo de todo el libro de Isaías? Sí; dos de las más conocidas son:

Venid, pues, dice Jehovah; y razonemos juntos: Aunque vuestros pecados sean como la grana, como la nieve serán emblanquecidos. Aunque sean rojos como el carmesí, vendrán a ser como blanca lana (Isa. 1:18).

Oh, todos los sedientos, ¡venid a las aguas! Y los que no tienen dinero, ¡venid, comprad y comed! Venid, comprad sin dinero y sin precio, vino y leche (Isa. 55:1).

18. ¿Hay en el libro muchas promesas especiales para los gentiles? Sí, como las que aparecen en los capítulos 9, 11, 35, 42, 49, 60 y 65.

19. ¿Quiénes son los gentiles? Todos los que no son judíos.

20. ¿A quiénes están dirigidas las principales profecías del libro de Isaías? A los judíos.

21. ¿Qué gloriosas promesas están dirigidas al pueblo escogido de Dios? Más de las que podamos citar. Entre ellas están:

En cuanto a mí, éste será mi pacto con ellos: Mi Espíritu que está sobre ti y mis palabras que he puesto en tu boca no se apartarán de tu boca, ni de la boca de tus descendientes, ni de la boca de los descendientes de tus descendientes, desde ahora y para siempre, ha dicho Jehovah (Isa. 59:21).

Ciertamente Jehovah consolará a Sion; él consolará todas sus ruinas. Convertirá su desierto en Edén y su región árida en huerto de Jehovah (Isa. 51:3).

¡Despierta! ¡Despierta! Vístete de tu poder, oh Sion; vístete de tu ropa de gala, oh Jerusalén, ciudad santa. Porque nunca más volverá a entrar en ti ningún incircunciso ni impuro (Isa. 52:1).

22. ¿Con qué símbolo describe Isaías, en el capítulo 5, el cuidado de Dios por Israel? Con el cuidado del viñador por su viña.

¿Qué más se podía haber hecho por mi viña que yo no haya hecho en ella? ¿Por qué, pues, esperando

yo que diese uvas buenas, ha dado uvas silvestres? (v. 4)

23. ¿No hay numerosas y terribles condenas contra los impíos en esta profecía? Sí, como las que aparecen en 1:28, 31.

Pero los rebeldes y los pecadores serán quebrantados a una; los que abandonan a Jehovah serán consumidos... El fuerte se convertirá en estopa, y su trabajo en chispa. Ambos arderán juntos, y no habrá quien los apague.

24. ¿Contra qué naciones profetizó especialmente Isaías? Contra Arabia, Asiria, Babilonia, Egipto, Etiopía, Israel, Judá, Moab y Tiro.

25. ¿Cómo se cumplieron estas profecías? Durante varios siglos, estas naciones estuvieron en una condición lastimosa bajo el yugo de extranjeros que las oprimieron, y algunas de ellas desaparecieron. Sin embargo, otras se han estado levantando poco a poco de sus cenizas, e incluso Israel se ha constituido como Estado en Palestina.

26. ¿Cómo fue llamado Isaías para el servicio a Dios?

En el año que murió el rey Uzías, vi yo al Señor sentado sobre un trono alto y sublime; y el borde de sus vestiduras llenaba el templo. Por encima de él había serafines... Entonces voló hacia mí uno de los serafines trayendo en su mano, con unas tenazas, un carbón encendido tomado del altar. Y tocó con él mi boca, diciendo: He aquí que esto ha tocado tus labios; tu culpa ha sido quitada, y tu pecado

ha sido perdonado. Entonces escuché la voz del Señor, que decía: ¿A quién enviaré? ¿Y quién irá por nosotros? Y yo respondí: Heme aquí, envíame a mí (Isa. 6:1-8).

27. ¿Se encuentra algo parecido a esta visión en el libro de Apocalipsis? Sí, en 4:2.

28. ¿Qué efecto tuvo sobre Isaías su visión de la gloria de Dios? Sintió agudamente cuán pecador era.

29. ¿Qué es lo único que puede quitar el terror que siente todo hombre por su condición de pecador, cuando está en la presencia de Dios?

La sangre de su Hijo Jesús nos limpia de todo pecado (1 Jn. 1:7).

71. JEREMIAS

1. ¿Quién fue Jeremías? El gran profeta que vivió y profetizó durante los aciagos días de la conquista y cautividad de Judá.

2. ¿Cuándo aparece Jeremías mencionado por primera vez? En el año 13 del reinado de Josías (2 Crón. 24:25).

3. ¿Cómo se sintió Jeremías inicialmente cuando supo que Dios lo había designado profeta? Se sintió cohibido y sin aptitudes, como un niño. Probablemente fue llamado siendo muy joven.

4. ¿Qué oficio tenía Jeremías por derecho de nacimiento, y en qué ciudad nació? Era sacerdote, y nació en Anatot, en la tierra de Benjamín (Jer. 1:1).

5. ¿Cómo contrasta Jeremías la adoración a Dios y la idolatría? *Porque dos males ha hecho mi pueblo: Me han abandonado a mí, que soy fuente de aguas vivas, y han cavado para sí cisternas, cisternas rotas que no retienen el agua* (Jer. 2:13).

6. Al comparar Jer. 2:21 con Isa. 5 y Sal. 80, ¿cómo es descrito el pueblo de Dios bajo la figura utilizada? Que al igual que una viña, ellos son tiernamente protegidos, alimentados, enseñados, instruidos y disciplinados, para que den fruto bueno y abundante.

7. ¿Qué males profetizó Jeremías como juicio sobre el pueblo por sus pecados? Que una nación antigua y poderosa vendría contra ellos y los avasallaría (Jer. 5:15).

8. ¿Quedaban sin ninguna esperanza tras esa amonestación? No. Jeremías los invitó varias veces a arrepentirse y a obedecer. Esto lo encontramos, por ejemplo, en Jeremías 17:19-27.

9. ¿Fue Jeremías el único profeta enviado por el Señor para amonestar a Israel? No; en el pasado habían sido amonestados una y otra vez por profetas (Jer. 7:25, 26).

10. ¿Qué orden especial recibió Jeremías en cuanto a su misión? Que se parara en el atrio de la casa de Jehovah, y hablara a todos los que acudieran de todas partes de Judá a adorar (Jer. 26).

11. ¿Cuál fue la respuesta del pueblo en cuanto al mensaje? Se volvieron todos contra Jeremías.

12. ¿Qué amarga queja expresa el profeta en 8:20? *Ha pasado la siega, se ha acabado el verano, ¡y nosotros no hemos sido salvos!*

13. ¿Qué hermosa oración encontramos en Jeremías 17:14? *Sáname, oh Jehovah, y seré sano. Sálvame, y seré salvo.*

14. ¿A qué se compara a sí mismo el Señor, y a qué compara a Israel, en el capítulo 18? A un alfarero que amasa el barro y que hace con él lo que quiere.

15. ¿Qué señal le ordenó el Señor a Jeremías que le mostrara al pueblo, y qué significado tenía? Quebró la vasija del alfarero como señal de la ruina de Israel (Jer. 19).

16. ¿Qué mal le vino a Jeremías por proclamar fielmente la palabra de Dios? Fue puesto en un cepo (Jer. 20).

17. ¿Se sintió tentado algunas veces el piadoso Jeremías a dejar de proclamar la palabra de Dios? Sí, cuando veía que era recibida tan mal (Jer. 20:8, 9).

18. ¿No había sobre él un poder tan grande que no podía resistirlo? Sí; Dios era más fuerte que él.

19. ¿De quién habla Jeremías en 23:5, 6? Del Mesías, de Jesucristo.

20. ¿Cuántos profetas se refi-

rieron a Cristo como un "Retoño"? Dos.

*Un retoño brotará del tronco de
Isaí, y un vástago de sus raíces dará fruto* (Isa. 11:1).

*He aquí yo traigo a mi siervo, el
Retoño* (Zac. 3:8).

**21. ¿Quién dijo Jeremías que
subiría contra Jerusalén y la to-
maría?** Nabucodonosor, rey de Babilonia (Jer. 25:9).

**22. ¿Cuánto tiempo habría de
durar la cautividad?** Setenta
años (Jer. 25:12).

**23. ¿Qué sucedería al término
de ella?** Babilonia sería destruida.
(Jer 25:12-14).

**24. Después de haber dicho
Jeremías estas palabras, ¿qué le
ordenó el Señor que hiciera?**
Que las escribiera en un libro, o
rollo, y que le leyera el libro a los
líderes del pueblo (Jer. 36).

**25. ¿Quién era el ayudante de
Jeremías en estas tareas?** Baruc.

**26. ¿Qué profecías había en el
rollo?** Probablemente la mayor
parte, o quizás, todas las que aparecen en Jeremías 1—35, tal como
lo tenemos ahora. Estas profetizaban la cautividad. (Véanse las preguntas 21 a 23.)

**27. Cuando los magistrados
escucharon la profecía, ¿a quién
quisieron que le fuera leída?** Al
rey.

**28. ¿Por qué les dijeron a Je-
remías y a Baruc que se escon-
dieran?** Para que el rey no los
apresara de inmediato.

**29. ¿Cómo recibió el rey Joa-
cim el mensaje?** Con ira y desprecio. Probablemente no habían sido
leídas sino tres o cuatro hojas.

**30. ¿Qué hizo el rey con el ro-
llo?** Lo rasgó y lo quemó.

**31. ¿Qué se le ordenó a Jere-
mías que hiciera?** Que volviera a
escribir las palabras en otro rollo.

**32. ¿Qué castigo se acarreó el
rey por esta acción?** Su cadáver
fue arrojado y quedó insepulto, y
su familia dejó de reinar en el
trono de Judá (Jer. 36:30; 22:30).

**33. ¿Qué le profetizó Jeremías
al rey Sedequías en cuanto a la
destrucción total y completa de
Jerusalén?** Que serían exterminados por la espada, el hambre y
la peste (Jer. 24).

**34. ¿Es realmente histórico el
libro de Jeremías?** Sí. Véase la
sección 61.

**35. ¿Cómo simbolizó Jeremías
la conquista por parte de Babilonia?** Colocando sobre su cuerpo cadenas y yugos (Jer. 27).

**36. ¿Quién profetizó contradi-
ciendo a Jeremías?** Ananías (Jer.
28).

**37. ¿Qué acción simbólica
hizo con el yugo que estaba
puesto sobre el cuello de Jeremías?** Lo rompió, queriendo decir
que de la misma manera rompería
Dios el yugo de Nabucodonosor.

**38. ¿Permitió el Señor que ese
acto impío no fuera juzgado?** No.

Por medio de Jeremías mandó a decirle a Ananías que ese mismo año moriría.

39. ¿Qué lección objetiva le fue ordenada a Jeremías que diera al pueblo de Israel en Jeremías 35? Que trataran de hacer beber vino a los recabitas.

40. ¿Quiénes eran los recabitas? Descendientes de Recab, de la familia de los queneos (1 Crón. 2:55).

41. ¿Quiénes eran los queneos? Descendientes de Abraham a través de su esposa Quetura, una rama de los madianitas (Gén. 25:2; Exo. 2:15-21; Jue. 1:16).

42. ¿Qué clase de pueblo eran los recabitas? Era un pueblo nómada que vivía en tiendas en el desierto.

43. ¿Por qué causa habían venido a Jerusalén? Habían venido a refugiarse en la ciudad amurallada, como un lugar más seguro, porque le tenían temor al ejército de Nabucodonosor.

44. ¿Tuvo éxito Jeremías al tratar de inducir a los recabitas a beber vino? No.

45. ¿Por qué no? Porque su antepasado, Jonadab, hijo de Recab, les había ordenado que no construyeran casas, ni vivieran en aldeas, ni bebieran nada de vino; y ellos habían obedecido siempre su mandamiento.

46. ¿Qué gran recompensa dio el Señor a los recabitas por su obediencia? Que su familia tendría siempre un representante delante de Dios.

47. ¿Qué otras referencias hay en la Biblia en cuanto a la bebida y a los bebedores? Prov. 23:19-21, 29-32; 1 Cor. 6:10; Rom. 13:13; Gál. 5:21; Efe. 5:18, etc.

48. ¿Fue Judá ganado a la obediencia por esta lección objetiva? No; se siguieron negando a servir sólo a Dios.

49. ¿Qué ejército logró el rey de Judá que viniera en su ayuda contra Babilonia? El ejército egipcio (Jer. 37).

50. ¿Le sirvió de ayuda? Sí, pero sólo por cierto tiempo.

51. ¿Qué deseó hacer Jeremías después de que los caldeos se marcharon? Regresar a su casa en Anatot (Jer. 37:12).

52. ¿Qué le hicieron los magistrados, y por qué? Lo echaron en prisión, porque pensaron que se estaba pasando a los caldeos.

53. ¿Le dejaron preso todo el tiempo? No. Fue puesto en libertad por orden del rey Sedequías, pero pronto fue puesto de nuevo en una prisión peor aún (Jer. 38).

54. ¿Quién habló en defensa de Jeremías? Ebedmelec.

55. ¿Cómo lo rescató? Lo sacó con sogas de la cisterna.

56. ¿Qué le dijo Jeremías al rey poco después de esto? Que si seguía en la ciudad, ésta sería tomada e incendiada (Jer. 38:18).

57. ¿Le creyó el rey y obedeció la palabra del Señor? No, se quedó en la ciudad hasta que fue demasiado tarde (Jer. 39:2, 4, 8).

58. ¿Dónde estaba Jeremías cuando fue tomada la ciudad? En el patio de la prisión (Jer. 38:28).

59. ¿Cómo trataron los caldeos a Jeremías? Por orden del rey, fue enviado compasivamente de vuelta a su tierra, de acuerdo con sus deseos (Jer. 39—40).

60. ¿Qué promesas le dio el Señor a su pueblo antes de que fueran llevados cautivos? Que regresarían a su tierra, y la venida del Mesías, el Señor nuestra Justicia (Jer. 32-33).

61. ¿Profetizó Jeremías contra otras naciones, aparte de Judá? Sí, por lo menos contra diez más. Véase Jeremías 50-51.

62. ¿Qué otro libro escribió Jeremías, además de su profecía? El libro de Lamentaciones, cuando se produjo por fin la caída de la ciudad.

63. ¿Dónde se cree que murió Jeremías? En Egipto, por manos de los judíos, que habían huido allá, y que habían obligado a Jeremías a marcharse con ellos. Véase Jeremías 40—44.

72. EZEQUIEL

1. ¿Quien fue Ezequiel? Un sacerdote y profeta.

2. ¿Dónde se encontraba cuando tuvo su maravillosa visión? Junto al río Quebar, en Mesopotamia.

3. ¿Cómo llegó allí? Con los judíos que fueron llevados cautivos a Babilonia por Nabucodonosor.

4. ¿Qué edad tenía entonces? Treinta años, como se desprende de 1:1.

5. ¿Cuándo tiempo había estado cautivo? Más de cuatro años (Eze. 1:2).

6. ¿Quién era el Joaquín cuya cautividad se menciona aquí? El rey de Judá. Véase la sección 61. 7-10.

7. ¿Fue éste el último rey de Judá? No; hubo uno más: Sedequías.

8. ¿Cuánto tiempo antes de la caída de Jerusalén fue escrita esta profecía? Unos siete años antes, ya que la ciudad fue tomada once años después de que el rey Joaquín fue hecho cautivo, y se dice que esta visión ocurrió cuatro años después de haber sido hecho cautivo (Eze. 1:2).

9. ¿Cómo le describe el Señor a Ezequiel los hijos de Israel? Que eran un pueblo muy "rebelde" (Eze. 2).

10. ¿De qué manera preparó Dios al profeta para su misión? Estimulándolo y advirtiéndole que no temiera (Eze. 3).

11. ¿Cómo es descrita por Eze-

quiel la destrucción inminente de Jerusalén? Mediante la figura de un asedio, con símbolos de una hambruna general severa (Eze. 4).

12. ¿A qué compara el Señor a los habitantes de Jerusalén? A una vid inútil y a una criatura abandonada (Eze. 15—16).

13. ¿A qué es comparado Nabucodonosor? A una gran águila (Eze. 17).

14. ¿Qué misericordiosa providencia es dada en Ezequiel 18: 20? *El hijo no cargará con el pecado del padre, ni el padre cargará con el pecado del hijo.*

15. ¿Qué dice Ezequiel es el deber del centinela? Advertirle al impío que se aparte de su camino (Eze. 33:8).

16. ¿Cuál es el deber de los que escuchan el aviso? Apartarse de inmediato de toda iniquidad.

17. ¿Contra quién es dirigida la profecía de Ezequiel 34? Contra los sacerdotes, profetas y dirigentes religiosos, que estaban extraviando al pueblo.

18. ¿Quién es el Buen Pastor? Cristo (Eze. 34:23; Juan 10:11).

19. ¿Hay promesas de bendición futura en la profecía de Ezequiel? Sí, en cuanto a la restauración de Israel a su tierra; y de grandes bendiciones espirituales y temporales, a semejanza de una resurrección de entre los muertos (Eze. 36—37).

20. ¿Qué notable visión vio el profeta? Un valle de huesos secos que cobraron vida para convertirse en un gran ejército de hombres vivos.

21. ¿Qué visión vio Ezequiel en el año 25 de la cautividad de Judá? Vio un templo glorioso, y a aguas salutíferas que salían de él (Eze. 40—48).

22. ¿Qué gran parecido hay entre Ezeequiel 47 y Apocalipsis 22? Las aguas que salen del templo son como "un río puro de agua de vida, resplandeciente como cristal, que fluye del trono de Dios". Y en ambas visiones había en las riberas del río árboles fructíferos y salutíferos.

73. DANIEL

1. ¿Quién fue Daniel? Un joven escogido de Judá que fue educado en Babilonia para ser funcionario del rey. Algunos piensan que era un miembro de la familia real de Judá (Dan. 1:3-5).

2. ¿Cuándo fue llevado a Babilonia? Cuando se llevaron a Joacim, rey de Judá, por orden de Nabucodonosor, siendo éste último todavía "príncipe heredero" de su padre Nabopolasar.

3. ¿Dónde quedaba Babilonia? A orillas del Eufrates, en Caldea.

4. ¿Qué edad tenía Daniel cuando fue llevado a Babilonia? Probablemente entre catorce y diecisiete años.

5. ¿Por qué Daniel se negó a

comer la comida que se servía en la mesa del rey? Principalmente porque en esa comida había, sin duda alguna, ingredientes prohibidos por la ley judía.

6. ¿Cuál fue el resultado del experimento propuesto por Daniel? Que los que comieron la comida sencilla tuvieron mejor aspecto que los que comieron de la comida del rey (Dan. 1:15).

7. ¿Qué prueba le dio Daniel a Nabucodonosor de que Dios lo había dotado de conocimientos divinos? Le reveló el sueño que el rey había olvidado (Dan. 2).

8. ¿En que consistió el sueño? Que el rey había visto una gran estatua compuesta de varias clases de metales, y que tenía una cabeza de oro; la estatua fue golpeada y destruida por una piedra que se convirtió en una gran montaña.

9. ¿Qué interpretación le dio Daniel a este sueño? Que Nabucodonosor era "la cabeza de oro" por ser él un rey de reyes en gloria y poder; y que la plata, el bronce y el hierro representaban a tres otros reinos, que se adueñarían sucesivamente de la tierra.

10. ¿Qué poder habría de ser mayor que todos estos reinos? El reino de Cristo, un reino que el Dios de los cielos establecería y que nunca sería destruido.

11. ¿Qué significa "sin intervención de manos"? Que fue formado por el poder de Dios, sin la ayuda del hombre (Isa. 63:1-6).

12. ¿Qué efecto tuvo sobre

Nabucodonosor esta maravillosa interpretación? Engrandeció a Daniel como el mensajero de Dios.

13. ¿A qué posición fue elevado Daniel? A la de gobernador sobre toda la provincia de Babilonia.

14. ¿Para quiénes pidió Daniel ascensos? Para Sadrac, Mesac y Abed-nego, sus amigos.

15. ¿Cómo fue probada la fe de los amigos de Daniel? Desacataron la orden de inclinarse a la orden del rey y de adorar una estatua de oro que había levantado (Dan. 3).

16. ¿Qué consecuencia tuvo su desacato? Fueron lanzados a un horno de fuego ardiendo.

17. ¿Sufrieron algún daño? No. Con ellos se paseaba el Hijo de Dios, que los protegió de todo daño.

18. ¿Qué les sucedió a los hombres que los lanzaron al horno? Los mataron las llamas.

19. ¿Qué efecto tuvo sobre Nabucodonosor esta milagrosa salvación? Bendijo y honró a Dios y ascendió en sus cargos a sus tres fieles servidores.

20. ¿Se humilló el corazón de Nabucodonosor por lo que vio del poder de Dios? No, sino que se llenó de orgullo.

21. ¿Qué sueño le envió Dios para amonestarlo? La visión de un árbol gigantesco, de hermoso follaje y de fruto abundante, que fue derribado, pero cuyo tronco quedó en la tierra durante siete años entre la hierba y las bestias del campo (Dan. 4).

22. ¿Quién le interpretó este sueño al rey? Daniel.

23. ¿De qué manera se cumplió el sueño? Nabucodonosor se volvió loco y vivió en compañía de los animales (Dan. 4:33).

24. ¿Cuál fue el resultado final? Al cabo de siete años recuperó la razón y reconoció y alabó a Dios.

25. ¿Cómo llegó a su fin el reino de Babilonia? Por la conquista de la ciudad por parte de Ciro, rey de los medos y persas (o por los generales de Ciro, actuando en su nombre).

26. ¿Quién era el rey de Babilonia en ese tiempo? Belsasar es llamado "el rey" (Dan. 5). Pero ha quedado comprobado, gracias a las inscripciones cuneiformes, que Nabonido fue el último rey de Babilonia y que su hijo mayor Belsasar ejercía la regencia durante su ausencia, un hecho que explicaría la utilización de la palabra "rey".

27. ¿Qué acto impío cometió Belsasar? La noche que fue tomada la ciudad se encontraba bebiendo en los vasos de oro y de plata del templo de Salomón, en una fiesta que daba a sus nobles.

28. ¿Por qué no sabía que su destrucción estaba tan cerca? Quizá porque tenía afición a los placeres pecaminosos y no quería comprender; o quizá porque era demasiado joven para reconocer cabalmente el peligro, ya que su padre había salido al frente del ejército para frenar el avance de las tropas de Ciro.

29. ¿Cómo fue tomada la ciudad? Desviando al río por otro curso, de manera que entraron a la ciudad por sorpresa marchando a lo largo de su lecho seco.

30. ¿De qué manera le reveló Dios a Belsasar su muerte inminente antes de que le sobreviniera? Mediante una escritura en la pared.

31. ¿Qué profetizaba la misteriosa escritura? *MENE: Dios ha contado tu reino y le ha puesto fin. TEKEL: Pesado has sido en balanza y has sido hallado falto. PARSIN: Tu reino ha sido dividido, y será dado a los medos y a los persas* (Dan. 5:26-28).

32. ¿Cuándo, después de esto, murió Belsasar? La misma noche.

33. ¿Cuánto tiempo antes había sido mencionado este Ciro por el profeta Isaías? Cerca de ciento setenta años antes (Isa. 44: 27, 28; 45:1).

34. ¿De qué es símbolo Babilonia? De todo lo que reniega de Dios y se opone a él.

35. ¿Cómo se encuentra hoy la ciudad de Babilonia? Es un gran montón de tierra que ha sido olvidada durante siglos, pero que ha vuelto a ser explorada encontrándose pruebas de muchas afirmaciones bíblicas.

36. ¿Quién gobernó sobre Babilonia? Darío el medo. Daniel 5: 31 dice que "tomó el reino". Parece haber sido gobernador civil de la ciudad durante un año o dos, mientras Ciro concluía su conquista del reino.

37. ¿Qué hizo Darío en favor de Daniel? Lo convirtió en jefe, después de él, de los 120 sátrapas (príncipes) entre los que se repartía el gobierno (Dan. 6).

38. ¿Qué edad tenía Daniel en ese tiempo? Cerca de 80 años.

39. ¿Qué sentimientos provocó la prosperidad de Daniel en la mente de los otros príncipes? Celos, envidia y mala voluntad.

40. ¿Qué fue lo primero que hicieron para tratar de hallar algo de qué acusarlo? Encontrar fallas en su manera de realizar las funciones de su cargo.

41. ¿Qué se vieron obligados a reconocer en cuanto a su excelente carácter y a su rectitud? Que no podían encontrar en él faltas ni errores.

42. ¿Qué trampa le tendieron? Obtuvieron de Darío un decreto de que nadie debía hacer, durante treinta días, una petición u oración que no fuera dirigida a él mismo, so pena de ser lanzando al foso de los leones que se hallaba dentro de los terrenos reales.

43. ¿Dejó Daniel de adorar a su Dios cuando se enteró de las consecuencias? No.

44. ¿Cómo se sintió Darío cuando se dio cuenta de lo que implicaba el edicto? Se sintió muy disgustado consigo mismo.

45. ¿Por qué no podía el rey modificar el decreto? Porque había una ley de los medos y persas de que ningún decreto del rey podía ser cambiado (Dan. 6:15).

46. ¿No podía haberlo soslayado de alguna manera? Supuestamente sí; de haber sido en realidad un gran rey lo habría hecho, de la misma manera que Jerjes, un tiempo después, emitió un edicto de que los judíos podían defenderse para neutralizar el edicto que le daba a Amán y a sus seguidores el derecho de atacar a los judíos. Véase la sección 64.

47. ¿Qué le sucedió a Daniel en el foso? No sufrió ningún daño.

48. ¿Se debió a que los leones no tenían hambre? No.

49. ¿Cómo se puede probar esto? Por la furia con que devoraron a los que fueron lanzados inmediatamente después al foso.

50. ¿Cómo fueron castigados por Darío los enemigos de Daniel? Recibieron el mismo castigo que habían pensado para él.

51. ¿Qué efecto tuvo sobre Darío esta maravillosa liberación? Ordenó que el Dios de Daniel fuera reverenciado en todo su reino.

52. ¿De qué trata el resto del

libro de Daniel? De profecías, algunas de las cuales son claras, pero la mayoría misteriosas.

53. ¿A quién se refiere "el Anciano de Días" mencionado en Daniel 7? Al Dios eterno.

54. ¿Cuándo será establecido su trono de juicio? Cuando Dios suprima el poder de sus enemigos.

55. ¿Qué gloriosa Persona aparece en este capítulo bajo el nombre de "Hijo del Hombre"? Jesucristo.

56. ¿De qué "reino" se dice que "los santos de Dios" lo tomarán y lo poseerán por los siglos de los siglos? Del reino de Cristo, al fin de los tiempo.

57. ¿De qué gloriosa Persona habla el capítulo 9? Del Mesías, del Cristo.

58. ¿Qué significan estos nombres? Ambos quieren decir "Ungido".

59. ¿Cómo es descrita la muerte de Cristo en esta profecía? Habría de ser quitado, no por sí mismo, sino por el hombre pecador (Dan. 9:26).

60. ¿Qué bendita promesa encontramos en Daniel 12:3? *Los entendidos resplandecerán con el resplandor del firmamento; y los que enseñan justicia a la multitud, como la estrellas, por toda la eternidad.*

74. OSEAS

1. ¿Quién fue Oseas? Un profeta, hijo de Beeri, quien profetizó en Israel durante el reinado de Jeroboam II y del rey que lo sucedió. Véase la sección 53. D.

2. ¿Qué conmovedoras palabras le dirige el Señor a Israel en Oseas 11:8? *¿Cómo he de dejarte, oh Efraín? ¿Cómo he de entregarte, oh Israel? ¿Cómo podré hacerte como a Adma o ponerte como a Zeboím? Mi corazón se revuelve dentro de mí; se inflama mi compasión.*

3. ¿Por qué Israel es llamado Efraín aquí? Porque la tribu de Efraín era la más fuerte del reino de Israel.

4. ¿A qué se refiere con Adma y Zeboím? Estaban entre las "ciudades de la llanura" destruidas junto con Sodoma. Véanse Gén. 10:19; 14:8; Deut. 29:23.

5. ¿A qué idolatrías de Israel alude Oseas 13? A la adoración de Baal y a los becerros de oro.

6. ¿Qué hermosa invitación aparece en Oseas 14:1, 2? *¡Vuelve, oh Israel, a Jehová tu Dios; porque por tu pecado has caído! Tomad con vosotros estas palabras y volved a Jehová. Decidle: "Quita toda la iniquidad y acéptanos con benevolencia."*

7. ¿Le dirige el Señor tan compasivas palabras sólo a Israel como nación, o podemos creer que son también para nosotros? "Para nosotros fueron escritas" ya que los pecadores de todas las épocas y de todos los países necesitan la misma misericordia y la misma invitación. Véase 1 Corintios 9:9, 10.

75. JOEL

1. ¿Se sabe cuándo profetizó Joel? No. Profetizó en Judá, pero la época en que lo hizo es incierta.

2. ¿Qué podemos inferir del libro en cuanto a la época en que fue escrito? Probablemente escribió en un tiempo de hambre general, ya que habla de lo devorado por la langosta y de la falta de pastos, granos, vino e higos (1:4-20).

3. ¿Qué llamado le hace al pueblo? Les pide ayunar, arrepentirse y orar.

4. ¿En qué parte del libro de los Hechos cita el apóstol Pedro una profecía de Joel? En Hechos 2:16-21 cita a Joel 2:28-32.

5. ¿Con qué gloriosas y consoladoras profecías termina la profecía de Joel? Que cesarán las guerras y que, finalmente, Jerusalén y Judá serán restauradas.

76. AMOS

1. ¿En qué época vivió Amós? En el tiempo de Uzías, de Judá, y de Jeroboam II, de Israel. Véanse las secciones 53. D. y 58. A.

2. ¿Dónde estaba su casa? En Tecoa de Judá.

3. ¿Qué ocupación tenía? Era pastor y cultivador de higos silvestres o sicómoros (7:14).

4. ¿De qué pecados de Israel nos da una idea en 2:12? De embriaguez y rechazo de la palabra de Dios y de sus profetas.

5. ¿De qué manera nos enseña Amós 3:2 que el castigo del hombre será conforme a sus privilegios? *Solamente a vosotros he conocido de todas las familias de la tierra; por tanto, os castigaré por todas vuestras maldades.*

6. ¿Qué promesa de Amós es citada por Esteban? En Hechos 7:42, 43 cita a Amós 5:25-27.

7. ¿Qué pecados de Israel denuncia Amós 8? Deshonestidad, opresión y abandono de la palabra de Dios (vv. 5, 6, 11, 12).

8. Después de la alarmante denuncia de los capítulos 8 y 9, ¿qué profecía en cuanto a la gloria que vendrá es dada al final del último capítulo? La restauración de Israel a su tierra en abundancia y paz.

77. JONAS

1. ¿Hay alguna mención de Jonás aparte del libro que lleva su nombre? Sí. El profetizó la reconquista lograda por Jeroboam II que aparece en 2 Reyes 14:25.

2. ¿De qué trata el libro de Jonás? De su encargo de predicar en Nínive, y de su intento de evitarlo.

3. ¿Dónde quedaba Nínive? A orillas del río Tigris, en la antigua Asiria, no lejos de la moderna Bagdad.

4. ¿Cómo es descrita Nínive en las Escrituras? Como una "ciudad grande", de tres días de cami-

no (o noventa y seis kms.) a la redonda; aunque esto puede haber
incluido los suburbios a su alrededor.

**5. ¿Confirman o niegan este
testimonio de las Escrituras las
ruinas que han sido descubier-
tas?** Lo confirman enfáticamente.

**6. ¿Por qué Jonás rehuyó su
tarea?** Por temor a ser asesinado,
o a parecer un falso profeta si las
amenazas de Dios eran misericor-
diosamente incumplidas; o quizá
por su aversión a profetizarle a
una nación tan pagana.

7. ¿A dónde trató de huir? A
Tarsis, probablemente Tartesos,
en España, tras abordar un barco.

**8. ¿De qué manera le dio Dios
alcance al rebelde Jonás?** Por
medio de una tormenta en el mar.

**9. ¿Qué esfuerzos hicieron los
marineros?** Para tratar de salvar
sus vidas invocaron a sus dioses,
aligeraron la carga del barco y re-
maron vigorosamente para llegar
a la costa.

**10. ¿Cómo confesó sincera-
mente Jonás el trato justo que le
estaba dando Dios?** Diciendo a
los marineros que había huido de
él y que la tempestad era por culpa suya.

**11. ¿Cómo le protegió el Señor
cuando fue lanzado por la bor-
da?** Por medio de un gran pez que
había preparado.

(La idea popular de que se trataba de una ballena carece de base
en el relato bíblico. Como lo indi-

can la palabra hebrea en Jonás y
la palabra griega en Mateo, se trataba literalmente de un "monstruo
marino".)

**12. ¿Obedeció Jonás cuando
el Señor le ordenó de nuevo que
fuera a Nínive?** Sí. Jonás 3.

**13. ¿Qué resultado tuvo su
predicación?** El rey y el pueblo le
creyeron a Dios, se arrepintieron y
se volvieron de su mal camino.

**14. ¿Qué le pareció esto a Jo-
nás?** Le molestó mucho que su
amenaza no se viera cumplida, por
temor, quizá, de que no fuera considerado un verdadero profeta y de
que los israelitas no se arrepintieran al ver que los ninivitas habían sido perdonados.

**15. ¿De qué manera consoló y
reprendió el Señor a Jonás?**
Dándole un resguardo del calor y
censurando su enojo por la pérdida de ese resguardo.

78. MIQUEAS

**1. ¿En qué reinados profetizó
Miqueas?** En los de Jotam, Acaz y
Ezequías, reyes de Judá. Véanse
las secciones 58. B. y C. y 59.

**2. ¿Qué profecía suya es men-
cionada en el libro de Jeremías?**
*Miqueas de Moréset profetizaba
en tiempos de Ezequías, rey de Judá. El habló a todo el pueblo de
Judá, diciendo: "Así ha dicho Jehovah de los Ejércitos: 'Sion será
arada como campo. Jerusalén será
convertida en un montón de ruinas; y el monte del templo, en cum-
bres boscosas'"* (Jer. 26:18).

3. ¿Dónde aparece esto en su libro, y cómo se ha cumplido? Se encuentra en Miqueas 3:12. El sitio del templo fue realmente arado por un emperador romano y Jerusalén fue convertida en un montón de ruinas en los diversos asedios que ha sufrido.

4. ¿En qué dice que será convertida Samaria? "En un montón de ruinas del campo" (Miq. 1:6).

5. ¿Qué pecados de Israel son mencionados en Miqueas 2:3, 8, 9? Crueldad, opresión e idolatría.

6. ¿Qué promesas para los postreros días registra Miqueas 4:1-4? La restauración de Sion, el reinado de paz y el advenimiento de los gentiles al conocimiento del Dios verdadero.

7. ¿De qué gloriosa Persona profetiza Miq. 5:2? De Jesucristo.

8. ¿Dónde nació Jesús? En Belén de Judá.

79. NAHUM

1. ¿Quién fue Nahúm? De él nada se sabe, excepto que escribió el libro que lleva su nombre.

2. ¿Cuál es el tema de este libro? La caída de Nínive.

3. ¿Tenemos alguna idea de la fecha del libro? Sí. Las menciones que hace Nahúm de la destrucción de Tebas (Nah. 3:8), la cual se produjo en el año 664 a. de J.C., y de Nínive como una ciudad todavía poderosa, son pruebas de que el libro fue escrito entre el año 664 y el 606 a. de J.C., el año de la caída de Nínive.

80. HABACUC

1. ¿Qué prueba tenemos de que Habacuc profetizó antes de la cautividad? El hecho de que en 1:6 profetiza su venida.

2. ¿Quiénes eran los caldeos? Los habitantes de Babilonia y de la región circunvecina.

3. ¿Qué profecía dijo Jeremías en cuanto a los caldeos? Que en el tiempo preciso Dios destruiría su poder (Hab. 2).

4. ¿Qué promesa, que tiene que ver con nosotros, aparece en este capítulo? *La tierra estará llena del conocimiento de la gloria de Jehovah, como las aguas cubren el mar.* (Hab. 2:14).

5. ¿Qué versículo del libro de Habacuc es citado tres veces en el Nuevo Testamento, y dónde aparece? Habacuc 2:4: "El justo por su fe vivirá." Está citado en Rom. 1:17, Gál. 3:11 y Heb. 10:38.

6. ¿Qué gran reformador se convirtió a Dios mediante ese versículo? Martín Lutero.

7. ¿Qué encontramos en Habacuc 3? Un gran salmo de alabanza a Dios por sus grandes hechos a favor del pueblo de Israel.

8. ¿De qué manera expresa el profeta su confianza en Dios? En las hermosas palabras de los versículos 17 y 18 de ese capítulo.

81. SOFONIAS

1. ¿En qué reinado profetizó Sofonías? En el de Josías. Véase la sección 60. C.

2. ¿Cómo presenta el cap. 1 las abominaciones de la nación antes de que se produjera la reforma de Josías? Habla de la idolatría y de la indiferencia hacia Dios prevalecientes.

3. ¿Qué prueba hay en este libro de que la profecía de Nahúm contra Nínive no se había cumplido todavía? Dice que su desolación habría de venir (Sof. 2:13).

4. ¿Con qué gloriosas promesas de la restauración de Israel termina su libro? *¡Canta, oh hija de Sion; da voces de júbilo, oh Israel! ¡Gózate y regocíjate de todo corazón, oh hija de Jerusalén! ¡Jehovah ha quitado el juicio contra ti; ha echado fuera a tu enemigo. ¡Jehovah es el Rey de Israel en medio de ti! ¡Nunca más temerás el mal!* (Sof. 3:14, 15).

82. HAGEO

1. ¿Quién fue Hageo? Un profeta del tiempo del regreso que profetizó en Jerusalén hacia el 520 a. de C. Véase la sección 62. 12-18.

2. ¿Sabemos algo más acerca de él? Sólo la inferencia de que era un anciano cuando escribió su profecía (Hag. 2:3).

3. ¿Qué gran efecto produjo la profecía de Hageo? El estímulo para que el pueblo que regresó dejara de construir sus casas, para ocuparse de terminar el templo.

4. ¿A quién se refirió el profeta en el capítulo 2:6, 7? A Cristo, como "el Deseado de las naciones".

83. ZACARIAS

1. ¿Qué sabemos de Zacarías? Profetizó en la misma época que Hageo, pero que era más joven, y que vivió hasta más o menos el 479 a. de J.C. Véase la sección 62.

2. ¿Acerca de qué profetizó? Al igual que Hageo, animó al pueblo a reconstruir el templo.

3. ¿Qué otra profecía acerca de Cristo aparece en Zac. 9:9? *¡Alégrate mucho, oh hija de Sion! ¡Da voces de júbilo, oh hija de Jerusalén! He aquí, tu rey viene a ti, justo y victorioso, humilde y montado sobre un asno, sobre un borriquillo, hijo de asna.*

4. ¿Cuándo se cumplió esta profecía? El domingo anterior a la crucifixión de nuestro Señor, cuando entró en Jerusalén montado sobre un asno (Juan 12:12-16).

5. ¿A qué manantial se refiere Zacarías 13? A la sangre de Jesucristo que limpia de todo pecado.

6. ¿Qué otras frases del libro de Zacarías son citadas con frecuencia? *No con ejército, ni con fuerza, sino con mi Espíritu, ha dicho Jehovah de los Ejércitos* (4:6).
¿No es éste un tizón arrebatado del fuego? (3:2).
¿Quién despreció el día de las pequeñeces? (4:10).
Mi siervo, el Retoño (3:8).

7. ¿Qué profecía sobre Jesucristo se encuentra en Zac. 13:7?

¡Levántate, oh espada, contra mi pastor y contra el hombre compañero mío.

8. ¿Cuándo se cumplió esta profecía? Cuando Jesús fue crucificado y sus discípulos huyeron.

9. ¿Qué profecía hay en Zac. 14:4 en cuanto a la segunda venida de Cristo? "Sus pies se asentarán sobre el monte de los Olivos."

10. En Zac. 14:8 se habla de aguas vivas. ¿Dónde más se habla de ellas en las Escrituras? En Ezequiel 47:1-12, como saliendo "del santuario"; en Joel 3:18, como manantial que "saldría de la casa de Jehovah"; y en Apocalipsis 22: 1, como agua que "fluye del trono de Dios y del Cordero".

11. ¿Qué gloriosas promesas contiene esta profecía en cuanto a las futuras bendiciones que están guardadas para Israel? Que Dios los traerá de nuevo a su tierra (Zac. 10:6-12); que él habitará entre ellos (Zac. 2:10-12); que derramará su espíritu sobre ellos (Zac. 12:6-14); que serán consagrados a Jehovah (Zac. 14:16-21) y que serán una bendición (Zac. 8:3-23).

12. ¿No debieron haber sido especialmente alentadoras estas promesas para los desdichados judíos en su empobrecida situación? Ciertamente que sí.

13. ¿Qué efecto tuvieron estas profecías sobre ellos? Comenzaron a reconstruir la casa de Dios, fueron bendecidos y la terminaron (Esd. 5:2; 6:14).

84. MALAQUIAS

1. ¿Cuándo y dónde vivió Malaquías? Nada se sabe acerca de él, aparte de su libro. Sin embargo, parece haber sido escrito en la época de la segunda visita de Nehemías a Jerusalén, que se produjo hacia el año 432 a. de J.C.

2. ¿Qué males menciona? Los escasos sacrificios y ofrendas a Dios, y el poco valor de los mismos (Mal. 1).

3. ¿De qué habla especialmente en el capítulo 2? Reprende a los sacerdotes por descuidar sus responsabilidades, y al pueblo en general por su idolatría y por haberse olvidado de Dios.

4. ¿En qué partes profetiza Malaquías acerca de Juan el Bautista? En Mal. 3:1; 4:5, 6.

5. ¿Cómo lo describe? Como el mensajero del Señor, del Mesías, enviado para prepararle el camino.

6. ¿Qué llamado apremiante hace Malaquías?
Traed todo el diezmo al tesoro, y haya alimento en mi casa. Probadme en esto, ha dicho Jehovah de los Ejércitos, si no os abriré las ventanas de los cielos y vaciaré sobre vosotros bendición hasta que sobreabunde (Mal. 3:10).

7. ¿Hubo algunos que se mantuvieron fieles en medio de esta corrupción general? Sí. Algunos que temían a Dios se reunían para hablar de él y para consolarse y ayudarse mutuamente, y sus nombres fueron escritos en su libro como memorial (Mal. 3:16, 17). *Ellos serán para mí un especial tesoro.*

8. ¿De qué día espantoso habla el profeta en el capítulo 4? Del día grande y terrible; de la "segunda venida" de nuestro Señor Jesucristo.

9. ¿Se menciona este "día" en alguna otra parte de las Escrituras? Sí, en Joel 2:31, como "el día de Jehovah, grande y temible".

10. ¿De quién se habla bajo la figura de "el Sol de justicia"? De nuestro Señor y Salvador Jesucristo.

(La vida y las enseñanzas de Jesucristo, tal como aparecen registradas en los Cuatro Evangelios, son presentadas en orden cronológico. Las referencias que son comunes a todos los Evangelios se mencionan en el encabezamiento, pero las referencias detalladas, con las preguntas, se basan en el Evangelio donde el relato es más amplio o más claro.)

85. LOS CUATRO EVANGELIOS

1. ¿Cómo se llaman los cuatro Evangelios? Mateo, Marcos, Lucas y Juan.

2. ¿De qué tratan estos cuatro libros? De la vida y ministerio de Jesucristo.

3. ¿Quién fue el evangelista Mateo? Un "publicano" que se convirtió en uno de los doce apóstoles. Véase la sección 91. 34.

4. ¿Qué características tiene su Evangelio? No es estrictamente cronológico. Fue escrito para los judíos, para demostrar que Jesús era el Mesías, y por esa razón junta las enseñanzas y los hechos.

5. ¿Quién fue el evangelista Marcos? Uno de los que creyeron en Jesús durante la vida terrenal de éste, y que se destacó posteriormente en la iglesia.

6. ¿Qué características tiene su Evangelio? Es el escrito cristiano más antiguo y casi el más cronológico de los cuatro, pero omite una parte importante de la vida de Jesús.

7. ¿Quién fue el evangelista Lucas? Un médico griego que parece que nació en Antioquía de Siria. Fue amigo del apóstol Pablo y escribió también el libro de los Hechos de los Apóstoles, basándose, en parte, en sus propias experiencias.

8. ¿Qué características tiene su Evangelio? Es el único que narra la niñez de Jesús; en muchas partes refleja la influencia de sus conocimientos de medicina; y es un Evangelio de gran precisión histórica.

9. ¿Quién fue el evangelista Juan? Otro de los doce apóstoles, llamado "el discípulo a quien Jesús amaba".

10. ¿Qué características tiene su Evangelio? Es el único que registra detalladamente los hechos del primer año del ministerio de Jesús; contiene, en general, una narración más completa de las palabras de Jesús; y es el único que recoge las enseñanzas dadas por Cristo a sus discípulos en la última cena.

86. LOS PRIMEROS TREINTA AÑOS DE LA VIDA DE JESUS (Mat. 1:2; Luc. 1:2; Juan 1:1-18)

1. ¿Qué nombre podemos darle a Juan 1:1-18? El prólogo del Evangelio de Juan.

2. ¿Por qué nuestro Señor es llamado "el Verbo"? Porque él es la revelación de Dios; porque él es la revelación de su Palabra, que manifiesta quién es Dios y cómo es su carácter.

3. ¿Qué pruebas de la divinidad de Jesús aparecen en Juan 1:1-3? Es declarado "Dios"; que era "en el principio" y "todas las cosas fueron hechas por medio de él".

4. ¿Cómo más es llamado Jesús en el prólogo de Juan? La luz de los hombres (Juan 1:4). Véase también Juan 3:19; 8:12.

5. ¿Cómo sabemos que el evangelio es gratuito para todos? Porque Jesucristo, al igual que la luz, llega a todos, "para que todos creyesen por medio de él" (Juan 1:7, 9).

6. ¿Quiénes son aquí "lo suyo"? Los judíos.

7. ¿Qué gran cambio se produce en nosotros cuando creemos verdaderamente? Nos convertimos en nuevas criaturas en Cristo, en "hijos de Dios".

8. ¿A qué se refiere Juan 1:14? A la encarnación: Dios en forma humana, viviendo en esta tierra, entre los hombres.

9. ¿Quién es el Juan mencionado en Juan 1:15? Juan el Bautista. Véase la sección 87.

10. ¿Cuál de los Herodes es el mencionado en Lucas 1:5? Herodes el Grande, rey de Judea.

11. ¿De qué templo se habla en Lucas 1:9? Del templo de Jerusalén que fue construido por Herodes el Grande. Reemplazó al construido bajo el gobierno de Zorobabel, después del cautiverio en Babilonia. Veáse la sección 62. 18. El santuario, o el templo propiamente dicho, fue terminado pocos años antes del nacimiento de Jesús.

12. ¿Qué significa "el turno de su clase" (Luc. 1:8)? En la época de David se organizó el servicio de los sacerdotes por sorteo , y cada sorteo, o "turno" tenía su tiempo de servicio fijo en el templo.

13. ¿Qué mensaje le fue dado al sacerdote Zacarías mientras se hallaba en el templo? La promesa de que tendría un hijo, y que se llamaría Juan (Luc. 1:13).

14. ¿Quién fue este hijo? El que se llamó posteriormente Juan el Bautista.

15. ¿En que iba a consistir su trabajo? En prepararle el camino a Jesús, el Cristo (Luc. 1:17).

16. ¿Creyó Zacarías el mensaje enseguida? No, y por eso el ángel mensajero le dijo que quedaría mudo hasta que se cumpliera la promesa (Luc. 1:18-20).

17. ¿Qué bello cántico entonó Zacarías después del nacimiento de Juan? El "Benedictus" o cántico de Zacarías (Luc. 1:68-79).

18. ¿A qué otra persona fue enviado el mismo ángel? A María de Nazaret (Luc. 1:26, 27). Compárese con Lucas 1:19.

19. ¿Qué mensaje le fue dado? Que daría a luz un hijo al que llamaría Jesús; que salvaría a su pueblo de sus pecados; y que gobernaría sobre el reino de David para siempre (Luc. 1:30-33; Mat. 1:21).

20. ¿Qué admirable cántico entonó? El "Magnificat" o cántico de María (Luc. 1:46-55).

21. ¿Quién fue César Augusto? El primer emperador de Roma.

22. ¿A qué se refiere la expresión "todo el mundo" en este relato? Al Imperio Romano, que se extendía prácticamente a todo el mundo conocido o civilizado.

23. ¿Con qué propósito fue hecho el censo de Lucas 2:1? Probablemente con fines impositivos.

24. ¿Dónde nació Jesús? En Belén de Judea, adonde fueron José y María para el censo, por ser de la familia de David (Luc. 2:3, 4).

25. ¿En que lugar nació en Belén? Es un establo, o cueva, utilizado para los animales, "porque no había lugar para ellos en el mesón" (Luc. 2:7).

26. ¿Qué cuna tuvo Jesús? Un pesebre en el establo.

27. ¿Qué eran los "pañales"? Largos pedazos de ropa con los que se envolvía o enrollaba al niño para mantenerlo fajado.

28. ¿Quienes fueron los primeros a los que les fue anunciado el nacimiento de Jesús, y quiénes lo hicieron? Los pastores que se encontraban en el campo cerca de Belén; el anuncio fue hecho por los ángeles (Luc. 2:8-20).

29. ¿Cuál fue el mensaje del ángel? *No temáis, porque he aquí os doy buenas de gran gozo, que será para todo el pueblo: que hoy, en la ciudad de David, os ha nacido un Salvador, que es Cristo el Señor.* (Luc. 2:10, 11).

30. ¿Cuál fue el "canto de los ángeles" en esa ocasión? *¡Gloria a Dios en las alturas, y en la tierra paz entre los hombres de buena voluntad!* (Luc. 2:14).

31. ¿Qué hicieron los pastores? Fueron a Belén y encontraron que todo era como el ángel les había dicho (Luc. 2:16).

32. ¿Qué hicieron con Jesús cuando tenía cuarenta días de nacido? Fue presentado en el templo, conforme a la ley judía. Véase Levítico 12:6-8.

33. ¿Qué prueba de la pobreza material de José y María se nota

en esta ceremonia? Trajeron dos pichones de paloma, la ofrenda de los más pobres (Luc. 2:24).

34. ¿A quiénes encontraron en el templo? A Simeón y Ana, que durante años habían estado esperando la venida del Mesías o Cristo (Luc. 2:25-38).

35. ¿Qué cántico entonó Simeón? El llamado "Nunc Dimittis" o cántico de Simeón, que se encuentra en Luc. 2:29-32.

36. ¿Quiénes eran los "magos" de Mateo 2? Unos hombres ilustrados del Oriente, que estudiaban las estrellas y su supuesta influencia sobre los asuntos humanos. La palabra "magos" es equivalente a "sabios".

37. ¿A dónde viajaron y para qué? A Jerusalén, para encontrar al recién nacido rey de los judíos.

38. ¿Por que se turbó toda Jerusalén? Muchos tuvieron temor de que el nuevo rey destronara al rey que estaba gobernando, o de sufrir algún daño por saludar su llegada.

39. ¿Quién se turbó particularmente? El rey Herodes, por su temor a ser derrocado.

40. ¿Qué hizo Herodes en esta situación? Después de indagar acerca de dónde habría de nacer el Mesías, envió a los magos con la petición de que regresaran a él y le dijeran dónde podía encontrarlo (Mat. 2:3-8).

41. ¿Qué le dieron los magos a Jesús? Ricos obsequios de oro, incienso y mirra.

42. ¿Qué visión tuvo José? Se le dijo que huyera a Egipto con Jesús y su madre, porque Herodes buscaría al niño para matarlo.

43. ¿Qué hizo Herodes? Ordenó que mataran a todos los niños varones de Belén, menores de dos años.

44. ¿Dónde vivió Jesús después que volvió de Egipto? En Nazaret de Galilea.

45. ¿Sabemos algo acerca de su niñez? Unicamente que, antes de cumplir doce años,
crecía y se fortalecía, y se llenaba de sabiduría; y la gracia de Dios estaba sobre él (Luc. 2:40).

46. ¿Qué ocurrió cuando cumplió doce años? Hizo su primera visita a Jerusalén para la Pascua.

47. ¿Qué sucedió allí? Cuando María y José volvían a su casa se dieron cuenta de que Jesús no estaba con ellos, y tras regresar a Jerusalén lo buscaron durante tres días; finalmente lo encontraron en el templo, "sentado en medio de los maestros, escuchándoles y haciéndoles preguntas" (Luc. 2:46).

48. ¿Qué les dijo Jesús cuando lo encontraron?
¿Por qué me buscábais? ¿No sabíais que en los asuntos de mi Padre me es necesario estar? (v. 49).

49. ¿Cuándo volvemos a saber de Jesús? Dieciocho años después, cuando comenzó su ministerio.

87. EL MINISTERIO DE JUAN EL BAUTISTA (Mar. 3:1, 2; Mar. 1:1-8; Luc. 3:1-18)

1. ¿Quién fue Tiberio? El segundo emperador de Roma.

2. ¿Quién fue Juan el Bautista? El precursor enviado para prepararle el camino a Cristo. Véase la sección 76. 13-17.

3. ¿Qué profecía había sido dicha en cuanto a él? *He aquí que yo envío al profeta Elías antes de que venga el día de Jehovah, grande y temible. El hará volver el corazón de los padres a los hijos, y el corazón de los hijos a los padres; no sea que venga yo y golpee la tierra con destrucción* (Mal. 4:5, 6).

4. ¿Cuáles fueron las características especiales de la predicación de Juan? El arrepentimiento y el perdón de los pecados gracias a la venida del Mesías; y el bautismo como señal exterior de este arrepentimiento.

5. ¿Qué es el arrepentimiento? Pesar por el pecado que produce un cambio de mente y corazón.

6. ¿Tuvo éxito la predicación de Juan? Sí; gente de todas partes de Judea y Galilea confesaba sus pecados y eran bautizados (Mat. 3:5, 6; Mar. 1:5).

7. ¿Qué virtudes especiales aconsejaba Juan a los que acudían a él? Generosidad, honradez, bondad y contentamiento.

8. ¿Cuál es el fruto del verdadero arrepentimiento? Dejar intencional y habitualmente de hacer el mal (Isa. 1:16).

9. ¿Quiénes eran los publicanos? Judíos que cobraban impuestos para Roma.

10. ¿Por qué eran tan detestables para sus compatriotas? Porque, a pesar de que eran judíos, ayudaban a sus amos romanos a oprimirlos. También porque algunos eran fraudulentos y corruptos.

11. ¿Qué significa la palabra "Cristo"? "Ungido" (Luc. 4:18).

12. ¿Qué diferencia había entre el bautismo de Juan y el bautismo de nuestro Señor? El de Juan era "el bautismo del arrepentimiento", el símbolo del deseo de vivir una vida nueva que mostrara los frutos del arrepentimiento. El del Señor era "el bautismo en el Espíritu Santo".

13. ¿Qué significa el "bautismo por fuego"? El poder purificador del Espíritu, o un poder escrutador y revelador (1 Cor. 3:13).

14. ¿Cómo debe entenderse la alusión al aventador? A la separación final que hará Cristo de los justos y de los impíos, así como el abanico aventador separa la paja del trigo.

88. LA PREPARACION DE JESUS PARA SU MINISTERIO (Mat. 3:13-4:11; Mar. 1:9-13; Luc. 3:21—4:13)

1. ¿Por qué vino Jesús para ser bautizado por Juan? Como símbolo de consagración al servicio de Dios.

2. ¿Qué cosa maravillosa sucedió en su bautismo?
El cielo fue abierto, y el Espíritu Santo descendió sobre él en forma corporal, como paloma. Luego vino una voz del cielo: "Tú eres mi Hijo amado; en ti tengo complacencia" (Luc. 3:21, 22).

3. ¿Cuál pudo haber sido la razón de la "tentación" de Jesús? Para que fuera "tentado en todo igual que nosotros, pero sin pecado" (Heb. 4:15).

4. ¿Dónde ocurrieron estas tentaciones? En la región despoblada conocida como "el desierto de Judea".

5. ¿Cómo es llamado el diablo en el Evangelio de Marcos? Satanás.

6. ¿Qué significan las dos palabras? Satanás quiere decir "adversario" o "enemigo", y diablo significa "acusador".

7. ¿En qué consistieron las tres tentaciones? (1) En que convirtiera las piedras en pan para satisfacer su hambre personal. (2) En que se lanzara desde el pináculo del templo, confiando en que Dios haría un milagro para salvarlo. (3) En que le rindiera homenaje a Satanás para recibir de él el poder sobre el mundo.

8. ¿Cuál fue la verdadera tentación en las dos últimas? Parecían ofrecerle a Jesús enseguida, sin fatiga ni sufrimiento, precisamente las mismas cosas que había venido a la tierra a lograr.

9. ¿Cómo venció Jesús la tentación? Utilizando la Palabra de Dios para responder directamente con ella a los ofrecimientos de Satanás.

10. ¿Podemos nosotros vencer de la misma manera? Sí, y tenemos además la ayuda de nuestro Señor Jesucristo.

11. ¿Qué significa "toda palabra que sale de la boca de Dios" (Mat. 4:4)? Confiar en todas sus promesas y obedecer todos sus mandamientos.

12. ¿Qué significa la expresión "poner a prueba" de Lucas 4:12? Tentar o provocar jactanciosamente.

13. ¿Fue un alarde del diablo lo que dijo en Lucas 4:6? No del todo, porque él es llamado "el dios de esta edad presente" (2 Cor. 4:4), y "príncipe de la potestad del aire" (Ef. 2:2)

89. EL COMIENZO DEL MINISTERIO DE JESUS (Juan 1:19—2:12)

1. ¿Qué diferencia había entre sacerdotes y levitas? Los sacerdotes eran descendientes de Aarón y los ministros principales del templo; los levitas eran descendientes de otras familias de la tribu de Leví y eran ayudantes de los sacerdotes.

2. ¿Quién fue Elías? "El profeta Elías."

3. ¿Por qué se creía que volvería a aparecer? Porque así estaba profetizado en Malaquías 4:5, 6.

4. ¿A quién se refería "el profeta" (Juan 1:21)?
Jehovah tu Dios te levantará un profeta como yo en medio de ti, de entre tus hermanos (Deut. 18:15).

5. ¿Por qué Juan llamó a Jesús "el Cordero de Dios"? Porque él era el sacrificio inmaculado y el don de Dios.

6. ¿Qué otra prueba del carácter liberador del evangelio encontramos en Juan 1:29? "[El] quita el pecado del mundo."

7. ¿Cómo se llamaban los tres primeros discípulos escogidos por Jesús? Andrés, Juan y Simón (Pedro).

8. ¿Quiénes fueron los siguientes? Probablemente Jacobo, el hermano de Juan, y después Felipe y Natanael.

9. ¿Qué fue lo primero que dijo Natanael acerca de Jesús? "¿De Nazaret puede haber algo de bueno?" (Juan 1:46).

10. ¿Qué confesión hizo Natanael cuando habló con Jesús? *Rabí, ¡tú eres el Hijo de Dios! ¡Tú eres el rey de Israel!* (Juan 1:49).

11. ¿Cuál fue el primer milagro efectuado por Jesús? La transformación del agua en vino en la fiesta de bodas en Caná de Galilea (Juan 2:1-11).

90. EL COMIENZO DEL MINISTERIO EN JUDEA (Juan 2:13—4:42)

1. ¿Qué halló Jesús cuando visitó el templo? *Halló en el templo a los que vendían vacunos, ovejas y palomas, y a los cambistas sentados* (Juan 2:14).

2. ¿Con qué propósito eran llevados los animales al templo? Para ser vendidos para las ofrendas y holocaustos a Dios, y para la alimentación de los sacerdotes y del pueblo.

3. ¿Qué hizo Jesús? *Después de hacer un látigo de cuerdas, los echó a todos del templo* (Juan 2:15).

4. ¿A qué templo se refirió el Señor en Juan 2:19? Al templo de su propio cuerpo.

5. ¿Qué personaje vino a ver a Jesús de noche? Nicodemo, un fariseo y "gobernante de los judíos".

6. ¿Quiénes eran los fariseos? Una secta de los judíos que "confiaban en sí mismos como que eran justos y menospreciaban a los demás" (Luc. 18:9, 10).

7. ¿Por qué vino a Jesús de noche? Fue secretamente, para que los judíos no se enteraran de su visita.

8. ¿A qué señales [milagros] recientes se refería Nicodemo? Probablemente a los que aparecen mencionados en Juan 2.

9. ¿Hay alguna excepción a la necesidad del nuevo nacimiento? No hay ninguna.

10. ¿Mediante quién nacemos de nuevo? Por el Espíritu Santo.

11. ¿Qué otra prueba del carácter liberador del evangelio hay en Juan 3:15, 16? Jesús dice allí que "todo aquel que cree en él" tendrá "vida eterna".

12. ¿A dónde se dirigió Jesús después? A Galilea (Juan 4:1-3).

13. ¿Por qué "le era necesario pasar por Samaria"? Porque era la ruta más corta y más natural.

14. ¿Cuándo fue vendido el campo (la parcela de terreno) a Jacob? Cuando regresaba a su tierra, después de haberse separado de Labán (Jos. 24:32).

15. ¿Por que los judíos no trataban a los samaritanos? En parte, por su origen; y porque no subían a Jerusalén a adorar.

16. ¿Qué origen tenían los samaritanos? Eran descendientes de colonos de Asiria mezclados con los judíos que habían quedado en Israel. Adoraban a Dios, pero no como los judíos, y su adoración incluía costumbres paganas. Véase sec. 54. 16. 17.

17. ¿Cuáles son los resultados de la fe que satisfacen al alma? La gracia y la consolación del Espíritu Santo (Juan 4:13, 14).

18. ¿Cuál es la única adoración verdadera aceptable a Dios? La adoración sincera del corazón (Juan 4:23, 24).

91. PRIMER PERIODO DEL MINISTERIO DE JESUS EN GALILEA (Mat. 4:12-23; 8:1-4; 9:1-17; 12:1-4; 14:3-5;

Mar. 6:17, 18; 1:14—3:6; Luc. 3:19, 20; 4:14—6:11; Juan 4:43—5:47)

1. ¿Por qué fue encarcelado Juan? Por su firmeza en censurar la unión ilegal de Herodes con la esposa de su hermano (Mar. 6:17, 18).

2. ¿No hacía aun más grave su delito el respeto que le tenía Herodes a Juan? Sí, ya que su conciencia le decía que Juan tenía razón.

3. ¿Qué gran milagro hizo Jesús durante su visita a Galilea? Curó con su palabra al hijo de un funcionario del rey (Juan 4:46-54).

4. ¿Qué puso de manifiesto la fe del padre? Creyó la palabra de Jesús y regresó a su casa seguro de que su hijo había sido sanado.

5. ¿A dónde fue Jesús después? A Nazaret, el lugar donde se había criado (Luc. 4:16).

6. ¿Cuál fue el pasaje que leyó en la sinagoga de Nazaret? Isaías 61:1-3.

7. ¿Deben tomarse esos versículos en sentido literal o simbólico? Pueden, en realidad, tomarse en ambos sentidos.

8. Si se toman simbólicamente, ¿a quiénes se refieren? A los que tienen el corazón quebrantado o anonadado por un pesar sincero por el pecado, a los que se mantienen cautivos por Satanás, y a los que son ciegos a la verdad porque no pueden o no quieren verla.

9. ¿Qué es "el año agradable del Señor"? El tiempo de gracia (comparado con el año del jubileo), cuando Dios está dispuesto a escuchar y perdonar (Isa. 1:18).

10. ¿Por qué estaban maravillados de Jesús? Porque lo conocían sólo como el hijo del carpintero de Nazaret (Luc. 4:22).

11. ¿Por qué les produjo tanta ira las palabras de Jesús que aparecen en los versículos 24-27? Por su orgullo, y por el desprecio que sentían, como judíos, por las demás razas.

12. ¿A dónde fue Jesús después de Nazaret? A Capernaúm, junto al mar de Galilea (Luc. 4:31).

13. ¿Por qué entró en una barca que estaba a la orilla del mar? Para poder hablarle mejor a la multitud que se agolpaba sobre él.

14. ¿De quiénes era la barca? De Pedro y de Andrés (Luc. 5:3; Mat. 4:18).

15. ¿Qué milagro realizó Jesús en esa oportunidad? Una pesca muy grande (Luc. 5:4-7).

16. ¿No evidencia la exclamación de Pedro la gran conciencia que tenía en cuanto a la grandeza del Señor? Sí, y eso le hacía sentir intensamente su propio pecado, en presencia de la santidad de Cristo y de su poder.

17. ¿A qué discípulos llamó entonces Jesús a su servicio? A Pedro, Andrés, Jacobo y Juan (Mar. 1:16-20).

18. ¿No son los mismos mencionados en Juan 1:29-47? (Véase la sección 89. 7. 8.) Sí, pero ahora habían sido llamados a dejar su ocupación para que dedicaran todo su tiempo a Jesús.

19. ¿En qué sentido iban a ser pescadores de hombres de aquí en adelante? En que los sacarían del mundo con la red del evangelio, para llevarlos a Cristo.

20. ¿Qué par de milagros hizo Jesús un día de reposo en Capernaúm? Curó al endemoniado en la sinagoga y sanó a la suegra de Pedro (Mar. 1:21-31).

21. ¿Cómo sabemos que la suegra de Pedro quedó bien curada? Por el hecho de que pudo servirles inmediatamente.

22. ¿Quiénes vinieron a Jesús estando allí? Una gran multitud de enfermos (Mar. 1:32-34).

23. ¿Por qué esperaron hasta el atardecer? Porque era el día de reposo que terminaba al ponerse el sol, y quizá también por el mayor frescor para los enfermos.

24. ¿Por qué Jesús no les permitió a los demonios que hablaran? Porque podía parecer que él estaba asociado con ellos.

25. ¿Quién fue el gran ejemplo de oración ferviente? Jesús, cuyas intensas y numerosas oraciones, de día y de noche, y especialmente antes de grandes tareas o acontecimientos, se mencionan a menudo. Véase Lucas 4:42, 43.

26. ¿Qué sanidad milagrosa

aparece en Marcos 1:40-45? La curación del leproso, cuya enfermedad se curaba tan raras veces que se consideraba prácticamente incurable (Lev. 13:2).

27. ¿Por qué podía Jesús tocar al leproso sin que se volviera inmundo? Por su divina pureza.

28. ¿Qué tenía el paralítico? Una parálisis aguda u otra enfermedad parecida (Mar. 2:1-12).

29. ¿Cómo llegó este hombre hasta donde se hallaba Jesús? Sus amigos abrieron un hueco en el techo de barro de la casa y lo bajaron hasta los pies de Jesús.

30. ¿No estuvo mal lo que hicieron? No, porque la gente de esa tierra acostumbraba con frecuencia abrir boquetes para bajar por el techo lo que no podía entrar por las puertas; y los boquetes podían ser reparados fácilmente.

31. ¿Cuál es el razonamiento del versículo 9? Decir la palabra de perdón y decir la palabra de curación era igualmente fácil; pero el poder de la palabra de curación es reconocido con mayor facilidad.

32. ¿Por qué no era una blasfemia, como pensaban los judíos, el perdón de los pecados dado por nuestro Señor? Porque él era Dios mismo (Isa. 43:25).

33. ¿Qué otras pruebas de su deidad contiene este relato? El conocimiento que tenía de lo que pensaba la gente.

34. ¿Quién fue el siguiente discípulo llamado por Jesús? Leví, o Mateo, un publicano o cobrador de impuestos. (Véase la sección 87. 9. 10.) Este se convirtió en uno de los doce apóstoles, y escribió el Evangelio según Mateo (Mat. 9:9; Luc. 5:27, 28).

35. ¿Cuál era el propósito de la fiesta dada por Mateo? Permitirles a sus amigos y vecinos ver y escuchar a su Maestro.

36. ¿Qué milagro hizo Jesús durante la Pascua en Jerusalén? La curación del paralítico en el estanque de Betesda (Juan 5:2-47).

37. ¿Qué era Betesda? Una fuente intermitente en Jerusalén.

38. ¿Por qué era famosa? Porque se creía que tenía un poder curativo cuando sus aguas eran agitadas.

39. ¿Descendía un ángel del Señor al estanque en ciertos momentos y agitaba el agua? El versículo 4 no se encuentra en todos los manuscritos del Evangelio, y puede haber sido un comentario escrito después por un copista de las Escrituras. Si fue escrito originalmente por el apóstol Juan, pudo muy bien haber sido una expresión popular del porqué la fuente era intermitente. "Angel" significa "mensajero" y es posible que aquí no signifique necesariamente un ser celestial.

40. ¿Por qué censuraron los fariseos a Jesús por esta curación? Porque había sido hecha en sábado, día de reposo, y era, por tanto, contra su ley.

41. ¿Qué fue lo que los enfureció aún más? El haberse hecho igual a Dios.

42. ¿Qué indicación hay aquí, en el caso de este hombre, en cuanto a la vinculación del pecado con el sufrimiento? La amonestación que le hace Jesús en el versículo 14 de que no debía continuar pecando para que no le ocurriera algo peor.

43. ¿De quién se dice que será el juez de todos? Cristo será el juez, con honra semejante a la del Padre.

44. ¿Actuaron bien los discípulos al arrancar las espigas (Mar. 2:23-28)? Sí.
Cuando entres a la mies de tu prójimo, podrás cortar espigas con tu mano, pero no aplicarás la hoz (Deut. 23: 25).

45. ¿Por qué, entonces, fueron criticados por los fariseos? Porque lo hicieron en día sábado; estaba prohibido por ser un trabajo de cosecha.

46. ¿En qué sentido los sacerdotes profanaban el sábado y eran sin culpa? Porque en ese día mataban los sacrificios, al igual que en el resto de los días de la semana.

47. ¿Qué argumentó Jesús en cuanto a la curación en día de reposo? Que si una oveja que caía en un pozo el sábado era rescatada, "¡cuánto más vale un hombre que una oveja!" (Mat. 12:11, 12).

48. ¿Qué enseñó Jesús en esta oportunidad en cuanto a la naturaleza del sábado? Que "el sábado fue hecho para el hombre, y no el hombre para el sábado", que el día fue decretado desde el Edén como un día de descanso, que era para el descanso de las faenas terrenales, y que era un día de especial consideración para el provecho de nuestra alma inmortal.

92. EL SERMON DEL MONTE (Mat. 4:13—8:1; 10:2-4; Mar. 3:7-21; Luc. 6:12-49)

1. ¿Qué ocurrió poco antes del Sermón del monte? Jesús escogió de entre sus discípulos a doce para que estuvieran con él todo el tiempo (Luc. 6:12-20).

2. ¿Por qué los escogió? Para contar con un pequeño número de ellos debidamente preparados como líderes de la iglesia cuando se produjera su regreso al cielo.

3. ¿A quiénes fue dirigido el Sermón del monte? A todos los seguidores de Jesús que se habían reunido para escucharle. O quizá principalmente a los doce apóstoles que había escogido.

4. ¿Qué nombre se le da al pasaje de Mateo 5:3-12? Las Bienaventuranzas.

5. ¿Quiénes son "los pobres en espíritu"? Los humildes de corazón, los no egoístas ni los demasiado confiados en sí mismos.

6. ¿Qué es la mansedumbre? La paciencia ante las provocaciones, a semejanza de Cristo, que "cuando le maldecían, no respondía con maldición" (1 Ped. 2:23).

7. ¿Qué es tener hambre y sed de justicia? Ansiarla fervientemente y esforzarse por lograrla.

8. ¿Quiénes son los misericordiosos? Los que son bondadosos con los pobres, los hambrientos y los afligidos. Véase Isaías 58:10, 11.

9. ¿Qué es ser "de limpio corazón"? Tener esa "santidad sin la cual nadie verá al Señor" (Heb. 12:14).

10. ¿Por qué reciben tanta honra los que hacen la paz? Por lo difícil que es hacer y mantener la paz, y porque Cristo es el Príncipe de Paz.

Si es posible, en cuanto dependa de vosotros, tened paz con todos los hombres (Rom. 12:18).

11. ¿De qué manera preparó el Maestro a sus discípulos, en Mateo 5:11, para lo que les iba a venir? Prometiendo una bendición a todos los que soporten persecuciones por su causa.

12. ¿Qué gran precepto enseña el Señor en Mateo 5:16? Que los discípulos debían imitar de tal manera a Cristo que al verlos los hombres glorifiquen a su Maestro.

13. ¿Qué gran lección sobre el perdón recíproco contiene Mateo 5:23-26? Que al adorar y servir a Dios debemos hacerlo estando en paz y reconciliados con nuestro prójimo.

14. ¿Qué recomendación contra tratar con ligereza el mal se encuentra en Mateo 5:29, 30? Que debemos hacer cualquier sacrificio con tal de mantenernos libres de pecados.

15. ¿Qué lección de lo grande que es el amor de Dios encontramos en Mat. 5:45 y Luc. 6:35? Que "él es benigno para con los ingratos y los perversos" y que derrama sus bendiciones cada día sobre malos y buenos por igual.

16. ¿Qué se observa al comparar la recompensa de Mateo 6:2 con la del versículo 4? Que la recompensa del hipócrita es el reconocimiento terrenal y efímero de los hombres, mientras que la verdadera recompensa del cristiano es la recompensa eterna del reconocimiento del Padre y de la gloria en el cielo.

17. ¿Qué estímulo para nuestras imperfectas peticiones se halla en Mateo 6:8? Que nuestro Padre celestial sabe de qué cosas tenemos necesidad antes de que se las pidamos.

18. ¿En qué sentido las palabras iniciales del Padrenuestro se ajustan a toda la familia humana? Nos enseñan que todos tenemos un mismo Padre.

19. ¿Qué es "santificar" algo? Tratarlo como sagrado.

20. ¿Cómo se hace la voluntad de Dios? Obedeciéndola de manera tan perfecta como la obedecen los ángeles en el cielo.

21. ¿Qué nos enseña la petición del pan nuestro de cada día? Que no debemos estar ansiosos por el futuro.

22. ¿Qué condición es añadida a la respuesta a la petición de perdón? Que antes debemos perdonar a quienes nos han hecho algún mal.

23. ¿Qué implica aquí la palabra "deudas"? Que siempre somos "deudores" por todas las cosas.

24. ¿Cómo podemos saber cuánto amamos a Dios? Deteniéndonos a pensar dónde está nuestro mayor tesoro, si en la tierra o en el cielo (Mat. 6:21).

25. ¿Quién se ocupa de nuestra vida? Nuestro Padre celestial (Mat. 6:26, 30, 32, 33).

26. ¿Qué significa aquí "no os afanéis"? La expresión así traducida significa originalmente "tener pensamientos de angustia". Significa que no debemos angustiarnos por el futuro; pero eso no quiere decir que no debamos hacer planes para nuestra vida.

27. ¿Qué lección se encuentra en Mateo 7:1-5? Que no debemos condenar a los que están a nuestro alrededor dado que, al no saber lo que hay en lo más profundo de su corazón, demostramos que nosotros somos más pecadores.

28. ¿Qué gran promesa se encuentra en Mat. 7:7-11? Que de la misma forma que un padre terrenal amoroso hará todo lo que sea por el bienestar de sus hijos, asimismo nuestro Padre celestial está preparado para darnos todas las cosas buenas si se las pedimos.

29. ¿Cómo llaman, general- mente, el pasaje de Mateo 7:12? "La regla de oro", porque si todos la obedeciéramos, esta tierra sería como el cielo.

30. ¿Qué significa "la puerta estrecha"? Es la entrada angosta al cielo, la cual, "a pesar de lo ancha que es para cualquier pecador, es demasiado estrecha para cualquier pecado".

31. ¿Qué lección aprendemos acerca de nuestra conducta, en Mateo 7:16? Que seremos conocidos por nuestra conducta y no por lo que digamos ser; por nuestros frutos y no por nuestras hojas.

32. ¿Qué parábola contó luego Jesús? La de la destrucción de la casa construida sobre la arena, y la firmeza de la casa construida sobre la peña (Mat. 7:24-27).

33. ¿Cuál es el fundamento sobre el cual debemos construir? Jesucristo.
Nadie puede poner otro fundamento que el que está puesto, el cual es Jesucristo (1 Cor. 3:9-15).

93. SEGUNDO PERIODO DEL MINISTERIO DE JESUS EN GALILEA (Mat. 8:5-13; 23-9:1; 9:18—11:19; 12:22—15:20; Mar. 3:19—7:23; Luc. 7:1-9:17; Juan 6:1-71)

1. ¿Qué era un centurión? Un oficial del ejército romano que mandaba a cien soldados.

2. ¿Qué le pidió este hombre a Jesús? Que dijera "la palabra" y sanara a su criado (Luc. 7:7).

3. ¿Cómo era su carácter? Era

muy alabado por los líderes judíos, y era un hombre de fe firme y humilde.

4. ¿Qué maravilloso milagro hizo Jesús en Naín? La resurrección del único hijo de una viuda de ese lugar (Luc. 7:11-17).

5. ¿Qué respuesta práctica dio Jesús a los mensajeros de Juan el Bautista? Que debían llegar a la conclusión de que él era el Mesías por los milagros que hacía y por las profecías que en él se cumplían.

6. ¿Cómo resumió el Señor su referencia a la grandeza de Juan el Bautista? Diciendo que el más pequeño en el reino de Dios era aun mayor que Juan (Luc. 7:28).

7. ¿Qué gran acto de perdón encontramos aquí? El perdón a la mujer "pecadora"? (Luc. 7:36-50).

8. ¿Qué demostró que la mujer estaba lista para ser perdonada? Lloró, lavó los pies de Jesús con sus lágrimas, y lo ungió con un perfume costoso. Pero mejor que todo era el conocimiento que Jesús tenía del corazón de ella.

9. ¿De qué manera se dispusieron a comer? Se reclinaron sobre lechos alrededor de la comida.

10. ¿Qué comparación hizo Jesús entre esta mujer y Simón, su anfitrión? Simón había invitado a Jesús por curiosidad, y no sólo no se preocupó por demostrarle respeto especial, sino que además omitió algunos de los detalles de hospitalidad acostumbrados.

11. ¿Qué horrible acusación le hicieron los judíos a Jesús? Que su poder se debía a que estaba asociado con el príncipe de los demonios (Mar. 3:22).

12. ¿Cuál fue su contundente respuesta? Que una casa o un reino dividido contra sí mismo no puede permanecer. Por lo tanto, si Satanás está dividido contra Satanás, su reino sucumbiría.

13. ¿Quién juzgará las palabras de los hombres? Jesucristo juzgará en el día del juicio toda palabra ociosa.

14. ¿Por qué ser discípulo es más importante que la relación familiar más estrecha? Por la declaración de Cristo de que quien haga la voluntad del Padre es para él un hermano, una hermana y una madre (Mar. 3:31-35).

15. ¿Qué nueva clase de predicación comenzó entonces Jesús, y por qué? Comenzó a enseñar en parábolas, para enseñar la verdad de una manera que no provocara la ira de sus enemigos.

16. ¿Qué es una parábola? Es un relato que puede hacerse alrededor de algún hecho o circunstancia con un propósito espiritual definido.

17. ¿Qué nombre se le da a este grupo de parábolas? "Las parábolas del mar" porque la mayor parte de ellas probablemente fueron dichas desde una barca en el mar de Galilea a la multitud que estaba en la playa (Mat. 13:1).

18. ¿Cuál fue la primera de es-

tas parábolas? La parábola de la semilla sembrada en cuatro clases de terrenos (Mat. 13:3-9, 18-23).

19. ¿Qué es la semilla? La Palabra de Dios.

20. ¿Quiénes son los sembrados junto al camino? Los descuidados, que olvidan inmediatamente lo que escuchan.

21. ¿Quiénes son los sembrados en pedregales? Los que escuchan y creen la Palabra, pero no tienen profundidad de carácter y no permanecen fieles cuando llegan las pruebas.

22. ¿Quiénes son los sembrados entre espinos? Los que escuchan y creen la Palabra, pero dejan que los intereses y preocupaciones de este mundo destruyan la semilla.

23. ¿Quiénes son los que realmente reciben el evangelio? Los que lo reciben en su corazón, como la semilla en buena tierra, y muestran sus resultados en su vida.

24. ¿Cuál fue la segunda parábola? La parábola del trigo y la cizaña (Mat. 13:24-30, 36-43).

25. ¿Qué es la cizaña? Un cereal venenoso que se parece mucho al trigo.

26. ¿A qué está destinada la cizaña? A ser quemada.

27. ¿Qué representa la siega? El fin del mundo.

28. ¿Qué representa el gra- nero? Los tesoros del cielo y el hogar celestial.

29. ¿Quiénes son los segadores? Los ángeles.

30. ¿Cómo se describe a la cizaña? Como los hijos del maligno.

31. ¿Qué otras parábolas aparecen en este grupo? El reino de los cielos es asemejado a: (1) El grano de mostaza, que crece hasta convertirse en un árbol; (2) la levadura, que leuda toda la harina; (3) el tesoro escondido en el campo, que vale más que todo lo que posee el hombre; (4) la perla de gran valor, más valiosa que todas las demás joyas; y (5) la red llena de peces, de la cual serán tomados los buenos y echados los malos.

32. ¿Qué milagro hizo Jesús después de enseñar en parábolas? Calmó con una palabra la tempestad del mar (Mar. 4:35-41).

33. ¿Qué debemos aprender de las palabras de nuestro Señor a sus discípulos? Que en todo momento debemos tener una fe fuerte en la bondad y el poder del Señor.

34. ¿Qué le dijo Jesús al mar? "¡Calla! ¡Enmudece!" (Mar. 4:39).

35. ¿Qué hombre les salió al encuentro cuando llegaron a la otra orilla? "Un hombre con espíritu inmundo", muy violento y peligroso (Mar. 5:1-20).

36. ¿Qué hizo este hombre? Se acercó a Jesús y le adoró.

37. ¿Qué orden les dio nuestro

Señor a los demonios? Les dijo que salieran del hombre.

38. ¿Dónde les permitió ir? A petición de ellos, les concedió ir a un gran hato de cerdos que estaban paciendo allí.

39. ¿Qué ocurrió entonces? *Y los espíritus inmundos salieron y entraron en los cerdos, y el hato se lanzó al mar por un despeñadero... y se ahogaron en el mar* (Mar. 5:13).

40. ¿Qué efecto produjo ésto en los que lo vieron? Los apacentadores y los dueños de los cerdos sintieron temor y le rogaron a Jesús que se marchara; y el hombre que había sido sanado quiso seguir a Jesús.

41. ¿Qué lección hay para nosotros en la orden dada por Jesús al endemoniado que había sido curado? Que debemos contar a todos nuestros amigos lo que Jesús ha hecho por nosotros.

42. ¿Quién clamó a Jesús por ayuda cuando llegó de nuevo a Capernaúm? Un líder judío llamado Jairo (Mar. 5:22-24, 35-43).

43. ¿Qué lo afligía? Su hijita estaba a punto de morir, pero él creía que Jesús podía curarla.

44. ¿Qué sucedió cuando se dirigía a la casa de Jairo? Una enferma que formaba parte de la multitud tocó con fe el manto de Jesús y fue curada (Mar. 5:25-34).

45. ¿Qué vinieron los mensajeros a decirle a Jairo durante la tardanza ocurrida? Que su hija había muerto.

46. ¿Había Jesús resucitado antes a alguien? Sí, a uno de Naín, pero probablemente esto no era sabido por muchos.

47. ¿Cómo es llamada la muerte en este relato? Un "sueño" del cual Jesús podía "despertarla". Véase Juan 11:11.

48. ¿Fue restaurada milagrosamente a una vida normal? Sí, porque Jesús les dijo que le dieran algo de comer.

49. ¿A quiénes sanó Jesús después? A dos ciegos y a un endemoniado mudo (Mat. 9:27-34).

50. ¿Cómo demostraron su fe los ciegos? Reconocieron que Jesús era el Cristo, el Hijo de David; y oraron y perseveraron.

51. ¿Qué lamentable recepción tuvo Jesús? En Nazaret, donde se crió, se negaron a recibirlo (Mar. 6:1-6).

52. ¿Qué verdad universal expresó Jesús? Que un profeta, o cualquier hombre grande, no suele ser apreciado por los suyos en su propia tierra.

53. ¿Por qué se abstuvo Jesús de hacer milagros allí? Por su terca incredulidad.

54. ¿A qué se hallan expuestas las ovejas que no tienen pastor? A ser "acosadas y desamparadas" y destruidas (Mat. 9:36; Isa. 53:6).

55. ¿Qué tarea dio después Jesús a sus doce apóstoles? A ir de dos en dos delante de él a los pueblos para predicar y sanar de la misma manera que lo hacía él (Mar. 6:7-13; Mat. 10:1-11:1).

56. ¿Qué mandamiento dado a los doce se aplica también a nosotros? *De gracia habéis recibido; dad de gracia.*

57. ¿Por qué son utilizadas Sodoma y Gomorra en esta comparación? Porque sus privilegios y oportunidades no fueron tan grandes como los que hubo en el tiempo de nuestro Señor y en el actual.

58. ¿De qué fin se habla en Mateo 10:22? Del fin de "la gran tribulación" (Mat. 24:21).

59. ¿Qué significa "tomar la cruz"? Soportar, sin quejarnos, todas las pruebas, grandes o pequeñas, que Dios nos dé.

60. ¿Qué significa "halla su vida" en Mateo 10:39? Disfrutar de la vida terrenal a cambio de renunciar a Cristo.

61. ¿Qué estímulo tenemos si amamos con acciones concretas al pueblo del Señor? La garantía dada por Cristo de que quien dé un vaso de agua fría a uno de sus discípulos, no perderá su recompensa.

62. ¿Qué le dijo su conciencia a Herodes cuando se enteró de los milagros de nuestro Señor? Que los hacía Juan el Bautista, a quien él había hecho degollar, y que (según él creía) había resucitado de los muertos.

63. ¿Por qué estaba Juan en la cárcel, y dónde estaba? En la fortaleza de Maqueronte, cerca del mar Muerto. Véase la sección 91. 1. 2.

64. ¿Por qué fue decapitado? Para complacer a la hija de Herodías, por sugerencia de Herodías.

65. ¿Quién era Herodías? La esposa de Felipe, un hermano de Herodes, con la que Herodes se había casado.

66. ¿Por qué se apartó Jesús a un lugar desierto? (1) Porque los apóstoles habían regresado y necesitaban tener una conversación a solas con su Maestro, (2) porque todos estaban en peligro de caer en manos de Herodes si permanecían en su provincia, y (3) porque el pueblo podía verse estimulado a sublevarse por la muerte de Juan, de haber permanecido Jesús entre ellos, y esto habría significado la muerte, tanto de Jesús como de sus discípulos.

67. ¿Qué milagro hizo Jesús en esa oportunidad? La alimentación de "como cinco mil hombres, sin contar las mujeres y los niños" con cinco panes pequeños y dos pececitos (Mat. 14:21).

68. ¿A quién pertenecía esta comida? A un muchacho, que bien podía habérsela comido toda él solo (Juan 6:9).

**69. ¿Comieron todos cuanto

quisieron comer? Sí. El relato dice que "todos comieron y se saciaron" y sobraron muchos pedazos.

70. ¿A dónde fueron los discípulos después de este milagro? Jesús los instó a marcharse en la barca.

71. ¿Qué sucedió después de eso? Se produjo un fuerte viento y no podían llegar a su destino.

72. ¿Qué hizo Jesús esa madrugada? Llegó hasta donde estaban sus discípulos, caminando sobre el agua.

73. ¿Qué efecto les produjo esto? Sintieron temor, hasta que Jesús les dijo: "¡Yo soy! ¡No temáis!"

74. ¿Qué trató de hacer Pedro? Caminar sobre el agua para llegar hasta donde estaba Jesús (Mat. 14:28-31).

75. ¿Tuvo éxito al hacerlo? Sí, mientras tuvo fe para mantener su mirada en Jesús. Pero cuando le falló, comenzó a hundirse.

76. ¿Estaba Jesús preparado para salvarlo? Sí, inmediatamente.

77. ¿Qué sermón predicó Jesús esa mañana, y dónde lo hizo? "El sermón del pan de vida", en Capernaúm (Juan 6:22-71).

78. ¿De qué manera censuró nuestro Señor la falta de sinceridad de los que le buscaban? Les dijo que le seguían por los panes con que los había alimentado.

79. ¿Qué significa "la comida

que perece"?** Las comodidades y riquezas terrenales.

80. ¿Qué significa la palabra "sello" del versículo 27? Estampado o aprobación de ser suyo.

81. ¿No muestra el versículo 29 lo realmente sencillo que es alcanzar la vida eterna? Sí; lo único que hay que hacer es arrepentirse y creer (Mar. 1:15) y las buenas obras vienen después.

82. ¿Creyeron entonces los judíos en Jesús? No.

83. ¿Qué pan estaban dispuestos los judíos a aceptar? El pan del cielo, como el maná en el desierto.

84. ¿Se encuentra en Jesús todo lo que puede satisfacer al alma? Sí; él es el pan y el agua de vida que satisfacen plenamente.

85. ¿Significa: "Estaban comiendo con las manos impuras", que las tenían sucias? No; se trataba de un lavamiento ceremonial, como un símbolo.

86. ¿Era el lavamiento parte de la ley de Dios? No, sino una "tradición de los ancianos" o algo añadido a la ley por los sacerdotes antiguos.

87. ¿Estaba de acuerdo con la ley de Dios la tradición de los ancianos? No, sino que la invalidaba (Mar. 7:7-13). Se ocupaban de los detalles de la vida exterior, pero se les escapaba el espíritu y el significado interior de la ley.

88. ¿Qué lección hay aquí en

cuanto a la necesidad de la sinceridad hacia Dios? La advertencia de que Dios conoce los corazones, y que toda adoración hipócrita es "vana".

94. TERCER PERIODO DEL MINISTERIO DE JESUS EN GALILEA (Mat. 15:21—18:35; Mar. 7:24—9:50; Luc. 9:18-50; Juan 7:1—8:59)

1. ¿Eran Tiro y Sidón ciudades judías? No; estaban en Fenicia, en la costa, al noroeste.

2. ¿Quién le pidió ayuda a Jesús allí? Una mujer siria de nacimiento y griega de raza, quien le rogó que curara a su hija que era atormentada por un demonio.

3. ¿A quién se refiere como "los hijos" en Marcos 7:27? A los judíos (Mat. 15:24, 26).

4. ¿Hay algún límite al poder de la fe? No, porque se apoya en el poder de Dios (Mar. 7:29).

5. ¿A dónde se dirigió Jesús después de esto? Regresó a Palestina, a los alrededores del mar de Galilea.

6. ¿Qué milagro realizó allí? Curó a un hombre sordo y tartamudo (Mar. 7:31-37).

7. ¿Vinieron muchos a oír a Jesús allí? Sí, una gran multitud (Mar. 8:1).

8. ¿Qué hizo Jesús en favor de ellos? Los alimentó, tal como lo había hecho con otra multitud anteriormente (Mar. 8:1-9). Véase la sección 93. 67-79.

9. ¿Qué preguntas les hizo a sus discípulos en Cesarea de Filipo? Primero, quién decían los hombres que era él; después, qué pensaban ellos que era él (Mar. 8:27, 29).

10. ¿Qué respondió Pedro? *¡Tú eres el Cristo, el Hijo del Dios viviente!* (Mat. 16:16).

11. ¿Cuál es el significado de Mateo 16:18, 19? Que Cristo edificaría su iglesia a partir de sus discípulos, como piedras fundamentales unidas entre sí, sobre el único gran cimiento de Roca: Jesús mismo (1 Cor. 3:9-15; Hech. 4:11; Ef. 2:20; Apoc. 21:14).

Y en ningún otro hay salvación, porque no hay otro nombre debajo del cielo, dado a los hombres, en que podamos ser salvos.

Porque nadie puede poner otro fundamento que el que está puesto, el cual es Jesucristo.

12. ¿Hay alguna prueba de que lo que dijo fue sólo refiriéndose a Pedro? Lo que Jesús dice aquí, lo dijo también a los demás apóstoles, en otras partes. Véanse Mateo 18:18; Juan 20:23; Mateo 19:28.

13. ¿Qué memorable reprimenda le hace a Pedro después de la sincera confesión de éste? "¡Quítate de delante de mí, Satanás!", porque había expresado la tentación del maligno.

14. ¿Qué gran precepto aparece en Mateo 16:24-28? *¿De qué le sirve al hombre si gana el mundo entero y pierde su alma? ¿O que dará el hombre en rescate por su alma?* (v. 26).

15. ¿A qué se refiere Marcos 9:1? Probablemente a la venida del Espíritu Santo en el día de Pentecostés, que dio comienzo al reino; o, como piensan otros, a la destrucción de Jerusalén que puso punto final a esa era histórica.

16. ¿Qué visión maravillosa se les permitió ver a los discípulos? La transfiguración de Jesús y su conversación con Moisés, como representante de la ley, y con Elías, como representante de los profetas (Mar. 9:2-8; Luc. 9:28-36).

17. ¿Hay algún otro testimonio aparte de éste, en cuanto a Jesús como "Hijo amado"? Sí, al ser bautizado (Mat. 3:17).

18. ¿A quién se refería Jesús cuando dijo que Elías había venido? A Juan el Bautista.

19. ¿Con quién se encontraron al llegar al pie de la montaña, y que requería de su ayuda? Con el muchacho endemoniado que había sido traído por su padre para ser curado (Mar. 9:14-29).

20. ¿Por qué no pudieron los discípulos curar al joven? Por su falta de fe y oración suficientes.

21. ¿No había perdido casi toda su fe el padre? Sí; dudaba del poder de Jesús.

22. ¿De qué manera fortaleció Jesús su fe? Le dijo que todas las cosas eran posibles al que podía creer.

23. ¿En qué consistía "el impuesto del templo" mencionado en Mateo 17:24-27? En medio siclo (como 30 centavos de dólar), "la ofrenda alzada para Jehovah" o para el servicio del templo (Exo. 30:13; 2 Crón. 24:9; Neh. 10:32).

24. ¿Qué lección de respeto nos enseña nuestro Señor? Que no debemos ofender a nadie, particularmente cuando se trata de cosas de poca monta.

25. ¿Qué discusión tuvieron los discípulos en el camino? Discutían acerca de cuál de ellos sería el más importante en el reino de los cielos (Mar. 9:33-37).

26. ¿Qué lección les enseñó el Señor? Una lección de humildad.

27. ¿Qué recompensa ha sido prometida a los que aprendan esta lección? Recibirán todas las bendiciones que resultan de recibir a Cristo y de pertenecer a él.

27. ¿Se condena toda forma de intolerancia en Marcos 9: 38-41? Sí; no debemos rechazar a nadie como discípulo de Cristo sólo porque no esté de acuerdo con nosotros en todo.

29. ¿Son las grandes obras hechas para Cristo la únicas que él acepta? No; aun el dar a alguien un vaso de agua en su nombre recibirá su recompensa.

30. ¿Que otra lección encontramos contra toda forma de maltrato? Que cualquiera que cause un daño intencional a un cristiano débil o humilde está expuesto a un castigo mayor que aun la pérdida de la vida (Mar. 9:42).

31. ¿Qué debemos hacer en cuanto al pecado? Renunciar a él y apartarnos de toda tentación a toda costa (Mar. 9:43-49).

32. ¿Qué otra gran lección enseñó nuestro Señor a sus discípulos en Mateo 18? El deber de perdonar.

33. ¿Cómo enseña Cristo el deber de ser indulgentes y perdo-nadores los unos con los otros? Haciéndole un llamado a la persona agraviada a ganar al ofensor por medio de la amonestación calmada, estando a solas.

34. ¿Hay algún límite en cuanto a las dos maravillosas promesas que aparecen en Mateo 18:19, 20? El único límite es que lo que pidamos a Dios debe ser "conforme a su voluntad" (1 Jn. 5:14).

35. ¿Hasta cuántas veces le parecía a Pedro que se podía perdonar? Hasta siete veces.

36. ¿Coincidían Jesús y Pedro en el número? No; él ordenó que perdonásemos "setenta veces siete" lo cual significa, en la práctica, perdonar siempre.

37. ¿Cuánto era el monto de la deuda, según la parábola, que le debía el siervo a su señor? Probablemente unos doce millones de dólares, una suma que significaba mucho más entonces que ahora.

38. ¿No nos enseña esto la magnitud de nuestra deuda con Dios? Debe darnos, ciertamente, una idea de la misma.

39. ¿No vemos aquí también la gratuidad del perdón divino? Sí, ya que por su sola compasión perdonó la deuda.

40. ¿Cuánto era la deuda del consiervo? Unos ciento sesenta dólares.

41. ¿Representa esto la diferencia entre la deuda del hombre para con el hombre, y la deuda del hombre para con Dios? Sí, hasta donde podemos imaginarlo.

42. ¿No somos llamados a imitar la indulgencia de Dios? Sin duda que sí; si sabemos que hemos sido perdonados por él, con toda seguridad que lo haremos.

43. ¿Dónde aprendemos que el Dios misericordioso es también un Dios de juicio? En esta misma parábola, por su condena al siervo ingrato e inexorable.

44. ¿Cuándo dio Jesús la enseñanza registrada en Juan 7? En la fiesta de los Tabernáculos en Jerusalén.

45. ¿Qué era la fiesta de los Tabernáculos? Una de las fiestas judías en la que las personas vivían en cabañas para conmemorar los cuarenta años que vivieron en el desierto (Véase Lev. 23:39-43).

46. ¿Por qué el pueblo sentía temor de los judíos (versículo 13)? "Para no ser expulsados de la sinagoga" o excomulgados, si confesaban que eran seguidores de Cristo. Véase Hechos 5:13.

**47. ¿Qué admirable relación hay entre la obediencia y el conocimiento de la doctrina verda-

dera? El hombre que desea realmente hacer la voluntad de Dios, tendrá una comprensión suficiente del significado de su palabra (Juan 7:17).

48. ¿A quién se refería el pueblo con "el Cristo" del versículo 26? Al Mesías verdadero.

49. ¿Quiénes son "la dispersión" del versículo 35? Los israelitas que habían sido esparcidos por todas las naciones.

50. ¿Podían los judíos tolerar que las buenas nuevas les fueran predicadas a los gentiles? No, porque ellos se consideraban como el único pueblo de Dios.

51. ¿Qué significa ir a Jesús para beber (Juan 7:34-39)? Recibirle como nuestro Salvador, satisfaciendo así todos los anhelos del alma sedienta.

52. ¿A quién se referían como "el profeta" (Juan 7:40)? Al aludido por Moisés en Deut. 18:15, 18.

53. ¿A qué se refiere "la ley" del versículo 49? A la ley de Moisés y a los escritos de los profetas.

54. ¿Quién se puso aquí de parte de Jesús? Nicodemo (vv. 50, 51). Véanse Juan 3, y la sección 90. 5-11.

55. ¿Qué dice Jesús de sí mismo en Juan 8:12? Que él es "la luz del mundo".

56. ¿Se dice esto mismo de él en alguna otra parte? Sí. En Juan 1:4, 5, 9; 3:19; 9:5 y 12:35, 36, 46.

57. ¿Qué significa esto? Que sus seguidores no andarán más en las tinieblas de la duda y de la incredulidad; y que tampoco serán lanzados a "las tinieblas de afuera".

58. ¿Qué es juzgar según la carne? Juzgar por la apariencia exterior y por los conceptos del mundo (Juan 8:15).

59. ¿Qué quiere decir Jesús en el versículo 28 con ser "levantado"? Ser levantado en la cruz. Véase Juan 3:14; 12:32.

60. ¿Qué quiso decir Jesús con "las obras de Abraham" en el versículo 39? "La obediencia de la fe" (Rom. 1:5) que debió haber llevado a los judíos a creer en Cristo y a obedecerlo.

61. ¿Se refiere Juan 8:51 a la muerte del cuerpo? No, sino a la muerte o ruina del alma, a "la muerte segunda o eterna".

62. ¿Cómo es que Abraham vio el día de Cristo? Lo vio con el ojo clarividente de la fe, contemplando las promesas de Dios (Juan 8:52-59).

63. ¿Qué quiso decir el Señor con "Yo Soy"? Que existió siempre desde la eternidad, como se identificó a sí mismo Dios ante Moisés: "Yo soy" (Exo. 3:14).

95. EL MINISTERIO DE JESUS EN PEREA: HASTA LA FIESTA DE LA DEDICACION (Mat. 11:20-30; Luc. 9:51—10:42; Juan 9:1—10:12)

1. ¿Qué sucedió entre la fiesta de los Tabernáculos y la fiesta de la Dedicación? Jesús regresó a Galilea y pasó cierto tiempo en actividades no reseñadas. Más tarde se marchó finalmente de Galilea.

2. ¿Qué incidente se registra en Lucas 9:51-56? La falta de hospitalidad de los samaritanos.

3. ¿Por qué se utiliza la expresión "afirmó su rostro"? Porque Jesús sabía todos los sufrimientos que le aguardaban.

4. ¿Por qué no quisieron recibirlo los samaritanos? Porque sabían que se dirigía a Jerusalén, y ellos odiaban a los judíos.

5. ¿Por qué fue su actitud particularmente ruin? Porque habían violado el deber universal de la hospitalidad; y peor aún porque prácticamente desconocieron su afirmación de ser un maestro religioso, lo cual lo hacía aún más digno de recibir hospitalidad.

6. ¿Qué ejemplo de humildad dio el Señor? No castigó a los samaritanos por su conducta, aunque algunos de los discípulos pidieron que lo hiciera.

7. ¿Qué prueba tenemos de la pobreza material de Jesús? No tenía "dónde recostar la cabeza" (Luc. 9:58).

8. ¿Qué proverbio dio Jesús en cuanto a la fidelidad? *Ninguno que ha puesto su mano en el arado y sigue mirando atrás, es apto para el reino de Dios* (Luc. 9:62).

9. ¿Con qué propósito fueron seleccionados setenta discípulos? Para que fueran de dos en dos a todos los lugares donde habría de ir Jesús, preparándole así el camino (Luc. 10:1-24).

10. ¿Por qué la orden de "ni saludéis a nadie por el camino"? Porque el saludo oriental era muy ceremonioso y prolongado.

11. ¿Qué quiere decir "sacudir el polvo de una ciudad"? Era una costumbre oriental que significaba el abandono total de responsabilidad y preocupación por esa ciudad.

12. ¿No demuestran las instrucciones dadas a los setenta la preocupación del Maestro por ellos? Sí; evidencian su preocupación por su bienestar físico y también por el éxito en su misión.

13. ¿Por qué había sido Capernaúm "exaltada hasta el cielo"? Por haber tenido el privilegio de la presencia y de las enseñanzas de Cristo.

14. ¿Qué prueba tenemos de la unión entre Cristo y los suyos? Su afirmación de que escuchar o rechazar a sus ministros es igual a escucharlo o rechazarlo a él mismo.

15. ¿Cuál es la razón verdadera para regocijarse? Haber conocido a Cristo y que nuestros nombres están escritos en los cielos.

16. ¿No podemos aplicar todas estas palabras a nuestra propia nación y a los tiempos actuales? Sí, a cualquier tiempo o lugar en que los hombres han recibido grandes oportunidades, pero que no sirven a Dios con todo el corazón.

17. ¿Quiénes son los más aptos para conocer las cosas de Cristo? Los que son dóciles y humildes, como niñitos.

18. ¿Qué bendición recibirán los que tomen sobre sí el yugo de Cristo? *Venid a mí, todos los que estáis fatigados y cargados, y yo os haré descansar. Llevad mi yugo sobre vosotros, y aprended de mí, que soy manso y humilde de corazón; y hallaréis descanso para vuestras almas* (Mat. 11:28-30).

19. ¿Cuál es la enseñanza de la parábola del buen samaritano de Lucas 10: 25-37? Que el verdadero prójimo es el que ayuda a cualquiera que esté en necesidad, independientemente de sus creencias, raza o nacionalidad.

20. ¿Cuánto era "dos denarios"? El equivalente al salario de dos días de un obrero común.

21. ¿Qué gran milagro de Jesús aparece registrado en Juan 9? La curación de un hombre ciego de nacimiento.

22. ¿Qué creencia de los judíos implica la pregunta de los discípulos? Que todo sufrimiento era un castigo por el pecado.

23. ¿Tenía nuestro Señor esta misma creencia? No. El dijo que la causa de la ceguera no era el pecado, sino que la ceguera ofrecía

la oportunidad de que se pusiera de manifiesto el poder de Dios.

24. ¿Qué quiere decir aquí el Señor con "el día" y "la noche"? El día representa la vida, el tiempo de trabajar para Dios; la noche representa la muerte, el cese de nuestro trabajo.

25. ¿Qué significaba ser expulsado de la sinagoga? No poder asistir a las actividades religiosas, lo que era causa de oprobio y de marginación social.

26. ¿Qué confesión hizo este ciego? "Una cosa sé: que habiendo sido ciego, ahora veo" (Juan 9:25).

27. ¿Qué hermosa parábola se encuentra en Juan 10? La parábola del buen pastor.

28. ¿Qué clase de rediles había en Palestina? Muchos de ellos eran apenas cercados al descubierto en los apacentaderos, para la protección de las ovejas durante la noche.

29. ¿Quién es la puerta del redil? Jesucristo mismo.

30. ¿Qué promesa hay para los que entren por la puerta? La provisión para sus necesidades, y la protección contra todo daño.

31. ¿Cuál fue el propósito de nuestro Señor al venir al mundo? Poner su vida para dar vida.

32. ¿Cómo es explicada la expiación en esta parábola? Jesús dice que él pone su vida por las ovejas, o el lugar de ellas, para que puedan vivir (Juan 10:11, 15-18).

33. ¿Qué demuestra su amor total por las ovejas? *Yo soy el buen pastor y conozco mis ovejas, y las mías me conocen* (Juan 10:14).

34. ¿Qué era la fiesta de la Dedicación? Una fiesta que se celebraba en recuerdo de que Dios evitó que el templo fuera destruido por el rey Antíoco Epífanes en el 165 a. de J. C.

35. ¿De qué puede estar seguro el pueblo verdadero del Señor? De que no perecerán jamás (Juan 10:27, 28).

36. ¿Por qué no puede ser anulada la Escritura? Porque es la Palabra de Dios.

96. EL MINISTERIO DE JESUS EN PEREA: HASTA EL ULTIMO VIAJE A JERUSALEN (Luc. 11:1—17:10; Juan 11:1-54)

1. ¿Cómo llaman a la porción de Lucas 11:2-4? El Padrenuestro.

2. ¿Dónde más aparece? ¿Es exactamente igual? Aparece en Mateo 6:9-13, con pequeños detalles diferentes.

3. ¿Qué nos enseña esto? Que las palabras de una oración no tienen tanto valor como su sinceridad.

4. ¿Por qué es valioso, entonces, saber el Padrenuestro? Porque es muy importante poder unirnos con otros en una oración sencilla y audible. Esta oración dada por el Señor contiene, además, todos los elementos esenciales de una oración verdadera.

5. ¿En qué se insiste en la oración? Sentir y hablar ferviente y perseverantemente, creyendo que Dios no nos negará nada que esté dentro de su voluntad.

6. ¿Qué comparación utiliza Cristo para ayudarnos a entender a Dios? Lo compara con un padre terrenal.

7. ¿Qué es "la levadura de los fariseos"? Sus normas equivocadas y su hipocresía (Luc. 12:1).

8. ¿Qué prueba del amor y del cuidado de Dios tenemos en Lucas 12:6, 7? Que ni siquiera los pajaritos son olvidados por él.

9. ¿Qué bendición es prometida a los que confiesan a Cristo? Los que no tienen temor ni vergüenza de confesar a Cristo en la tierra serán reconocidos por el Señor delante de todos los ángeles en el día del juicio (Luc. 12:8, 9).

10. ¿Contra qué somos alertados en Lucas 12:13-21? Contra el amor a las riquezas y a los placeres del mundo.

11. ¿Qué significa "pedir" el alma? Partir de este mundo para rendir cuentas.

12. ¿Qué es ser "rico para con Dios"? Estar lleno de amor por él y de buenas obras por causa de su nombre.

13. ¿Contra qué somos amonestados en Lucas 12:22-31? Contra la ansiedad y la preocupación por el futuro. No se trata de la previsión normal; la preocupación exagerada nos incapacita para cumplir al presente con la voluntad de nuestro Padre, por temor a lo que pueda traer el mañana.

14. ¿Qué es hacer tesoros en los cielos? Tener a Cristo allá como nuestro Salvador, y todas sus riquezas nos pertenecen por medio de él.

15. ¿Qué gran acontecimiento está asociado con el mandamiento de ser vigilantes? La venida repentina de nuestro Señor (Luc. 12:35-39).

16. ¿Qué responsabilidad está aunada al conocimiento de la voluntad de Dios? El hacerla.

17. ¿Es el pecado la causa de todo el sufrimiento que hay en el mundo? No. Según Lucas 13:1-5, los que habían muerto no habían sido más pecadores que aquellos a quienes hablaba Jesús.

18. ¿Es fácil entrar al reino de los cielos? No, porque implica renunciar a nuestra voluntad para hacer la voluntad de Dios, y batallar contra las tentaciones del mundo que nos rodea.

19. ¿Debemos hacer esto confiando en nuestras propias fuerzas? No podemos hacerlo en nuestras propias fuerzas; los que confíen en ellas fracasarán. Pero nuestro Salvador está siempre dispuesto a ayudarnos en todas las dificultades.

20. ¿Quiénes son los que serán rechazados? Los que no tengan interés o que rechacen la salvación. Dios no quiere que nadie se pierda (Juan 3:16).

21. ¿Cuál es el significado de Lucas 14:16-24? En primer lugar, quizá, que los judíos, que fueron los primeros en recibir la luz de la verdad, serán desplazados por los gentiles, que fueron los últimos en conocerla. Significa, también, que muchos que en este mundo parecen tener y merecer el primer lugar en el reino, serán obligados en el día del juicio a dar el lugar a los que parecían aquí ser los más insignificantes.

22. ¿Qué lecciones aprendemos de Lucas 14? En primer lugar, cómo debe ser empleado realmente el sábado; luego, que la presunción no es buena ni prudente; y tercero, que hay siempre lugar en el banquete del Evangelio para todos los que estén dispuestos a aceptar la invitación.

23. ¿Qué es legítimo hacer el día de reposo? "Obras de necesidad o de misericordia" y cualquier cosa que pueda causar verdadero bien físico y espiritual a los que están a nuestro alrededor.

24. ¿Cómo eran las reglas del sábado de los judíos? Eran minuciosas y arbitrarias, por lo que resultaba imposible saber con seguridad si se habían cumplido bien.

25. ¿Qué motivó la parábola de este capítulo? El hecho de que los invitados habían escogido los primeros lugares en el banquete.

26. ¿Qué reglas enseñó Jesús en cuanto a los banquetes? Que los invitados debían actuar con modestia y ocupar los últimos lugares; y que los banquetes debían darse a los pobres y a los afligidos, antes que a los ricos que sí podían retribuir la invitación.

27. ¿A quiénes representan los invitados de la parábola? A los judíos, originalmente el pueblo del Señor.

28. ¿Por qué eran tan fútiles sus excusas? Porque de acuerdo con las costumbres orientales habían sido invitados con anterioridad y habían aceptado la invitación. Pero cuando llegó el momento de asistir, "todos a una comenzaron a disculparse".

29. ¿De qué manera se aplica esto a los judíos? Las Escrituras y los profetas habían profetizado la venida y el carácter del Mesías, por lo que debían haber estado preparados para encontrarse con él en su venida, y haber aceptado su invitación.

30. ¿A quiénes fue hecha, entonces, la oferta de misericordia? A los gentiles.

31. ¿Qué nombre se da, a veces, a las parábolas de Lucas 15? Las parábolas de las cosas perdidas y encontradas.

32. ¿Cómo sabemos que somos valiosos ante los ojos de Dios? Por el gozo que hay en el cielo por un pecador que se arrepiente.

33. ¿A qué condición se vio reducido el hijo pródigo por causa del pecado? Lo había gastado todo y se estaba muriendo de hambre, y nadie le daba nada.

34. ¿Qué expresión se utiliza para hablar del cambio en la forma de pensar del hijo pródigo? "Volviendo en sí", como si antes no hubiera estado en sus cabales.

35. ¿Qué pensó decirle a su padre el hijo pródigo? Pensó pedirle, con el más intenso remordimiento en su corazón, que lo convirtiera en uno de sus sirvientes.

36. ¿Le dio tiempo el amor del padre de que expresara lo que pensaba decir? No. De la misma manera, nuestro Padre celestial está listo para dar la bienvenida a sus hijos que se vuelvan a él arrepentidos.

37. ¿Cómo es descrito el pecador que se vuelve a Dios? Como alguien que estaba muerto y perdido, y que vuelve a la vida y es hallado.

38. ¿Según cuál principio actuó el mayordomo injusto de la parábola de Lucas 16:1-5? Según el principio del mundo de hacer amigos por los medios que sean, buenos o malos.

39. ¿Qué significa servir a las riquezas? Ir tras ellas o tras el favor del mundo, como el fin principal de la vida.

40. ¿Lo que piensa Dios acerca de los hombres es igual a lo que pensamos nosotros? No, porque él juzga el corazón, y nosotros no podemos ver los corazones.

41. ¿Qué lección hay que aprender de la parábola del rico y de Lázaro, en Lucas 16:19-31? Saber dar buen uso a las riquezas, y hacer tesoros en el cielo.

42. ¿Justifica la obediencia a Dios la vanagloria? No. Lo más que podemos decir es: "Sólo hicimos lo que debíamos hacer" (Luc. 17:10).

43. ¿Quién es el Lázaro de Juan 11? Lázaro de Betania, el hermano de Marta y de María, un amigo estimado de Jesús. Véanse Lucas 10:38-42 y Juan 12:1-8.

44. ¿Es el mismo Lázaro del que se habla en la pregunta 41? No. El nombre Lázaro es la forma griega de Eleazar, un nombre judío muy común.

45. ¿Qué aprendemos en este capítulo en cuanto al buen uso de las oportunidades? Que el tiempo y las oportunidades se acabarán y que debemos utilizarlos antes de que eso suceda.

46. ¿Cómo es descrita la muer- te? Como un sueño del cual despertará a una nueva vida el pueblo de Dios.

47. ¿Qué es lo que quiere decir Tomás en el versículo 16? Sospechaba que Jesús podría ser asesinado por los judíos.

48. ¿Por qué es Jesús la resurrección y la vida? Porque su pueblo, gracias a su unión con él, tiene una gloriosa resurrección a la vida eterna.

49. ¿Quiénes son los muertos de los que se habla en el versículo 25? "Los muertos en Cristo" (1 Tes. 4:16).

50. ¿Quiénes son los vivos que nunca morirán? Los que estén vivos cuando se produzca la venida del Señor (1 Tes. 4:17); o significa que los que viven en Cristo nunca morirán realmente, sino que tienen vida eterna.

51. ¿Qué prueba del amor de Jesús vemos en el versículo 35? Sus lágrimas junto a la tumba de su amigo.

52. ¿Por qué razón se vio Jesús obligado a marcharse de nuevo? Porque los judíos comenzaron a planear su muerte.

97. EL MINISTERIO EN PEREA: EL VIAJE FINAL A JERUSALEN (Mat. 19:3-20:34; 26:6-13; Mar. 10:2-52; 14:3-9; Luc. 17:1—19:28; Juan 11:55—12:11)

1. ¿Por qué se pararon de lejos los leprosos de Lucas 17:12? Estaban obligados por la ley de Moisés a mantenerse separados de los demás.

2. ¿Por qué debían mostrarse a los sacerdotes? Para obedecer la ley judía de que los sacerdotes debían examinar a todos los que se presumía que tenían lepra, o que, después de haberla tenido, se habían curado (Lev. 13:2).

3. ¿Se produjo su curación antes o después de haber actuado con fe? Sucedió después de que demostraron tener fe al clamar a Jesús pidiendo misericordia.

4. ¿Qué muestra su ingratitud? De los diez que fueron curado, sólo uno regresó para darle las gracias a Jesús; y era un samaritano.

5. ¿Qué enseña la parábola de la viuda insistente? Que debemos orar siempre y no desanimarnos (Luc. 18:1-8).

6. ¿Qué debemos aprender de la parábola del fariseo y del publicano? A ser sinceros y humildes en vez de santurrones engreídos (Luc. 18:9-14).

7. ¿Qué condición del corazón es la aceptada por Dios? *Los sacrificios de Dios son el espíritu quebrantado. Al corazón contrito y humillado no desprecias tú, oh Dios* (Sal. 51:17).

8. ¿Qué enseñó Jesús en cuanto al divorcio? Se opuso enérgicamente a él (Mat. 19:3-12).

9. ¿Qué hermosa escena registra Mateo 19:13-15? La bendición a los niños que le fueron presentados a Jesús. *Dejad a los niños y no les impidáis venir a mí, porque de los tales es el reino de los cielos.*

10. ¿Qué problema tenía el joven rico que vino a Jesús? Amaba más las riquezas que la vida eterna.

11. ¿Es siempre una bendición tener riquezas? No, porque son sin excepción una tentación y una trampa; pero si vencemos las tentaciones y usamos las riquezas correctamente, pueden convertirse en una bendición.

12. ¿Está Jesús diciendo aquí que todos deben renunciar a lo que tienen? No. Le dijo a ese joven que hiciera lo que él más necesitaba hacer. No todos los enfermos necesitan la misma medicina.

13. ¿Cómo sabemos de la condición arraigada de la codicia? Por lo que dijo nuestro Señor sobre lo difícil que le resulta a alguien que confía en sus riquezas, entrar en el reino de los cielos.

14. ¿Qué debe entenderse por "la edad venidera"? Marcos 10:30; Lucas 18:30. El estado o el tiempo después de la muerte.

15. ¿Qué gran promesa encontramos en este relato? Que todos los que renuncien a las riquezas de este mundo por causa de Cristo, tendrán una gran recompensa.

16. ¿Qué hecho muestra la equidad del dueño de la viña en la parábola de Mateo 20:1-16? Los que llegaron a última hora acudieron tan pronto como fueron llamados, y no fueron puestos en situación de desventaja por no haber sido llamados antes.

17. ¿Qué enseña la parábola en cuanto a la soberanía de Dios? Que Dios es el Señor de todos, y que le dará a cada persona lo que él crea justo. Pero la recompensa no será un acto de justicia simple, sino de una justicia perfecta suavizada por una misericordia perfecta.

18. ¿Quiénes eran los hijos de Zebedeo? Jacobo y Juan, dos de los apóstoles (Mar. 10:35-40).

19. ¿Cómo se llamaba su madre? Salomé (Mar. 15:40).

20. ¿Cuál fue su petición? Que sus hijos recibieran los lugares más honrosos cuando se estableciera el reino (Mat. 20:21).

21. ¿Fue esto motivado sólo por un ambición pecaminosa? Es probable que tuviera el deseo de estar muy cerca del Maestro, a fin de rendirle un mejor servicio.

22. ¿Qué fue la respuesta de Jesús? Su primera respuesta fue preguntar si podían beber la copa que el habría de beber.

23. ¿Qué significaba esto? Los sufrimientos y las pruebas que Jesús habría de padecer por todos los hombres.

24. ¿Qué respondieron ellos? "Podemos."

25. ¿Fue esta respuesta una frívola jactancia? No. Padecieron efectivamente por su Maestro; Jacobo sufrió el martirio.

26. ¿Cuál fue la segunda respuesta de Jesús? Que los lugares principales no eran regalos sino recompensas para quienes habían sido preparados.

27. ¿Significa esto que su petición fue negada? No, no hay ninguna indicación en la Biblia en cuanto a eso. Es posible que esas serán sus verdaderas posesiones, pero no podían recibirlas pidiéndolas de la manera que lo hicieron.

28. ¿En qué consiste la verdadera humildad? En estar dispuesto a ser el último de todos, y el servidor de todos (Mat. 20:26).

29. ¿Con quiénes se encontró Jesús cerca de Jericó en este viaje? Con dos ciegos (Mat. 20:30), uno de los cuales, Bartimeo, era el más conocido (Mar. 10:46-52; Luc. 18:35-42).

30. ¿Quién era Zaqueo? Un rico publicano de Jericó (Luc. 19:1-10).

31. ¿Cómo respondió nuestro Señor a la fe de Zaqueo? Fijándose en él y sugiriéndole que le invitara a su casa.

32. ¿De qué le acusaron a Jesús los líderes judíos? De que había entrado a hospedarse con un hombre pecador.

33. ¿Qué les respondió el Señor?
El Hijo del Hombre ha venido a buscar y a salvar lo que se había perdido (Luc. 19:10).

34. ¿Qué significado tiene la parábola de Lucas 19:11-27? Que cuando a los hombres se les dan las mismas oportunidades, serán premiados de acuerdo con el uso que hagan de ellas.

35. ¿Qué gran demostración de fe y amor sucedió en esta ocasión? El ungimiento de la cabeza y de los pies de Jesús con un perfume valiosísimo (Juan 12:1-8).

36. ¿Por parte de quién? De María de Betania, la hermana de Lázaro. Véase la sección 96. 43.

37. ¿Era ésta María Magdalena? No. María Magdalena, o María de Magdala, era otra persona completamente diferente, como también lo era la "mujer pecadora" de Lucas 7:36-50. Sin embargo, se las confunde a menudo.

38. ¿Qué valor tenía el perfume utilizado por María? Trescientos denarios, o el salario de un año de un obrero común.

39. ¿Quién censuró esta acción? Judas Iscariote.

40. ¿Qué dijo Jesús? *Ella ha hecho lo que podía... De cierto os digo que dondequiera que este evangelio sea predicado en todo el mundo, también será contado lo que esta mujer ha hecho, para memoria de ella* (Mar. 14:8; Mat. 26:13).

98. LA ULTIMA SEMANA

A. Domingo (Mat. 21:1-11; Mar. 11:1-11; Luc. 19:29-44; Juan 12:12-19)

1. ¿Cuál fue el acontecimiento especial de este día? La entrada triunfal de Jesús en Jerusalén como el Mesías.

2. ¿Dónde había sido profetizado esto? En Zacarías 9:9.

3. ¿Qué demuestra que él es el Príncipe de Paz? El que haya escogido a un borriquillo, que era utilizado por los civiles, en vez de un caballo, utilizado entonces casi exclusivamente por los guerreros.

4. ¿Qué indicación hay de que el dueño del borriquillo era uno de los discípulos de Jesús? Jesús le dijo a sus discípulos que le dijeran que el Señor tenía necesidad del animal.

5. ¿Qué declaración importante hicieron los fariseos en esta ocasión? "¡He aquí, el mundo se va tras él!" (Juan 12:19).

6. ¿Cómo se cumplió la profecía del Señor acerca de Jerusalén? Fue destruida por los romanos unos cuarenta años después.

B. Lunes (Mat. 21:2-19; Mar. 11:12-19; Luc. 19:45-48)

7. ¿Dónde pasó Jesús las noches de esta semana? En Betania (Mar. 11:11).

8. ¿Por qué esperaba Jesús encontrar higos en el árbol si todavía no era tiempo de cosecha? Porque los higos aparecían por lo general antes que las hojas (Mar. 11:12-14).

9. ¿De qué es símbolo esta higuera? De las intenciones grandiosas y los resultados insignificantes.

10. ¿Qué memorable demostración de autoridad sucedió ese día? Jesús echó del templo a los que vendían y compraban, y a los cambistas.

11. ¿Había hecho esto antes? Sí, al comienzo de su ministerio (Juan 2:13-25). Vea la sección 90.

C. Martes (Mat. 21:20—26:5, 14, 16; Mar. 11:20—14:11; Luc. 20:1—22:6; Juan 12:20-50)

12. ¿Cómo ha sido llamado este día? El último gran día del ministerio público de Jesús.

13. ¿Qué hizo él durante este día? Pasó todo el tiempo en el templo tratando de convencer a los fariseos de la verdad de su afirmación de que era el Hijo de Dios y el Hijo del Hombre.

14. ¿Qué maravillosa promesa en cuanto a la fe dio Jesús? *Todo lo que pidáis en oración, creyendo, lo recibiréis* (Mat. 21:22).

15. ¿Puede tomarse esta promesa literalmente? Sí, con la razonable condición de que no pidamos nada que sea inconveniente para nosotros o para los demás.

16. ¿Qué otra condición indispensable hay? Que perdonemos, si tenemos algo contra alguien. (Mar. 11:25).

17. ¿De qué manera respondió Jesús al desafío de los fariseos a su autoridad? Haciéndoles a su vez una pregunta en cuanto a la autoridad de Juan el Bautista (Mat. 21:23-27).

18. ¿Por qué la pregunta de Jesús fue una respuesta? Porque si los fariseos estaban dispuestos a reconocer la autoridad de Juan, juzgarían a Jesús sin prejuicios; de lo contrario, no valía la pena responderles.

19. ¿Por qué no respondieron? No estaban dispuestos a reconocer que Juan había sido enviado por Dios, pero le temían al pueblo si lo declaraban un impostor.

20. ¿Qué lección aprendemos de Mateo 21:28-32? Que las meras promesas, si no son cumplidas, no son obediencia.

21. ¿Quién es el dueño del campo que plantó la viña? Dios, el Padre y Soberano de todos (Mat. 21:33-46).

22. ¿Quiénes son los labradores? Los principales sacerdotes y los fariseos.

23. ¿Quiénes son los siervos y quién es el hijo? Los siervos son los profetas y todos aquellos que procuraron llevar al pueblo a un verdadero servicio a Dios. El hijo es Cristo mismo.

24. ¿Qué sugiere la parábola del banquete de bodas? El rechazo del evangelio (Mat. 22:1-14).

25. ¿Dónde más se encuentra una parábola de rechazo del banquete del evangelio? En Luc. 14:15-24. Véase la sec. 96. 22-30.

26. ¿A quiénes representan aquí los siervos? A los profetas y maestros judíos que a menudo fueron perseguidos y maltratados.

27. ¿Quiénes fueron invitados cuando los judíos demostraron ser indignos? Los gentiles, parias desde el punto de vista judío.

28. ¿Qué era la vestimenta de bodas? Una prenda de vestir que proporcionaba el anfitrión y que se ponía sobre las demás ropas como atuendo indispensable para participar en la fiesta. Para nosotros, es la vestidura de la justicia de Cristo.

29. ¿No era injusto que se castigara al hombre que no tenía ropa de bodas? No, porque esa era la única condición para participar en la fiesta; era un don gratuito ofrecido a todos, y la negativa a ponérsela era un insulto premeditado al anfitrión.

30. ¿En qué consistió la trampa que le pusieron a Jesús, en Mateo 22:15-22? La pregunta fue hecha con el propósito de lograr una respuesta que habría ofendido, sin duda, bien a los judíos o a la ley romana.

31. ¿Qué sabia respuesta dio Jesús? "Dad al César lo que es del César, y a Dios lo que es de Dios."

32. ¿Qué significa esto? Puesto que utilizamos los beneficios del gobierno, debemos pagar nuestros impuestos al gobierno, aunque no estemos de acuerdo con ellos. Pero también es nuestro deber obedecer las leyes de Dios.

33. ¿Cuál fue la pregunta provocativa hecha por el escriba? "¿Cuál es el gran mandamiento de la ley?" (Literalmente: ¿Qué clase de mandamiento es el más grande de la ley?) (Mat. 22:36).

34. ¿Qué respondió Jesús? El mandamiento más grande de la ley es amar a Dios con todo nuestro ser, sin ninguna reserva (Mat. 22:37, 38; Mar. 12:29, 30).

35. ¿Cuál es el segundo mandamiento en importancia? Amar al prójimo como a uno mismo. (Mat. 22:39).

36. ¿Por qué son llamados esos dos mandamientos "toda la ley"? El primero es el compendio de los primeros cuatro mandamientos y, si uno obedece el segundo, obedecerá los otros seis. Y si obedece cabalmente los Diez Mandamientos ha cumplido toda la ley de Dios.

37. ¿De qué manera silenció Jesús finalmente a sus adversarios? Les preguntó cómo era que el Mesías era hijo de David e igualmente hijo del Señor de David. Era una pregunta que no podía ser contestada por nadie que tuviera las creencias de los fariseos en cuanto al Mesías.

38. ¿Qué hizo después de acallar a sus adversarios? Condenó la hipocresía de los escribas y fariseos, los líderes del pueblo (Mat. 23).

39. ¿Qué caracterizó su condena? Fue fuerte, pero dicha en amor, con el deseo de mostrarles lo que había en sus corazones para que pudieran arrepentirse y creer.

40. ¿Cuál era el pecado más grande de estos líderes? Su rigurosa atención a los ritos externos mientras que el corazón lo tenían lleno de egoísmo y pecado. Peor aún, con sus enseñanzas y acciones extraviaban a muchos que debían haber ayudado.

41. ¿Qué eran las filacterias (Mat. 23:5)? Tiras de pergamino con textos de las Escrituras escritos sobre ellas, que utilizaban los fariseos en obediencia literal al mandamiento de Exodo 13:15, 16 y Números 15:38, 39.

42. ¿Era pecado usarlas como lo hacían? No, pero debía haber sido un símbolo de llevar verdaderamente la ley de Dios en sus corazones. Negarse a cumplir con su deber, al mismo tiempo que llevaban sobre sí el símbolo, era ser un hipócrita.

43. ¿Qué diferencia hay entre las largas oraciones de los fariseos, que eran censurables, y el "orad sin cesar" ordenado por el apóstol? Las largas oraciones de los fariseos eran una simulación de piedad buscando la alabanza de la gente, y lo hacían públicamente para que todos los vieran. El mandato de Pablo es que nos mantengamos todo tiempo en un espíritu de oración, para que podamos elevar el corazón a Dios en verdadera oración secreta, aunque estemos en medio de una multitud.

44. ¿Por qué alabó Jesús "la ofrenda de la viuda"? Porque la dio con un verdadero espíritu de amor y de generosidad, mientras que los otros lo hicieron con cierto espíritu de ostentación (Mar. 12:41-44).

45. ¿Cómo ilustra esto la verdad de que Dios mira el corazón? Porque él no habría alabado la ofrenda de no haber sabido la motivación con que fue dada.

46. ¿Bajo qué condiciones se alaba una ofrenda pequeña? Cuando la ofrenda es grande al considerar las circunstancias del ofrendador, y cuando es dada por amor a Dios y a su causa.

47. ¿Quiénes eran los "grie- gos" de Juan 12:20-36?** Personas de Grecia que se habían convertido en prosélitos del judaísmo.

48. ¿Qué relación hay entre su deseo de ver a Jesús y la declaración del Señor que sigue después? Jesús quiso decir que debían estar preparados para su muerte y para las pruebas que ésta acarrearía a sus seguidores.

49. ¿Por qué tiene que morir el grano de trigo antes de poder dar fruto? Porque contiene el germen de una nueva planta, y debe morir como grano de trigo para que una nueva planta pueda salir de él.

50. ¿Por qué causa llegó nuestro Señor a la hora del sacrificio de sí mismo? Porque se había entregado voluntariamente para morir por la salvación de los hombres, y para su propia gloria final.

51. ¿Qué significa el "a todos" del versículo 32? Personas de todas clases, de todas las naciones y de todos los tiempos.

Después de esto miré, y he aquí una gran multitud de todas las naciones y razas y pueblos y lenguas, y nadie podía contar su número. Están de pie delante del trono y en la presencia del Cordero, vestidos con vestiduras blancas y llevando palmas en sus manos (Apoc. 7:9).

52. ¿Significa Juan 12:39 que Dios no desea que los judíos crean? No, en absoluto; pero por haber endurecido sus corazones en contra de su palabra, no fueron capaces de aceptarla.

53. ¿Quién construyó el tem-

plo que había en ese tiempo? Herodes el Grande. Véase la sección 86. 11.

54. ¿Cuándo fue destruido y por quién? Unos cuarenta años después de la muerte de Cristo, por los romanos al mando de Tito.

55. ¿Qué advertencia hizo Jesús a sus discípulos? Que muchos vendrían diciendo ser el Cristo, el Mesías, pero que sus discípulos debían mantener su fe en él hasta el fin.

56. ¿Se promete en Mateo 24: 14 el éxito universal del evangelio? No, sólo su predicación universal, como testimonio de Cristo. Todos los hombres tendrán la oportunidad de arrepentirse y creer, pero no todos lo aceptarán.

57. ¿Qué es la "abominación desoladora" mencionada en Mateo 24:15? Es probablemente una referencia a Daniel 12:11 y quizá se refiera a los estandartes del devastador ejército romano, en el que había símbolos o imágenes idolátricas.

58. ¿No estarían viviendo muchos de los que escucharon esta profecía, cuando esto se cumpliera? Sin duda que sí (Mat. 24:34).

59. ¿Qué lección enseña la parábola de las diez vírgenes en Mateo 25? Que debemos estar enteramente preparados para la venida de nuestro Señor.

60. ¿Son criticadas las diez vírgenes por haberse quedado dormidas? No. Las que se habían preparado bien podían descansar tranquilamente hasta que se escuchara el grito. Las que fueron criticadas, lo fueron por su insuficiente preparación.

61. ¿Eran unas egoístas las cinco vírgenes prudentes? No. Si hubieran compartido su aceite, todas las lámparas se habrían apagado y no habrían podido cumplir con el novio.

62. ¿Es permisible que compartamos nuestro "aceite"? No, porque el aceite representa esa gracia y ese amor de Dios que sólo pueden entrar a los corazones que estén preparados para recibirlos, y éstos no puede regalarse una vez que se reciben.

63. ¿En qué se diferencia la parábola de los talentos de Mateo 25:14-30, de las minas de Lucas 19? Las minas significan igual capacidad y oportunidad para todos los que las recibieron. Los talentos significan las diferentes capacidades y oportunidades que cada uno posee.

64. ¿Tuvo suficiente, para ser de valor, el que recibió un solo talento? Sí, porque un talento representaba por lo menos casi mil dólares, una cantidad que habría ganado un obrero después de trabajar veinte años.

65. ¿Hay alguna lección especial en esta parábola? Sí; que la diferencia de capacidades y oportunidades no es excusa para que no hagamos el mejor uso que podamos de lo que tenemos.

66. ¿Estará alguien exento del juicio final? No. Dice que "todas las naciones" serán reunidas delante del Hijo del Hombre para ser juzgadas (Mat. 25:31-46).

67. ¿Qué enseña esta parábola en cuanto a la identidad que hay entre Cristo y sus discípulos? *De cierto os digo que en cuanto lo hicisteis [o no lo hicisteis] a uno de estos mis hermanos más pequeños, a mí me lo hicisteis [o no lo hicisteis]* (Mat. 25:40, 45).

68. ¿Cómo podemos saber, entonces, si estamos sirviendo realmente a Cristo? Por nuestro sentir y conducta hacia sus discípulos humildes.

69. ¿Dependen este premio y este castigo del servicio visible a Cristo? No. Puesto que la motivación es lo más importante, es posible que quienes hayan hecho menos, hayan servido mejor.

70. ¿Qué planeó después hacer Judas? Traicionar a su Maestro por treinta piezas de plata, el equivalente al salario de seis meses de un obrero común (Mat. 26:1, 5, 14-16).

D. Jueves (Mat. 26:17-35; Mar. 14:12-31; Luc. 22:7-38; Juan 13—17)

71. ¿Qué ocurrió el miércoles? De ese día no hay nada escrito; probablemente fue usado para un retiro en quietud.

72. ¿Por qué razón se da una instrucción tan rara a los discípulos en Lucas 22:10? Quizá para

que Judas no se enterara de antemano, con tiempo suficiente, dónde se encontraban, para que no se produjera el arresto allí.

73. ¿Qué tenían los discípulos para preparar la Pascua? El cordero, pan sin levadura, hierbas amargas, vino y una salsa hecha con dátiles, uvas secas y otros ingredientes. Véase la sección 17.

74. ¿Qué disputa se produjo cuando se dirigían al aposento alto? Los discípulos volvieron a discutir sobre quién era el más importante (Luc. 22:24-30).

75. ¿Qué servicio evitaron hacer cuando llegaron al aposento? Lavarse mutuamente los pies para quitarse el polvo de la calle.

76. ¿Era éste un servicio formal? No, pero sí necesario, porque usaban sandalias y habían hecho una larga caminata. Pero se trataba de una tarea muy baja.

77. ¿Qué lección de verdadera humildad aprendemos de Lucas 22:26-28 y Juan 13? Que debemos estar dispuestos a servir y a gobernar, y a estar preparados para prestar cualquier servicio humanitario a nuestros hermanos cristianos.

78. ¿Qué importantísima declaración hace Jesús en Juan 13: 8? Le dijo a Pedro: "Si no te lavo, no tienes parte conmigo."

79. ¿De qué debemos lavarnos antes de poder tener parte con Jesús? De todos nuestros pecados, en su sangre.

80. ¿Tuvo una intención literal el mandamiento de Jesús en Juan 13:14, 15? No necesariamente. Lo que quiso decir es que sus discípulos deben estar preparados todo el tiempo para hacer aun las tareas más humildes con el fin de ayudar a los demás.

81. ¿Qué les dijo Jesús después a sus discípulos? Que uno de ellos lo entregaría (Juan 13:21-30).

82. ¿Qué quiere decir: "recostándose sobre el pecho de Jesús"? Que estaba el más cercano a él en el orden de reclinación de los comensales en la cena.

83. ¿Cómo señaló el Señor al traidor? Dándole un bocado de pan después de mojarlo en la salsa. Esto era considerado un gran honor.

84. ¿Comprendieron los discípulos lo que había sido hecho? Lo más probable es que no, pues de otra manera habrían ideado un plan para salvar a Jesús. Quizá, además, no tenían idea de cuándo se produciría la traición, o lo que esa traición significaba realmente.

85. ¿Qué admirable rito instituyó entonces nuestro Señor? La cena del Señor (Mat. 26:26-29).

86. ¿Estuvo Judas presente cuando fue instituida la cena del Señor? No, él "salió en seguida" después de recibir el bocado (Juan 13:30).

87. ¿Cuál es el propósito de la cena del Señor? Que podamos recordar la muerte del Señor hasta que él venga, y que nuestra alma pueda ser fortalecida y reavivada por la comunión con él y con nuestros hermanos cristianos de todos los tiempos (Véase 1 Cor. 11:23-26).

DISCURSO DE DESPEDIDA DE CRISTO (Juan 13:31-16:33)

88. ¿Cuál es la verdadera prueba del discipulado? El amor mutuo (Juan 13:35).

89. ¿No había una gran diferencia entre las palabras de Pedro (Juan 13:37) y su práctica? Sí, una triste diferencia cuando lo negó en su hora de mayor necesidad. Pero Pedro se arrepintió ante la mirada perdonadora del Señor, fue restaurado a su posición de apóstol del Señor, y pasó una larga y difícil vida en su servicio.

Juan 14

90. ¿Qué significa "la casa de mi Padre"? Nuestro hogar en el cielo.

91. ¿Cómo podemos venir al Padre? A través de Cristo, que es el único camino.

92. ¿Cómo sabemos que nuestro Señor era la manifestación del Padre? Por la afirmación de Cristo hecha a Felipe de que quien le había visto a él, había visto al Padre.

93. ¿Responderá nuestro Padre celestial a nuestras peticiones? Sí, si se las hacemos en el nombre de Jesús.

94. ¿Quién era el Consolador prometido? El Espíritu Santo.

95. ¿Era el Espíritu Santo un don pasajero? No, vino a morar con nosotros para siempre.

96. ¿Por qué el mundo no puede recibirlo? Porque no le conoce, ni tampoco conoce a Cristo, a través de quien él viene.

97. ¿Cómo podemos saber si amamos a Cristo? Por nuestra permanente obediencia a sus mandamientos, y por el testimonio del Espíritu que está en nosotros.

98. ¿Quiso decir Cristo que sus discípulos tendrían paz y comodidades en la tierra cuando les diera su paz? No. Les dijo que tendrían tribulaciones en el mundo, pero paz en su corazón. Véase Juan 16:33.

99. ¿Quién es el único que pudo decir, con verdad, que no le había rendido lealtad al príncipe de este mundo? Jesucristo.

100. ¿Quién es el príncipe de este mundo? Satanás, quien gobierna sobre todas las potencias del mal.

Juan 15

101. ¿Sólo bajo qué condiciones podemos llevar fruto? Morando en Cristo por medio de una fe viva.

102. ¿Cuál será la consecuencia de no producir fruto? Así como las ramas estériles son desechadas y quemadas, los discípu-los infructíferos serán desechados como ramas inútiles.

103. ¿Cómo demostramos que somos amigos de Cristo? Haciendo todo lo que él nos manda.

104. ¿Es el amor al mundo compatible con el amor a nuestro Señor? No. No puede haber amor verdadero a nuestro Salvador en un corazón que está lleno de pensamientos mundanos.

105. ¿A qué pecado se refieren los versículos 22 y 24? Al pecado de ver los milagros de Cristo y escuchar sus palabras y, a pesar de eso, rechazarlo a él y al Padre.

Juan 16

106. ¿Vemos un cumplimiento de lo dicho en el versículo 2 con Hechos 26:9-11? Saulo pensaba que estaba sirviendo verdaderamente a Dios cuando trató, por medio de la persecución, de acabar con los seguidores de Jesús.

107. ¿Cuál fue la prueba que convenció a los incrédulos discípulos? El que Jesús conociera sus deseos y sus pensamientos, y que les dijera claramente que regresaba al Padre.

108. ¿Qué nos ofrece consuelo en medio de la angustia? El hecho que Cristo ha vencido al mundo, y que en él podemos tener paz.

LA ORACION DE JESUS POR SUS DISCIPULOS (Juan 17)

109. ¿A qué "hora" se refirió Jesús en el versículo 1? A la hora de su sufrimiento por la humanidad.

110. ¿Qué es la vida eterna?
Conocer verdaderamente a Dios como nuestro Padre, con quien hemos sido reconciliados en Cristo. La unión con Cristo es la vida eterna que ya ha comenzado.

111. ¿Quién era "el hijo de perdición"? Judas, quien en esos momentos se estaba precipitando a la ruina total de cuerpo y alma.

112. ¿Por qué sabemos que los creyentes de hoy están incluidos en la petición del Señor?
Pero no ruego solamente por éstos, sino también por los que han de creer en mí por medio de la palabra de ellos (v. 20).

113. ¿Qué gran petición del Señor está siendo sólo ahora respondida? "Para que todos sean una cosa" (v. 21) está siendo contestada en la relación, unidad y asociación cada vez mayores en la iglesia de Cristo, y en la gran cantidad de trabajo realmente cristiano que está siendo hecho fuera de las denominaciones.

99. SU ULTIMO DIA: VIERNES
(Mat. 26:36—27:61; Mar. 14:32—15:47; Luc. 22:39—23:56; Juan 18:1—19:42)

A. La angustia en Getsemaní
(Mat. 26:36-46; Mar. 14:32-42; Luc. 22:29-46; Juan 18:1)

1. ¿Qué era y dónde estaba Getsemaní? Era un huerto situado en una ladera del monte de los Olivos, cerca de Jerusalén, donde Jesús y sus discípulos iban con frecuencia a descansar.

2. ¿Cuál fue la oración de Jesús en Getsemaní? Fue la oración de un ser humano agobiado que suplicaba ayuda para enfrentar lo que tenía delante, pero también la oración de un corazón ferviente que pedía que la voluntad del Padre fuera hecha.

3. ¿Cuál era la carga que soportaba Jesús? La congoja que lo abrumaba al llevar sobre sí los pecados de la humanidad.

4. ¿Tuvo él la ayuda de sus discípulos? Los halló durmiendo, pero Lucas, el médico, dice que lo hicieron "por causa de la tristeza" (Luc. 22:45).

5. ¿Qué mandamiento les dio y cómo los disculpó?
Velad y orad, para que no entréis en tentación. El espíritu, a la verdad, está dispuesto, pero la carne es débil (Mat. 26:41).

B. La traición y el arresto
(Mat. 26:47-56; Mar. 14:43-52; Luc. 22:47-53; Juan 18:1-11)

6. ¿Quiénes fueron con Judas al huerto? Unos soldados y las autoridades del templo.

7. ¿De qué manera lo traicionó Judas? Le dijo: "¡Te saludo, Rabí!" y lo besó, como señal.

8. ¿Qué acción imprudente cometió Pedro? Sacó su espada para defender a su Maestro. No debió hacerlo sin ayuda de los demás, y esa acción pudo haber causado la muerte de todos los discípulos, que debían seguir vivos para continuar con el trabajo (Juan 18:10, 11; Mat. 26:51-54).

9. ¿Qué demuestra la majestuosidad del aspecto de Jesús en ese momento? Todos los que se le acercaron para arrestarlo "volvieron atrás y cayeron en tierra".

C. El juicio judío (Mat. 26:57— 27:10; Mar. 14:53-72; Luc. 22:54-71; Juan 18:12-27)

10. ¿Dónde estaba Jesús en el primer juicio realizado? En una reunión convocada apresuradamente por el Sanedrín o tribunal supremo de los judíos, en la casa de Caifás, el sumo sacerdote.

11. ¿Qué sucedió aquí? Pedro negó tres veces a su Maestro.
Entonces el Señor se volvió y miró a Pedro, y Pedro se acordó... Y saliendo fuera... lloró amargamente (Luc. 22:55-62).

12. ¿Fue Pedro perdonado y restaurado? Sí, después de la resurrección del Señor (Juan 21).

13. ¿Cuál fue la acusación y veredicto del Sanedrín? Blasfemia. "¡Es reo de muerte!"

14. ¿Qué pasó con Judas? Devolvió el dinero a los sacerdotes, salió y se ahorcó.

D. El juicio romano (Mat. 27:11-31; Mar. 15:1-20; Juan 18:28—19:16)

15. ¿A quién llevaron los judíos a Jesús para que fuera condenado? A Pilato, el gobernador romano de Palestina.

16. ¿Qué contradicción se observa en Juan 18:28? Estaban dispuestos a crucificar al Mesías prometido, pero se negaban a entrar a la casa de un gentil porque el hacerlo durante la fiesta de la Pascua los "contaminaría".

17. ¿Qué acusación presentaron esta vez? Que era un traidor contra Roma, porque: (1) prohibía pagar impuestos al César; y (2) decía ser rey.

18. ¿Eran ciertas estas acusaciones? No. La primera era una falsedad; y la segunda, un falsa interpretación.

19. ¿Por qué no presentaron la misma acusación por la que lo habían condenado ellos? Porque los romanos no la habrían considerado causa de castigo.

20. ¿Por qué no hicieron los judíos lo que les dijo Pilato: que lo castigaran ellos mismos (Juan 18:31)? Roma les había quitado el derecho de aplicar la pena capital, y nada que no fuera la muerte los habría satisfecho.

21. ¿Quería Pilato condenarlo? No. Trató varias veces de convencer a los judíos de que Jesús era inocente y de que no debía ser condenado a muerte.

22. ¿Pudo haberse negado a condenar a Jesús? Tenía la autoridad para hacerlo, pero temía las acusaciones de los judíos (Juan 19:12).

23. ¿A quién escogieron los judíos para ser puesto en libertad, en vez de Jesús? A Barrabás, un líder popular que había encabezado una insurrección contra Roma, y al hacerlo había cometido un asesinato.

24. ¿Qué sucedió después que Pilato condenó a Jesús? Los soldados le colocaron un manto de púrpura, el color de la realeza, y en su cabeza una corona de espinas, y se burlaron de él.

25. ¿A qué recurso final recurrió Pilato? Les mostró a los judíos al sufriente Jesús, coronado de espinas, pero fue inútil.

E. La crucifixión
(Mat. 27:32-66; Mar. 15:21-47;
Luc. 23:46-56;
Juan 19:16-42)

26. ¿Qué hicieron después con Jesús? Fue crucificado, para que muriera como un malhechor.

27. ¿Qué venganza mezquina les hizo Pilato a los judíos? El letrero que anunciaba el "crimen" de la víctima decía: ESTE ES EL REY DE LOS JUDIOS.

28. ¿Qué fueron "las siete palabras de la cruz"? El registro de las siete veces que Jesús habló mientras colgaba de la cruz. Estas palabras se hallan en: (1) Luc. 23: 34; (2) Luc. 23:43; (3) Juan 19: 26, 27; (4) Mat. 27:46; (5) Juan 19: 28; (6) Juan 19:30; y (7) Luc. 23:46.

29. ¿Qué fenómenos sucedieron al producirse la crucifixión? Hubo una gran oscuridad desde el mediodía hasta las tres de la tarde, se rasgó en dos el velo del templo, y las rocas se partieron.

30. ¿Dónde y por quién fue sepultado Jesús? José de Arimatea, que hasta entonces era un discípulo secreto, le rogó a Pilato que le entregara el cuerpo, y lo colocó en una tumba nueva de su propiedad.

31. ¿Qué sucedió el día sábado de esa semana? Los discípulos descansaron porque era el día de reposo, y los judíos pidieron y obtuvieron del gobernador romano una guardia para evitar que los discípulos robaran el cuerpo.

100. LOS DIAS DESPUES DE LA RESURRECCION
(Mat. 28; Mar. 16; Luc. 24; Juan 20—21)

1. ¿Qué día de la semana resucitó Jesús? El domingo por la mañana de la semana de la Pascua.

2. ¿Quiénes fueron temprano a la tumba, y para qué? Las mujeres que eran las seguidoras más fieles, para preparar su cuerpo con especias para la sepultura final.

3. ¿Qué prueba esto en cuanto a las expectativas de los discípulos? Prueba evidente de que no esperaban que Jesús resucitara.

4. ¿Con qué se encontraron las mujeres? Que la piedra de la tumba había sido removida, que la sepultura estaba vacía y un ángel les dijo que Jesús había resucitado de los muertos.

5. ¿Cuántas veces y por cuán-

to tiempo se apareció Jesús a sus discípulos después de su resurrección? Once veces durante cuarenta días.

6. ¿Cuál fue el orden de las apariciones?
(1) A María Magdalena, la mañana de la resurrección, el domingo 9 de abril del año 30 d. de J.C. (Juan 20:11-18).
(2) A las mujeres que regresaban del sepulcro, el domingo 9 de abril en la mañana (Mat. 28:9, 10).
(3) A Pedro, estando solo, el domingo 9 de abril (Luc. 24:34).
(4) A dos discípulos en el camino a Emaús, el domingo por la tarde del 9 de abril (Luc. 24:13-31).
(5) A los diez apóstoles, estando Tomás ausente, el domingo por la noche del 9 de abril (Juan 20:19-25).
(6) A los once apóstoles, estando Tomás presente, el domingo por la noche del 16 de abril (Juan 20: 26-29).
(7) A siete apóstoles que estaban pescando en el mar de Galilea, al final de abril o comienzos de mayo (Juan 21:1-14). (Fue en esta ocasión que Pedro fue restaurado al apostolado.)
(8) A los once apóstoles en un monte de Galilea, a comienzos de mayo (Mat. 28:16-20).
(9) A más de quinientos hermanos a la vez, a comienzos de mayo (1 Cor. 15:6).
(10) A Jacobo estando solo, en mayo (1 Cor. 15:7).
(11) A los once apóstoles antes de su ascensión, en el monte de los Olivos, el jueves 18 de mayo del año 30 d. de J. C. (Luc. 24:50, 51; Hech. 1:1-11).

7. ¿Se le apareció de nuevo Jesús a alguien? Sí, a Pablo cuando éste fue convertido (Hech. 9:1-7; 1 Cor. 15:8); y a Juan el apóstol (Apoc. 1:13-20).

8. ¿Qué demuestran estas apariciones? Que adoramos a un Salvador que vive y que es omnipresente, que pudo conquistar la muerte.

101. LOS HECHOS DE LOS APOSTOLES: LA IGLESIA EN JERUSALEN (Hechos 1—7)

1. ¿Quién escribió Los Hechos de los Apóstoles? Lucas. Véase la sección 85. 7.

2. ¿Qué significa la palabra "padecido" en este relato? Sufrimiento, es decir, la crucifixión.

3. ¿A qué se refiere en Hechos 1:5 el bautismo del Espíritu Santo? A la venida del Espíritu Santo el día de Pentecostés (Hechos 2).

4. ¿Qué creían los discípulos que era el reino de Dios? La restauración del reino de David a Israel, con Jesús como rey.

5. ¿Qué hecho se produjo al término de esta conversación? Jesús ascendió al cielo (Hech. 1:9).

6. ¿Qué promesa recibieron los discípulos?
Este Jesús, quien fue tomado de vosotros arriba al cielo, vendrá de la misma manera como le habéis visto ir al cielo (Hech. 1:11).

7. ¿A qué se refiere esto? A la segunda venida de Cristo.

8. ¿Qué hicieron los discípulos mientras esperaban la venida del Espíritu Santo? (1) Se mantuvieron unidos orando; (2) Escogieron por suertes a un apóstol que tomara el lugar de Judas.

9. ¿Cuándo era el día de Pentecostés? "Siete sábados" o "cincuenta días" después de la Pascua (Lev. 23:16-22; Hech. 2:1).

10. ¿Cuánto tiempo después de la ascensión sucedió esto? Diez días después (Hech. 1:3).

11. ¿Cuáles fueron las señales de la venida del Espíritu? (1) El sonido de un viento fuerte, (2) lenguas de fuego que se posaron sobre las cabezas de cada uno, (3) un nuevo poder: El de hablar en otras lenguas y ser entendidos (Hech. 2:2-4).

12. ¿Por qué había judíos "de todas las naciones"? Porque habían sido esparcidos "entre todos los pueblos" como Dios les había dicho, por causa de sus pecados (Deut. 28:64).

13. ¿Cómo explicaron algunos el fenómeno? Dijeron que los discípulos estaban "llenos de vino nuevo" (Hech. 2:13).

14. ¿Cuál era "la hora tercera del día"? Las nueve de la mañana (Hech. 2:15).

15. ¿Por qué no era posible que Jesús quedara detenido bajo el dominio de la muerte? Por su divino poder, y por la necesidad de que su cuerpo resucitara para probar así su deidad y completar su obra.

16. ¿Qué quiere decir "se afligieron de corazón"? Su conciencia les decía que habían pecado y eso los llevó a preguntar qué debían hacer para ser salvos.

17. ¿Qué les mandó Pedro que hicieran? Que se arrepintieran y se bautizaran en el nombre de Jesucristo (Hech. 2:38).

18. ¿Cuántos creyeron y confesaron a Cristo ese día? Cerca de tres mil (Hech. 2:41).

19. ¿Qué significa "tenían todas las cosas en común"? Pusieron las propiedades a disposición de la iglesia para que nadie padeciera necesidad. Pero no hay ninguna indicación de que tuvieron literalmente "una bolsa común".

20. ¿Qué es "sencillez de corazón"? Sinceridad.

21. ¿Cuál era la "hora novena"? Las tres de la tarde.

22. ¿Qué actitud mostraron siempre los apóstoles en cuanto a las prácticas religiosas judías? Obedecían fielmente las leyes de la religión judía, y asistían a los servicios del templo y de las sinagogas. Sólo cuando fueron expulsados rompieron con el judaísmo.

23. ¿Por qué es tan notable el milagro de Hechos 3? Porque el hombre tenía más de cuarenta años de edad y había sido cojo de nacimiento.

24. ¿A quién atribuyó Pedro el poder que obró el milagro? A Jesucristo y a la fe en su nombre.

25. ¿Quién era el profeta anunciado por Moisés? Jesucristo; y el negarlo sería negar a Dios que lo envió.

26. ¿Qué efecto tuvo este milagro sobre los líderes judíos? Se sintieron "resentidos" de que los apóstoles enseñaran al pueblo, y los arrestaron (Hech. 4:1-3).

27. ¿Por qué estaban los saduceos especialmente resentidos? Porque ellos no creían que había resurrección de los muertos (Mat. 22:23; Hech. 23:8).

28. ¿Qué fue lo que más asombró a los líderes judíos en cuanto a Pedro y a Juan? Que éstos, a pesar de ser de la "clase obrera", tuvieran el valor de proclamar su fe a los gobernantes (Hech. 4:13).

29. ¿De qué manera cumplía esto la promesa de Lucas 12: 11, 12? Cristo les había prometido que cuando fueran llevados ante las autoridades "el Espíritu Santo" les enseñaría qué debían decir.

30. ¿Qué principio general se establece en Hechos 4:19, 20? Que "es necesario obedecer a Dios antes que a los hombres". Véase también Hechos 5:29.

31. ¿Qué ocurrió después de la liberación de los apóstoles? Se produjo un nuevo derramamiento del Espíritu Santo y vino un gran poder sobre la iglesia.

32. ¿Qué espíritu de generosidad prevalecía? Ninguno padecía necesidad porque los que tenían tierras o dinero daban lo que se necesitaba para ayudar a los pobres.

33. ¿Por qué era necesario hacer esto? (1) La mayoría de los convertidos pertenecía a la clase pobre y (2) los convertidos de otros países deseaban quedarse para seguir aprendiendo, pero no podían sostenerse con sus propios medios demasiado tiempo.

34. ¿En que consistió el pecado de Ananías? "Vendió una posesión" para darle el dinero a la iglesia, pero sólo entregó una parte, haciendo creer que lo estaba dando todo, para ser así honrado por la iglesia (Hech. 5:1-6).

35. ¿Cuál fue el verdadero pecado de Ananías? Mentirle, no sólo al hombre, sino además a Dios.

36. ¿Pudo Safira haber evitado morir? Sí, de haber respondido con sinceridad a la pregunta de Pedro (Hech. 5:7-10).

37. ¿Qué efecto produjo esto en la iglesia? Hubo un gran temor, y también un gran poder, de tal manera que los líderes fueron nuevamente arrestados (Hech. 5: 11-18).

38. ¿Quién los sacó de la cárcel? Un ángel, quien les mandó que siguieran predicando (Hech. 5:19-21).

39. ¿Quién era Gamaliel, y cuál fue su consejo? Era un hombre muy ilustrado, líder y maestro, o rabí, de los judíos. Aconsejó al Sanedrín que los dejaran ir y no los molestaran, porque si esa nueva enseñanza no provenía de Dios, desaparecería, pero si era de Dios, ellos no podrían destruirla.

40. ¿Qué controversia surgió después? Algunas de las viudas pobres pensaban que la comida y otras ayudas no estaban siendo distribuidas equitativamente.

41. ¿Cómo fue resuelto? Escogieron a "siete hombres de buen testimonio" para que se encargaran de esa tarea y dejar así que los apóstoles se ocuparan de su labor.

42. ¿Cuáles de estos hombres se destacaron en otros aspectos? Esteban (Hech. 6—7) y Felipe (Hech. 8).

43. ¿Qué sabemos de Esteban? "Hacía grandes prodigios y milagros", predicaba y razonaba a favor del evangelio con gran poder.

44. ¿Qué consecuencias tuvo esto? Los judíos se pusieron furiosos por su predicación y le lapidaron, convirtiéndose así en el primer mártir de la iglesia cristiana.

45. ¿Qué sucedió después de la muerte de Esteban? Hubo una gran persecución que dispersó a los discípulos. Esto inició realmente una nueva era para la iglesia.

46. ¿Cuánto tiempo había transcurrido desde la muerte de Cristo? Unos seis años.

102. LOS HECHOS DE LOS APOSTOLES. MISIONES NACIONALES: TODA PALESTINA (Hechos 8—12)

1. ¿Se marcharon de Jerusalén los apóstoles cuando se produjo esta persecución? No, se quedaron allí.

2. ¿Por qué resultó para bien la persecución? Porque los que habían sido esparcidos predicaban por todas partes la Palabra (Hech. 8:4).

3. ¿Quién fue uno de los de los perseguidores más notables? "Un joven que se llamaba Saulo" (Hech. 7:58; 8:1, 3). Véase la pregunta 12 de esta misma sección.

4. ¿Qué fue lo primero que hizo Felipe? Fue a Samaria y predicó allí con gran éxito (Hech. 6:5; 8:5-13).

5. ¿Quién es nombrado especialmente entre los convertidos? Un mago llamado Simón.

6. ¿Quiénes fueron a Samaria para ayudar en la tarea de evangelización? Pedro y Juan (Hech. 8:14-25).

7. ¿Qué sucedió después que llegaron? Los nuevos convertidos recibieron el Espíritu Santo.

8. ¿Con qué propósito le ofreció Simón dinero a Pedro? Para tener el poder de impartir el Espíritu Santo.

9. ¿Qué hizo después Felipe? Le predicó al eunuco etíope (Hech 8:26-40).

10. ¿Qué más sabemos acerca de este último? Que era el tesorero de la corte de la reina Candace, que estaba en Meroé, Etiopía. Era un prosélito judío y un investigador serio de la verdad. Creyó en Cristo y fue bautizado.

11. ¿Qué encargo recibió Saulo? Que fuera a Damasco para arrestar a los seguidores de Cristo (Hech. 9:1, 2).

12. ¿Qué visión tuvo? Le rodeó una luz brillante del cielo, y escuchó la voz de Jesús que le decía: "Saulo, Saulo, ¿por qué me persigues?" (Hech. 9:3-30).

13. ¿Qué prueba hay de que la conversión de Saulo fue inmediata? Se dirigió a Jesús como Señor, y le preguntó qué quería que hiciera.

14. ¿Cuál fue el cambio más sorprendente producido en Saulo? Su oración como seguidor de Cristo.

15. ¿Dónde obtuvo Saulo la capacidad de predicar con el poder que menciona el versículo 22? "Por revelación de Jesucristo" (Gál. 1:11, 12), más sus grandes dotes naturales como orador.

16. ¿De qué manera escapó de los judíos de Damasco? Fue bajado por una pared en una canasta.

17. ¿Por qué se marchó a Tarso? Porque los judíos trataban de matarlo, y Tarso era el lugar donde se había criado.

18. ¿Por qué tenían paz las iglesias en ese tiempo? Porque los judíos sufrían gran hostigamiento por parte de los romanos.

19. ¿Cuál es el siguiente milagro de Pedro que aparece registrado? La curación en Lida de un hombre paralítico que estaba postrado en cama (Hech. 9:32-35).

20. ¿Quién fue Dorcas? Una mujer caritativa de Jope que murió y fue resucitada por Pedro (Hech. 9:36-42).

21. ¿En casa de quién vivió Pedro en Jope? En la casa de Simón, un curtidor de pieles (Hech. 9:43).

22. ¿Por qué creemos que era un discípulo? Porque los judíos despreciaban el oficio de curtidor y Pedro seguía siendo un judío estricto.

23. ¿Qué era un centurión? Un oficial del ejército romano que mandaba a cien soldados; algo así como un capitán de hoy.

24. ¿Qué visión tuvo Cornelio? Vio a un ángel que le dijo que enviara a buscar a Pedro (Hech. 10:1-6).

25. ¿Dónde estaba Pedro? En la azotea de la casa a donde había subido a orar (Hech. 10:9-21).

26. ¿Por qué se podía orar en la azotea? La casas tenían el techo plano rodeado por pretiles.

27. ¿Qué visión tuvo Pedro? *Vio el cielo abierto y un objeto que descendía como un gran lienzo, bajado por sus cuatro extremos a la tierra. En el lienzo había toda clase de cuadrúpedos y reptiles de la tierra y aves del cielo. Y le vino una voz: Levántate, Pedro; mata y come* (Hech. 10:11-13).

28. ¿Qué quería decir Pedro con "inmundo"? Lo que la ley judía prohibía comer.

29. ¿Por qué fue repetida tres veces la visión? Para hacer más enfática la enseñanza.

30. ¿Qué había de extraño en la visita de Pedro a Cornelio? Los judíos tenían prohibido por la ley visitar a los gentiles. Fue por esto que Pedro tuvo que tener una visión (Hech. 10:22-48).

31. ¿No fueron los judíos muy tardos para ganar a los gentiles para Dios? Sí. Hasta los que habían creído en Jesús estaban "asombrados" de saber que "¡también a los gentiles Dios" había "dado arrepentimiento para vida!" (Hech. 10:45; 11:18).

32. ¿Dónde fue predicado después el evangelio? En Antioquía de Siria (Hech. 11:20).

33. ¿Quién fue enviado allá por la iglesia de Jerusalén? Bernabé (Hech. 11:22).

34. ¿A quién buscó Bernabé para que lo ayudara? A Saulo (Hech. 11:25, 26).

35. ¿Qué nombre les pusieron a los discípulos de Antioquía? Cristianos (Hech. 11:26).

36. ¿Quién desató una nueva persecución? El rey Herodes.

37. ¿Qué Herodes era éste? Herodes Agripa I, el nieto de Herodes el Grande, que era "rey de Judea" cuando nació Jesús.

38. ¿Qué hizo Herodes Agripa? "A Jacobo, hermano de Juan, lo hizo matar a espada" y encarceló a Pedro, con la intención de matarlo también (Hech. 12:1-4).

39. ¿Qué fue más poderosa: La prisión o las oraciones de la iglesia? Las oraciones (Hech. 12:5-19).

40. ¿Esperaban los cristianos su liberación? Parece que no. Parece que oraban más porque se mantuviera firme antes que por su libertad.

41. ¿Qué significa la palabra "interrogar" del versículo 19? Flagelar, para hacerlos confesar la verdad (Hech. 22:24).

42. ¿Qué ejemplo de soberbia aparece después? El rey Herodes se mostró complacido por la escandalosa aclamación del pueblo y fue terriblemente castigado por Dios (Hech. 12:21-23).

43. ¿Desde dónde y hacia dónde "regresaron" Bernabé y Saulo? Fueron a Jerusalén, desde Antioquía, para llevar dinero de parte de la iglesia a los cristianos pobres de Jerusalén (Hech. 11:27-30; 12:25).

103. LOS HECHOS DE LOS APOSTOLES: EL PRIMER VIAJE MISIONERO (Hech. 13:1—15:25)

1. ¿Quiénes fueron los primeros misioneros al extranjero? Bernabé y Saulo (Hech. 13:1-3).

2. ¿Quién los envió? La iglesia de Antioquía.

3. ¿Qué significa "les impusieron las manos"? Los consagraron a este trabajo particular.

4. ¿A quiénes llevaron como colaborador? A Juan Marcos (Hech. 13:5; 12:25).

5. ¿A dónde fueron primero? A Chipre, donde había vivido Bernabé. Esta es un isla situada al sur de Asia Menor.

6. ¿Qué hecho especial de interés ocurrió allí? Elimas el mago trató de desvirtuar el trabajo de ellos, y Pablo le reprendió (Hech. 13:8-12).

7. ¿Por qué se cambió Saulo el nombre a Pablo? Saulo era nombre hebreo, y Pablo, latino. Era común tener un nombre en cada uno de estos idiomas y utilizar el latino entre los gentiles.

8. ¿A dónde se dirigieron después? A Perge, en la costa sur de Asia Menor (Hech. 13:13).

9. ¿Qué sucedió allí? Marcos se separó de ellos y regresó a Jerusalén.

10. ¿En dónde se detuvieron después? En Antioquía de Pisidia (Hech. 13:14-52).

11. ¿Qué prueba que observaban la ley judía? Asistieron a la sinagoga el día sábado.

12. ¿Qué ilustración en cuanto al servicio de la sinagoga encontramos aquí? Se acostumbraba pedir a alguien que estuviera presente que leyera o hablara. Véase Lucas 4:16.

13. ¿Cómo llamaba Pablo al mensaje del evangelio? "El mensaje de salvación", "buenas nuevas" y "el perdón de los pecados".

14. ¿Predicaban el evangelio sólo a los judíos hasta ahora? Hasta entonces sólo habían predicado a los judíos, pero aquí les predicaron también a los gentiles.

15. ¿Qué consecuencias tuvo el que le hubieran predicado a los gentiles? Los judíos fanáticos incitaron al pueblo y expulsaron a Pablo y Bernabé.

16. ¿A dónde fueron éstos? Primero a Iconio (Hech. 14:1-5) y luego a Listra (Hech. 14:6, 7).

17. ¿Qué milagro hicieron en Listra? Curaron a un cojo (Hech. 14:8-18).

18. ¿Qué hicieron los habitantes de la ciudad? Trataron de ofrecerles sacrificios como si fueran dioses.

19. ¿Por qué salieron de Listra los misioneros y a dónde fueron? Los judíos incitaron al pueblo para que apedreara a Pablo. Fueron a Derbe, y luego regresaron a las ciudades donde habían estado antes.

20. ¿Qué cuestión surgió entonces en la iglesia? Si los gentiles podían ser cristianos sin convertirse antes en prosélitos judíos (Hech. 15:1-31).

21. ¿Cómo reaccionaron Pablo y Bernabé? Rechazaron tenazmente la idea de que tenían que hacerse primero judíos.

22. ¿Qué testimonio dio Dios de que también eran discípulos? Les dio el Espíritu Santo.

23. ¿Cómo es llamada la ley ceremonial judía? Un "yugo" difícil de llevar.

24. ¿Por qué se opusieron tan tenazmente al rito de la circuncisión para los gentiles? Porque habría sido difícil para los cristianos verse obligados a guardar la ley judía; si se mantenía esa condición probablemente habrían sido pocos los gentiles ganados.

25. ¿De qué Simón se habla aquí? De Simón Pedro.

26. ¿A qué conclusión llegaron los apóstoles? A no imponerles a los discípulos la pesada carga de la ley ceremonial judía, sino sólo que se abstuvieran de hacer ciertas cosas que estaban vinculadas con el culto a los ídolos.

104. LOS HECHOS DE LOS APOSTOLES: SEGUNDO VIAJE MISIONERO (Hech. 15:36—18:23)

1. ¿Por qué se separaron Bernabé y Pablo esta vez? Porque Pablo pensó que era mejor que Marcos no los acompañara de nuevo (Hech. 15:36-39).

2. ¿Quién acompañó a Pablo? Silas (Hech 15:40).

3. ¿A dónde fueron primero? A las ciudades del Asia Menor donde se habían formado iglesias (Hech. 15:41).

4. ¿A quién halló Pablo en Lis- tra? A Timoteo, que se convirtió en su colaborador (Hech. 16:1-3).

5. ¿Por qué Pablo circuncidó a Timoteo si se ha había opuesto a que los nuevos creyentes fueran circuncidados? Timoteo era mitad judío y como tal no habría tenido influencia al tratar de ganar a los judíos, a menos que estuviera circuncidado. Además, los misioneros hacían muchas cosas por razones de su trabajo, que no exigían de los demás conversos.

6. ¿Qué expresión de Pablo en sus epístolas está ilustrada en lo sucedido aquí? *A todos he llegado a ser todo, para que de todos modos salve a algunos* (1 Cor. 9:22).

7. ¿Qué visión tuvo Pablo en Troas? *Un hombre de Macedonia estaba de pie rogándole y diciendo: ¡Pasa a Macedonia y ayúdanos!* (Hech. 16:9).

8. ¿Qué importancia tuvo el que Pablo obedeciera ese llamado? El evangelio fue predicado en Europa durante la primera generación de creyentes de la iglesia cristiana.

9. ¿Quién se hizo cristiana en Filipos? Lidia, una mujer acaudalada (Hech. 16:13-15).

10. ¿Con qué joven se encontraba Pablo a menudo en las calles? Con una joven esclava "que tenía espíritu de adivinación" (Hech. 16:16-18).

11. ¿Qué es la adivinación? El

supuesto conocimiento de los hechos que ocurrirán en el futuro y en la vida de las personas.

12. ¿De qué manera muestra el relato que fue una realidad la liberación del demonio que tenía? Los "amos vieron que se les había esfumado su esperanza de ganancia" (Hech. 16:19).

13. ¿Qué hicieron con Pablo y Silas? Fueron acusados ante los magistrados, golpeados y echados en la cárcel con sus pies sujetados en un cepo (Hech. 16:19-24).

14. ¿Qué sucedió durante la noche? Un fuerte terremoto abrió las puertas de la cárcel (Hech. 16:25-34).

15. ¿Por qué se iba a suicidar el carcelero? Porque si los prisioneros se habían escapado, como él suponía, sería condenado a muerte (Hech. 12:19).

16. ¿Qué significan sus palabras del versículo 30? Quería ser un seguidor de aquel que podía hacer tales maravillas.

17. ¿Por qué Pablo no aceptó la libertad que le fue ofrecida? Porque ambos eran ciudadanos romanos y habían sido maltratados (Hech. 16:35-40).

18. ¿Qué privilegio significaba ser romano? No podía ser atado ni castigado sin tener antes un juicio ordinario.

19. ¿A dónde viajó Pablo después de salir de Filipos? A Tesalónica, la moderna Salónica de hoy, en Macedonia (Hech. 17:1).

20. ¿Por qué se marchó de allí? Porque los judíos instigaron a una multitud contra él y los demás cristianos (Hech. 17:5-10).

21. ¿Qué quiere decir que los de Berea eran más nobles que los de otras partes? Que estaban más dispuestos a escudriñar las Escrituras para ver si lo que decía Pablo era cierto (Hech. 17:11).

22. ¿Persiguieron también aquí los judíos a Pablo? Sí, los judíos que vinieron de Tesalónica (Hech. 17:13).

23. ¿A dónde se marchó entonces Pablo? A Atenas, la capital de Grecia (Hech. 17:15-34).

24. ¿Ante qué institución importante habló Pablo en Atenas? Ante el Areópago, un cuerpo que tenía la autoridad de determinar si una religión podía ser predicada o no.

25. ¿En qué sentido eran "lo más religiosos"? Había altares en Atenas para prácticamente todos los dioses y diosas conocidos. Sin embargo, por miedo de que involuntariamente hubieran omitido algún dios, habían levantado un altar AL DIOS NO CONOCIDO.

26. ¿Qué predica Pablo en el versículo 26? La hermandad natural de todos los hombres.

27. ¿Quién será el juez final de todos los hombres? Dios, por medio de Jesucristo.

**28. ¿Quién ha determinado el

Día del Juicio? Dios mismo.

30. ¿Creían los atenienses en una vida futura? Pocos creían.

31. ¿A qué ciudad se dirigió Pablo después? A Corinto, también en Grecia (Hech. 18:1).

32. ¿A quiénes encontró allí? A Priscila y Aquila que habían llegado de Roma.

33. ¿Gozaban, entonces, los judíos del favor de los romanos? No. Habían sido expulsados de Roma (Hech. 18:2).

34. ¿De qué vivió Pablo aquí? Fabricando tiendas (Hech. 18:3; 20:34).

35. ¿Cómo fue tratado aquí? Los judíos se le opusieron y blasfemaron (Hech. 18:6).

36. ¿Qué hizo entonces? Se volvió a los gentiles.

37. ¿Cuánto tiempo se quedó Pablo en Corinto? Por lo menos, año y medio (Hech. 18:11).

38. ¿Por qué los griegos golpearon a Sóstenes y no a Pablo? Quizá porque Pablo era un ciudadano romano; o quizá por el odio generalizado que había contra los judíos, quienes habían acusado a Pablo de predicarle a los gentiles (Hech. 18:12-17).

39. ¿Qué significa que "a Galión ninguna de estas cosas le importaba"? El consideraba que las disputas que tenían que ver con la religión judía, eran cues-

tiones de las cuales él no tenía que ocuparse.

40. ¿Qué epístolas de Pablo fueron escritas en ese tiempo? Las dirigidas a los tesalonicenses. Véase la sección 107. 3-9.

41. ¿Qué hizo Pablo que demuestra que todavía guardaba la ley judía? Hizo un voto y se rapó la cabeza (Hech. 18:18).

105. LOS HECHOS DE LOS APOSTOLES: TERCER VIAJE MISIONERO (Hech. 18:23—21:16)

1. ¿Qué epístola escribió Pablo mientras estaba en Antioquía, antes de iniciar este viaje? Gálatas. Véase la sección 107. 10-15.

2. ¿Qué significa "poderoso en las Escrituras" a diferencia de "elocuente"? Bien versado en ellas, y capacitado para entenderlas y enseñarlas con el auxilio del Espíritu Santo.

3. ¿Qué significa: "conocía solamente el bautismo de Juan"? Que no se había enterado del bautismo del Espíritu Santo en Pentecostés.

4. ¿A dónde llegó primero Pablo en este viaje? A Efeso, en Asia Menor (Hech. 19:1).

5. ¿Cuándo tiempo duró su estadía en Efeso? Cerca de tres años (Hech. 19:1-20).

6. ¿Cómo le fue allí? No fueron muchos los judíos que creyeron, pero sí fueron numerosos los gentiles que lo hicieron.

7. ¿Qué ejemplo de arrepentimiento práctico encontramos aquí? Los adivinos y otras personas más quemaron sus libros que eran sus medios de lucro, y sus instrumentos de pecado.

8. ¿Era la adoración a Diana un culto suntuoso? Sí; el templo era lujoso y estaba lleno de adornos.

9. ¿Qué ocasionó el gran tumulto de Efeso? Una manifestación encabezada por los plateros que temían que se les acabaría su negocio si Pablo continuaba predicando (Hech. 19:23-41).

10. ¿Eran apreciados los judíos en Efeso? No. Ellos despreciaban toda forma de idolatría.

11. ¿Qué eran los procónsules? Funcionarios y jueces nombrados por los romanos.

12. ¿Qué epístola fue escrita durante esta visita a Efeso? Pablo escribió 1 Corintios. Véase la sección 107. 16-24.

13. ¿A dónde fue Pablo después de Efeso? A Macedonia, a visitar de nuevo a las iglesias (Hech. 19:21, 22; 20:1).

14. ¿Qué epístola escribió desde allí? La segunda epístola a los Corintios. Véase la sección 107. 25-28.

15. ¿Volvió a visitar a Corinto? Sí, y pasó allí tres meses (Hech. 20:2, 3).

16. ¿Qué epístola escribió Pablo durante esta nueva visita a Corinto? La epístola a los Romanos. Véase la sección 107. 29. 30.

17. ¿Por qué lo acompañaron tantos cristianos a Jerusalén? Como delegados a la iglesia madre y para llevarle los donativos que enviaban las iglesias gentiles de Macedonia y de Asia Menor. Véanse Romanos 15:26; 1 Corintios 16: 1-5; Hechos 24:17.

18. ¿Qué incidente se registra de su visita a Troas? Un joven llamado Eutico cayó, vencido por el sueño, desde la ventana de un tercer piso, y fue levantado muerto. Pero fue restaurado por Pablo (Hech. 20:7-12).

19. ¿Con quiénes se reunió Pablo en Mileto? Con los ancianos (pastores) de la iglesia de Efeso, a quienes había convocado. (Hech. 20:17, 18).

20. ¿A qué distancia estaba Mileto de Efeso? A unos 60 kms.

21. ¿Qué quiso decir Pablo con "soy limpio de la sangre de todos"? Que al haber enseñado fielmente toda la verdad de Dios, los únicos culpables de perderse si la rechazaban, eran los que habían escuchado (Hech. 20: 26, 27).

Si yo digo al impío: ¡Morirás irremisiblemente!, y tú no le adviertes ni le hablas para advertir al impío de su mal camino a fin de que viva, el impío morirá por su pecado; pero yo demandaré su sangre de tu mano (Eze. 3:18).

22. ¿En casa de quién se

quedó **Pablo en Cesarea?** En la casa de Felipe (Hech. 21:8). Véase la sección 102. 4-10.

23. ¿Qué resulta curioso en cuanto a sus hijas? Que tuviera, en ese tiempo a cuatro hijas solteras, y que estuvieran involucradas activamente en el ministerio cristiano.

24. ¿Qué quiere decir aquí "profetizaban"? Predicaban, les hablaban abiertamente el evangelio a los demás.

25. ¿Qué profecía le fue comunicada a Pablo en Cesarea? Que sería llevado atado a Jerusalén y entregado en manos de los gentiles (Hech. 21:11).

26. ¿Qué significa "habiendo hecho los preparativos"? Una expresión para indicar que había tomado su equipaje o sus cosas para marcharse (Hech. 21:15).

106. LOS HECHOS DE LOS APOSTOLES: PABLO EL PRISIONERO (Hech. 21:17—28:31)

1. ¿Qué plan le fue sugerido a Pablo y por qué? Que debía cumplir con el rito judío en cuanto al voto nazareo para demostrar a los judíos cristianos que él no había traicionado la fe antigua (Hech. 21:20-26).

2. ¿Qué acusación le hicieron a Pablo en el templo? Que había metido gentiles en los lugares sagrados del templo (Hech. 21:28).

3. ¿Era eso cierto? No, lo decían porque lo habían visto acompañado de un gentil en la ciudad (Hech. 21:29).

4. ¿Quién libró a Pablo? El "tribuno" o coronel del regimiento romano que estaba en la torre Antonia, colindante con el templo (Hech. 21:31-36).

5. ¿Qué dijo Pablo en su discurso que ofendió tanto a los judíos? Que había sido enviado a los gentiles (Hech. 22:21, 22).

6. ¿Por qué fue dada la orden de azotar a Pablo? Para hacerle confesar lo que había dicho, que tanto había ofendido a los judíos. (Hech. 22:24).

7. ¿Qué lo salvó de ser azotado? Su ciudadanía romana (Hech. 22:25-29).

8. ¿Qué nuevo peligro enfrentó después Pablo? Cuarenta judíos hicieron juramento de matarlo (Hech. 23:12-15).

9. ¿Qué hizo el tribuno cuando se enteró de esto? Envió a Pablo secretamente a Cesarea, al gobernador romano de Palestina (Hech. 23:23, 24).

10. ¿Carecía de importancia el peligro del fanatismo de los judíos? No, por eso el tribuno consideró prudente darle a Pablo una fuerte escolta que lo protegiera (Hech. 23: 23).

11. ¿A qué distancia estaba Cesarea de Jerusalén? A unos 100 kms.

12. ¿Quiénes acusaron a Pa-

blo en el juicio ante Félix? El sumo sacerdote y los ancianos, teniendo como vocero a un abogado llamado Tértulo.

13. ¿Qué discurso a Félix fue más sincero? Las palabras sencillas de Pablo, ya que el gobierno de Félix era una administración "mala, cruel y licenciosa".

14. ¿Cuánto tiempo tuvieron preso a Pablo? Dos años. Todo el tiempo que Félix fue gobernador (Hech. 24:27).

15. ¿Oyó Félix la predicación de Pablo? Sí, Pablo le predicaba y le hablaba con frecuencia (Hech. 24:24-26).

16. ¿Tuvo piedad Pablo con la conciencia de Félix? No, se la aguijoneaba hasta hacerlo temblar (Hech. 24:25).

17. ¿Cómo ilustra a Hebreos 4: 12 el efecto de la argumentación de Pablo sobre Félix? Demuestra que *la Palabra de Dios es viva y eficaz, y más penetrante que toda espada de dos filos. Penetra hasta partir el alma y el espíritu, las coyunturas y los tuétanos, y discierne los pensamientos y las intenciones del corazón.*

18. ¿Qué motivo venal influenciaba la conducta de Félix? La esperanza de recibir un soborno de Pablo si lo ponía en libertad.

19. ¿Quién sucedió a Félix como gobernador? Porcio Festo (Hech. 24:27).

20. ¿Qué le pidieron los ju- díos? Que llevara a Pablo a Jerusalén para ser juzgado (Hech. 25:2, 3).

21. ¿Por qué le hicieron esta petición? Porque planeaban ponerle una emboscada y asesinarlo.

22. ¿Dónde se realizó el juicio? En Cesarea, la capital (Hech. 25:6).

23. ¿Qué propuso Festo? Llevar a Pablo a Jerusalén y presidir él mismo el juicio allí.

24. ¿Qué respondió Pablo? Que él nada había hecho contra la ley judía, y que no debía ser juzgado por los judíos (Hech. 25:10).

25. ¿Qué privilegio de la ciudadanía romana reivindicó Pablo? El que su causa fuera juzgada en Roma por el César o por sus representantes nombrados específicamente por él (Hech. 25:11).

26. ¿A qué César se refería Pablo? Al emperador romano Nerón.

27. ¿Quién era este rey Agripa? El segundo Herodes Agripa, rey judío o virrey del territorio septentrional, al este de Galilea.

28. ¿Por qué fue llevado Pablo a hablar ante Agripa? Porque Festo quería que escuchara a Pablo, para que pudiera aconsejarlo en cuanto al informe que debía enviar al César.

29. ¿Por qué acusó Festo a Pablo de estar loco? Porque había hablado de la resurrección de los muertos.

30. ¿Quiénes acompañaron a Pablo en su viaje a Roma? Lucas (dice "nosotros" en Hech. 27:1), y Aristarco, un macedonio (Hech. 27:2).

31. ¿Qué trato recibió Pablo del centurión? Lo trató con mucha deferencia, hasta permitirle que se reuniera en Sidón con sus amigos (Hech. 27:3).

32. ¿En qué época del año se llevó a cabo este viaje? Llegaron a Creta a fines de septiembre.

33. ¿Por qué "se hacía peligrosa la navegación"? Los barcos de ese tiempo eran generalmente pequeños e inadecuados para enfrentar los vientos de frente, o todo viento que fuera muy fuerte.

34. ¿Qué les aconsejó Pablo? Que invernaran en el puerto donde estaban (Véase Hech. 27:9-13).

35. ¿Por qué sabía Pablo de lo que estaba hablando? Porque había viajado mucho y tres veces había estado en naufragios. Véase 2 Corintios 11:25 (carta que fue escrita casi dos años antes de este viaje a Roma).

36. ¿A quién le hicieron caso? Al piloto y al capitán [dueño] del barco (Hech. 27:11).

37. ¿Qué ocurrió? Después de ser azotada por una gran tempestad durante más de catorce días, la embarcación naufragó en la isla de Malta (Hech. 27:14—28:1).

38. ¿Por qué razón aconsejaron los soldados que se matara a los prisioneros? Porque si alguno escapaba, incurrirían todos en pena de muerte.

39. ¿Qué pensaron los de Malta al ver la víbora colgando de la mano de Pablo? Que era, sin duda, un malhechor.

40. ¿A qué se referían los habitantes de Malta con la palabra "justicia"? A Niké (o Nika), la diosa griega de la justicia.

41. ¿Qué fue lo primero que hizo Pablo en Malta? Curó al padre de Publio, el hombre más importante de la isla (Hech. 28:8, 9).

42. ¿Qué logró con esto? Se ocuparon de Pablo y de sus acompañantes durante el invierno, y los abastecieron de lo necesario cuando siguieron el viaje a Roma (Hech. 28:10).

43. ¿Qué privilegio le fue concedido a Pablo al llegar a Roma? Se le permitió vivir aparte en una casa, pero acompañado de un soldado que lo custodiaba todo el tiempo (Hech. 28:16).

44. ¿Qué fue lo primero que hizo después de un breve descanso? Convocó a los líderes judíos de Roma y les predicó a Cristo (Hech. 28:17-29).

45. ¿Cuándo tiempo permaneció en Roma en esta oportunidad? Dos años (Hech. 28:30).

46. ¿Qué epístolas escribió durante esos años? Colosenses, Filemón, Efesios y Filipenses.

47. ¿Qué pasó después con Pablo?

No se sabe con certeza. Se cree, sin embargo, que fue puesto en libertad, y que pasó después tres o cuatro años predicando en diferentes lugares, y escribió en ese tiempo la primera epístola a Timoteo y la epístola a Tito. Después fue arrestado y llevado a Roma donde escribió la segunda carta a Timoteo, y finalmente murió martirizado bajo Nerón.

107. LAS EPISTOLAS DE PABLO

1. ¿En qué orden aparecen las epístolas de Pablo en la Biblia? Romanos, 1 Corintios, 2 Corintios, Gálatas, Efesios, Filipenses, Colosenses, 1 Tesalonicenses, 2 Tesalonicenses, 1 Timoteo, 2 Timoteo, Tito y Filemón.

2. ¿En qué orden probable fueron escritas? 1 Tesalonicenses, 2 Tesalonicenses, Gálatas, 1 Corintios, 2 Corintios, Romanos, Colosenses, Filemón, Efesios, 1 Timoteo, Tito, 2 Timoteo.

3. ¿Cuándo fueron escritas las epístolas a los Tesalonicenses? Durante su primera visita a Corinto, poco después de su visita a Tesalónica. Véase la sección 104. 31-40.

4. ¿Cuál fue el propósito principal de ellas? Consolarlos y alentarlos en la persecución, y en cuanto a la preocupación que tenían algunos sobre qué pasaría si alguien moría antes de la segunda venida de Cristo. Véase 1 Tesalonicenses 4: 13-18.

5. ¿Qué les dice Pablo en cuanto a la segunda venida de Cristo?

Porque el Señor mismo descenderá del cielo con aclamación, con voz de arcángel y con trompeta de Dios; y los muertos en Cristo resucitarán primero. Luego nosotros, los que vivimos y habremos quedado, seremos arrebatados juntamente con ellos en las nubes, para el encuentro con el Señor en el aire; y así estaremos siempre con el Señor (1 Tes. 4:16, 17).

6. ¿Qué indican las palabras "nosotros, los que vivimos"? Pablo esperaba que la segunda venida de Cristo se produciría mientras él estuviera vivo, o mientras vivieran algunos de aquellos a quienes se estaba dirigiendo.

7. ¿Dónde estaba su dificultad? Confundió la llegada de la nueva era de la iglesia, que él y los demás verían, con el retorno de Cristo a la tierra a reinar.

8. ¿Qué dijo Pablo acerca del tiempo de la venida del Señor en 2 Tesalonicenses? Previene a sus lectores en contra de la idea de que el día del Señor estaba realmente a las puertas.

9. ¿Qué gran acontecimiento debe precederlo? *Esto no sucederá sin que venga primero la apostasía y se manifieste el hombre de iniquidad, el hijo de perdición* (2 Tes. 2:3-12).

10. ¿Dónde fue escrita la epístola a los Gálatas? En Antioquía, poco antes de comenzar Pablo su tercer viaje misionero. Véase la sección 105. 1.

11. ¿Quiénes eran los gálatas? Los habitantes de la parte de Asia Menor visitada por Pablo en su primer viaje misionero. Véase la sección 103.

12. ¿Cuál es la principal característica de la epístola? Ha sido llamada "el estandarte de la libertad cristiana" o "La Carta Magna de la libertad espiritual". Aquí se declara que la salvación es únicamente por Cristo.

13. ¿De qué habla Pablo en Gálatas 5:19-21? De "las obras de la carne" contra las cuales debemos batallar si queremos heredar el reino de Dios.

14. ¿Qué es "el fruto del Espíritu" que debemos conocer? *El fruto del Espíritu es: amor, gozo, paz, paciencia, benignidad, bondad, fe, mansedumbre y dominio propio* (Gál. 5:22, 23).

15. ¿Qué ley universal declara Pablo en Gálatas 6:7? *No os engañéis; Dios no puede ser burlado. Todo lo que el hombre siembre eso mismo cosechará.*

16. ¿Cuándo fue escrita la primera epístola a los Corintios? Durante su larga permanencia en Efeso. Véase la sección 105. 4-12.

17. ¿Qué propósito tuvo? Corregir mayormente, algunos errores en los que había caído la iglesia.

18. ¿Qué es lo que más nos cautiva de 1 Corintios? Quizá 11: 23-26, donde Pablo habla de la cena del Señor; 13:1-13, el capítu-lo sobre el amor; 15:1-58, el gran capítulo sobre la resurrección; y muchos otros pasajes cortos.

19. ¿Qué razón poderosa da Pablo en esta epístola a favor de la pureza sexual? *¿No sabéis que sois templo de Dios, y que el Espíritu de Dios mora en vosotros? Si alguien destruye el templo de Dios, Dios lo destruirá a él; porque santo es el templo de Dios, el cual sois vosotros* (1 Cor. 3:16, 17). Véase también 6:19, 20.

20. ¿Quién es el Apolos mencionado aquí? El mismo Apolos aludido en Hechos, 1 Corintios y Tito; un hombre instruido y valioso de la iglesia primitiva.

21. ¿Qué gran renuncia hace Pablo en el capítulo 8? *Si la comida es para mi hermano ocasión de caer, yo jamás comeré carne, para no poner tropiezo a mi hermano* (1 Cor. 8:13).

22. ¿Es esto un ejemplo para nosotros? Sin duda alguna.

23. ¿Cuál es el argumento de 1 Corintios 15? Que si no hay resurrección, Cristo no resucitó, y quienes lo han dejado todo por la fe en Cristo lo han perdido todo; lo único que tienen es una ilusión inútil.

24. ¿Cómo presenta aquí Pablo la segunda venida de Cristo? Que sonará la trompeta y los creyentes, tanto los vivos como los muertos, serán transformados en seres espirituales e inmortales.

25. ¿Cuándo fue escrita la segunda epístola a los Corin-

tios? Desde Macedonia, justo antes de su segunda visita a Corinto. Véase la sección 105. 13-15.

26. ¿Qué es la "ayuda para los santos"? El dinero que estaban recolectando en Europa y Asia Menor para los pobres de Jerusalén y de Judea (2 Cor. 9).

27. ¿Qué afirmación hace Pablo que debe influir en nuestra forma de dar? *Dios ama al dador alegre* (2 Cor. 9:7).

28. ¿Qué imagen tenemos en 2 Corintios 11? La de Pablo, que no siendo un hombre fornido, vivió una vida de privaciones como pocos misioneros modernos la han vivido, sufriendo persecuciones y peligros de viajes por tierra y por mar. Sin embargo, no quería nada menos si con eso podía servir mejor a Dios el Padre y a Cristo.

29. ¿Cuándo fue escrita la epístola a los Romanos? Desde Corinto, en su segunda visita. Véase la sección 105. 15-16.

30. ¿Cuáles son algunos de los más maravillosos pasajes de esta epístola?
1. *Justificados, pues, por la fe, tenemos paz para con Dios por medio de nuestro Señor Jesucristo.* (Rom. 5:1).
2. *Pero Dios demuestra su amor para con nosotros, en que siendo aún pecadores, Cristo murió por nosotros* (Rom. 5:8).
3. *Porque la paga del pecado es muerte; pero el don de Dios es vida eterna en Cristo Jesús, Señor nuestro* (Rom. 6:23).

4. El capítulo 8, con su maravillosa culminación: *Por lo cual estoy convencido de que ni la muerte, ni la vida, ni ángeles, ni principados, ni lo presente, ni lo porvenir, ni poderes, ni lo alto, ni lo profundo, ni ninguna otra cosa creada nos podrá separar del amor de Dios, que es en Cristo Jesús, Señor nuestro* (Rom. 8:38, 39).
5. Dos admoniciones prácticas: *Así que, hermanos, os ruego por las misericordias de Dios que presentéis vuestros cuerpos como sacrificio vivo, santo y agradable a Dios, que es vuestro culto racional* (Rom. 12:1).
Si tu enemigo tiene hambre, dale de comer; y si tiene sed, dale de beber; pues haciendo esto, carbones encendidos amontonarás sobre su cabeza (Rom. 12:20).

31. ¿Dónde aparece también la última exhortación? En Proverbios 25:21, 22.

32. ¿Cuándo fueron escritas las epístolas a los Colosenses, a Filemón, a los Efesios y a los Filipenses? Durante el primer encarcelamiento de Pablo en Roma que aparece registrado en Hechos. Véase la sección 106. 43-46.

33. ¿Qué propósito tenía la epístola a Filemón? Exhortarlo a recibir con clemencia a su esclavo fugitivo Onésimo, que había sido ganado para Cristo por Pablo.

34. ¿Qué es especialmente interesante en cuanto a la epístola a los Filipenses? Que fue escrita a la primera iglesia cristiana fundada por Pablo en el continente europeo.

35. ¿Qué súplica especial hace Pablo en esta epístola? Que tengan un corazón humilde, siguiendo el ejemplo de Cristo, que lo entregó todo para poder servir a los hombres.

36. ¿Cuál es el capítulo más conocido de Efesios? El capítulo 6, especialmente la parte que dice: "Vestíos de toda la armadura de Dios."

37. ¿Cómo son llamadas, y por qué, las epístolas escritas a Timoteo y Tito? "Epístolas pastorales" porque contienen exhortaciones y consejos a estos jóvenes pastores.

38. ¿Qué epístola contiene las últimas palabras escritas de Pablo? La segunda epístola a Timoteo.

Porque yo ya estoy a punto de ser ofrecido en sacrificio, y el tiempo de mi partida ha llegado. He peleado la buena batalla; he acabado la carrera; he guardado la fe. Por lo demás, me está reservada la corona de justicia, la cual me dará el Señor, el Juez justo, en aquel día. Y no sólo a mí, sino también a todos los que han amado su venida... El Señor me librará de toda obra mala y me preservará para su reino celestial. A él sea la gloria por los siglos de los siglos. Amén (2 Tim. 4:6-8, 18).

108. LA EPISTOLA A LOS HEBREOS

1. ¿Quién escribió esta epístola? Solía atribuirse a Pablo, pero evidencias posteriores han puesto en duda eso. No se sabe con seguridad a quién debe atribuirse.

2. ¿Cuándo fue escrita? Probablemente poco antes de la destrucción de Jerusalén, lo cual ocurrió en el año 70 d. de J.C.

3. ¿Qué propósito tuvo? Fue escrita para mostrar que el cristianismo era superior y más significativo que los ritos y símbolos judíos; que Cristo fue el cumplimiento de tales rituales y símbolos, un sumo sacerdote superior y eterno; sin embargo, más cercano y más amoroso para sus seguidores.

Por tanto, teniendo un gran sumo sacerdote que ha traspasado los cielos, Jesús el Hijo de Dios, retengamos nuestra confesión. Porque no tenemos un sumo sacerdote que no puede compadecerse de nuestras debilidades, pues él fue tentado en todo igual que nosotros, pero sin pecado. Acerquémonos, pues, con confianza al trono de la gracia para que alcancemos misericordia y hallemos gracia para el oportuno socorro (Heb. 4:14-16).

4. ¿Qué confirma el capítulo 1? Que Cristo, el Hijo de Dios, es superior a los ángeles, y que es Dios mismo.

5. ¿Cómo ha sido llamado el capítulo 11 de Hebreos? La lista de honor de los héroes de la fe.

6. ¿Qué conclusión saca el autor de esta lista de honor?

Por tanto, nosotros también, teniendo en derredor nuestro tan grande nube de testigos, despojémonos de todo peso y del pecado que tan fácilmente nos enreda, y corramos con perseverancia la carrera que tenemos por delante, puestos los ojos en Jesús, el autor y consumador de la fe (Heb. 12:1, 2.)

7. ¿Cómo es caracterizado Jesús en el capítulo 13? *Jesucristo es el mismo ayer, hoy y por los siglos* (Heb. 13:8).

109. LA EPISTOLA DE SANTIAGO

1. ¿Quién fue el autor de esta epístola? El Jacobo llamado "el hermano del Señor", quien fue por muchos años el dirigente máximo de la iglesia de Jerusalén. No fue uno de los apóstoles.

2. ¿Cuándo fue escrita? Probablemente poco antes de su martirio, que ocurrió en el año 63.

3. ¿Cuáles son las ideas dominantes de la epístola? "La fe sin obras está muerta", y "Tened la fe de nuestro glorioso Señor Jesucristo sin hacer distinción de personas".

110. LAS EPISTOLAS DE PEDRO

1. ¿En qué lugar fue escrita la primera epístola? "En Babilonia" (1 Ped. 5:13), pero no se sabe si eso quiere decir la famosa Babilonia de Asia, o, en un sentido espiritual, la Roma pagana.

2. ¿Quién es su autor? El apóstol Pedro.

3. ¿En qué fechas fueron escritas? Entre los años 63 y 67, ya que en 1 Pedro hay una referencia a la epístola de Pablo a los Efesios, que fue escrita entre el año 62 y 63, y el martirio de Pedro que ocurrió en el 67.

4. ¿Cuál es su propósito? Consolar y fortalecer a los cristianos que sufrían persecuciones y mostrar la superioridad del evangelio en lo que es su esencia: El desarrollo espiritual.

111. LAS EPISTOLAS DE JUAN

1. ¿Qué Juan es éste? Juan el apóstol, el apóstol del amor.

2. ¿Cuántas son sus epístolas? Tres.

3. ¿Cuándo fueras escritas? A fines del primer siglo d. de J. C.

4. ¿A quiénes fueron escritas? No se sabe a quién le fue escrita la primera. La segunda fue dirigida a una mujer; y la tercera a Gayo, un laico de Efeso.

5. ¿Con qué propósito fueron escritas? El de la primera fue declarar la palabra de vida para que él y los destinatarios pudieran estar unidos en verdadera comunión unos con otros, y con Dios. La segunda fue escrita para alertar a la mujer en contra de dar apoyo a una forma particular de doctrina. La tercera, para que sirviera como carta de presentación a unos creyentes extranjeros.

6. ¿Cuál es la característica especial de la primera epístola de Juan? El frecuente uso de la palabra "amor" tanto en lo que significa como en exhortación a amar, el amor de Cristo hacia nosotros, y el amor que debemos profesarle a él.

Nosotros amamos, porque él nos amó primero (1 Jn. 4:19).

112. LA EPISTOLA DE JUDAS

1. ¿Quién fue el autor de esta epístola? Probablemente Judas, uno de los hermanos de Jesús (Mat. 13:55).

2. ¿Cuándo y a quién fue escrita? Entre el año 63 y el 80, a la iglesia de Antioquía de Siria, la primera iglesia gentil.

3. ¿Por qué fue escrita? Porque algunos enemigos de la fe se habían introducido en la iglesia.

4. ¿A quién se refiere Judas en el versículo 14? Al patriarca Enoc. Véase la sección 4. 3-6.

5. ¿A qué acontecimiento se refiere? A la segunda venida de Cristo.

6. ¿Se habla de esta segunda venida en otras partes de la Biblia? Sí, en 1 Tesalonicenses 4: 16, 17, y en por lo menos cincuenta pasajes más.

7. ¿Qué será el propósito de su venida? Juzgar al mundo.

8. ¿Sabemos cuándo vendrá el Señor? No, Cristo nos dijo que vendrá "como ladrón de noche".

9. ¿Qué efecto debe tener sobre nosotros el no saberlo? Debemos procurar "ser hallados en paz por él, sin mancha e irreprensibles".

113. APOCALIPSIS

1. ¿Quién fue el autor de este libro? No se sabe a ciencia cierta, pero probablemente fue el apóstol Juan.

2. ¿Qué significa el nombre "Apocalipsis"? "La revelación de los misterios del mundo invisible."

3. ¿Dónde y cuando fue escrito? En Patmos, una isla del mar Egeo, durante una severa persecución, probablemente en el tiempo de Nerón, en los años 64 al 68 o durante el reinado de Domiciano, del año 90 al 96.

4. ¿Por qué fue escrito? Para dar esperanza y orientación en la hora de la prueba y de la persecución.

5. ¿De qué fuentes tomó Juan sus imágenes? De Ezequiel, Daniel y Mateo 25, y también de varios escritos judíos que trataban de temas parecidos.

6. ¿Puede ser explicado el libro? Parte de él es claro y fácil de explicar, pero gran parte es demasiado simbólico. Es, en resumen, la guerra entre el bien y el mal, en la que triunfa finalmente el bien; la segunda venida de Cristo; y el comienzo del reino de los cielos. Pero no se pueden hacer aplicaciones a hechos históricos definidos, dado que las numerosas interpretaciones que existen difieren entre sí.

7. ¿Qué promesas se encuentran en los capítulos 2 y 3? Hay siete promesas "al que venza" las tentaciones y pruebas de la tierra. Estas promesas son simbólicas. Véase Apocalipsis 2:7, 11, 17, 26-28; 3:5, 12, 21).

8. ¿De qué trata el capítulo 5? Del libro de la vida, en el que están escritos todos los nombres de los verdaderos seguidores de Cristo, y el que sólo puede ser abierto por Cristo mismo, "el Cordero que fue inmolado".

9. ¿Cuál es la esencia del "cántico nuevo"? Que el Cordero es digno de recibir el poder y la honra, porque fue inmolado para redimir a la humanidad de la maldición del pecado.

10. ¿Qué prueba que esta redención es para toda la humanidad? El que la multitud que había "lavado sus vestidos en la sangre del Cordero... nadie podía contar su número, de todas las naciones y razas y pueblos y lenguas". (Apoc. 7:9-14).

11. ¿Qué promesa hay para los seguidores de Cristo? Que no tendrán hambre, ni sed, las necesidades más comunes; ni calor, que era una causa de enfermedades en esas tierras semitropicales; ni tristeza, ni lágrimas.

12. ¿Qué ciudad es descrita en los capítulos 21 y 22? La ciudad de Dios, la capital del reino de Dios, en la que morarán Dios y su pueblo para siempre.

13. ¿Es literal o simbólica su descripción? Es simbólica. No somos todavía lo suficientemente espirituales como para comprender la descripción literal de una ciudad con esos atributos. Tiene características de las que no tenemos ni atisbos ni puntos de comparación. Por consiguiente, el escritor toma las cosas más excelsas, hermosas y admirables de la tierra para simbolizar la belleza, la gloria y el esplendor de la ciudad de Dios.

14. ¿Hay algo en esta descripción que sí podamos tomar literalmente? Sí, mucho. Vendrá después que haya triunfado el bien sobre el mal, será un lugar de gozo y de bienaventuranza, Dios mismo morará en ella, en esa ciudad no entrará nada que sea impuro, y en ella hay lugar para todos los que deseen entrar.

Bienaventurados los que lavan sus vestiduras, para que tengan derecho al árbol de la vida y para que entren en la ciudad por las puertas... El Espíritu y la esposa dicen: "¡Ven!" El que tiene sed, venga. El que quiere, tome del agua de vida gratuitamente.

El que da testimonio de estas cosas dice: "¡Sí, vengo pronto!" ¡Amén! ¡Ven, Señor Jesús! (Apoc. 22:14, 17, 20)

RECOMENDACIONES GENERALES PARA EL ESTUDIO DE LA BIBLIA

Familiarícese con los personajes de la Biblia

Familiarizarse con los personajes de Biblia es algo maravilloso. Pídale a su pastor o maestro de la escuela dominical una lista de esos personajes para saber acerca de sus vidas, y luego tome una Biblia y encuéntrelos en ella. Pronto se familiarizará con Abraham, Isaac, Jacob, Esaú, Moisés, Aarón, María, Josué, Samuel, Elí, David, Saúl, Jonatán, Salomón, Jonás, Daniel y los tres jóvenes de Israel que fueron lanzados en el horno de fuego ardiendo. Todos estos personajes se encuentran en el Antiguo Testamento.

En el Nuevo Testamento llegará a conocer a José, María, Juan el Bautista, Herodes, Nicodemo, Pedro, Judas y, sobre todo, conocerá la vida de Jesús y de cómo vino a este mundo para morir en una cruz a fin de que todos los hombres puedan ser salvos. También conocerá al gran apóstol Pablo y la manera como anduvo por todas partes explicándoles a los hombres cómo podían llegar a ser hijos de Dios.

Cuando lea acerca de estos hombres y mujeres de la Biblia, trate de imaginar una breve historia sobre ellos, que contenga todos los puntos principales que ha leído.

Ubique y aprenda las grandes historias de la Biblia

Estas historias son realmente hermosas, porque todas ellas tienen una gran enseñanza, y cada una le servirá de ayuda más adelante cuando profundice en su estudio de la Biblia. Considere, por ejemplo, la historia de David y Jonatán; ésta le enseñará lo admirable que es una amistad verdadera. Considere también la historia del banquete de Belsasar; ésta le enseñará lo peligroso que es el pecado y el castigo que acarrea.

Busque en el Nuevo Testamento los pasajes que hablan de la niñez de Jesús; de cómo sus padres terrenales se vieron obligados a huir con él de Palestina a Egipto para escapar de los hombres que Herodes había enviado para que lo asesinaran, y cuánto tiempo después fue traído de regreso. Ubique también la historia del primer milagro realizado por Jesús y descubra por usted mismo la hermosa y noble razón por la cual lo realizó.

Ubique también el Sermón del monte y lea las cosas importantes que Jesús dijo en él. Encuentre luego el relato del último viaje de Jesús a Jerusalén tras comunicar a sus discípulos que iba allí para ser crucificado, y de cómo Judas Iscariote lo vendió para que lo mataran.

Esto lo llevará al relato de cómo murió Jesús, de la aflicción de su madre, de cómo la tumba en que le pusieron estuvo custodiada, de cómo se supo que había resucitado de los muertos, y de cómo les apareció a sus maravillados discípulos.

Luego puede pasar a leer la vida del apóstol Pablo. Aquí verá lo grande que fue este hombre; se enterará de cómo persiguió a los cristianos, pero a pesar de eso Dios lo llamó para que esparciera el evangelio en todo el mundo; de cómo tuvo conciencia del gran mal que había hecho; de cómo obedeció la orden de Dios: y de cómo fue convertido por Dios en uno de los personajes más extraordinarios de la Biblia. Estas son apenas unas pocas de las muchas historias maravillosas que usted leerá en el sagrado libro de Dios.

Trate siempre de captar bien todo lo que lea. No lea dos historias al mismo tiempo; finalice una antes de comenzar otra, y trate de encontrar en cada relato la lección particular que enseña, porque no hay ninguna historia de la Biblia que no enseñe una lección. Aprenda, asimismo, a deletrear bien todos los nombres que encuentre, aunque tenga que escribirlos dos o tres veces para fijarlos en su memoria.

Otra buena manera de obtener información sobre la Biblia es haciéndole preguntas a su maestro. Si encuentra algo que le llama la atención en la lección, o si no entiende muy bien lo que ha estado leyendo, pídale a su maestro que se lo explique.

Jesucristo: El gran tema de estudio de la Biblia

Algo, asimismo, muy bueno de estudiar es la serie de milagros realizados por Cristo Jesús, ya que cada uno de ellos tiene su historia y enseñanza particular. Lea, también, las parábolas de Jesús, y estúdielas. Las parábolas fueron contadas por Jesús con el propósito de enseñar una lección, y las dijo no sólo para quienes se las oyeron contar directamente, sino también para usted.

Algo de suma importancia, que usted nunca debe olvidar al leer y estudiar la Biblia, es tratar de aprender todo lo que pueda acerca de Cristo Jesús. Si usted no hace esto, su estudio del Libro de los libros no le servirá de mucho. Debe entender que todo lo que dijo e hizo Jesucristo fue con un propósito sumamente maravilloso. El ha prometido que todos los que crean en él tendrán vida eterna.

LA BIBLIA COMO FUNDAMENTO
DE LA FE RELIGIOSA

Enseñanzas básicas de la Biblia

Toda denominación que enseña la fe cristiana, o sea la religión de Jesucristo, se basa en la Biblia. Ningún sistema o credo que se considera cristiano ha podido perdurar sin la Biblia, y esto se debe a dos razones. La primera es que sin ella sería imposible hablar de nuestro Señor y Maestro, Jesucristo; la segunda es que ningún libro ha podido, como la Biblia, mostrar la insensatez que significa vivir una vida de pecado, y la sabiduría que hay en practicar el bien. De principio a fin, la Biblia enseña que el pecado acarrea siempre castigo, y que el bien es recompensado. En esto se basa toda religión que sea realmente religión y la Biblia lo enseña como ningún otro libro.

En el Antiguo Testamento leemos que Dios escogió a los judíos como su pueblo especial, es decir, a la raza que eligió para que hicieran las cosas que él quería que hicieran, y para que le mostraran al mundo lo grande y poderoso que era Dios, con el fin de que todos pudieran creer en él. Si lo hacían, él les prometió que serían recompensados; pero ellos, por su orgullo e iniquidad, no lo hicieron. Dios, entonces, les retiró su promesa de bendición a los judíos y permitió que fuesen hechos cautivos por sus enemigos y que perdieran su categoría de nación. Así fue castigado su pecado.

El Nuevo Testamento nos dice que Dios hizo una nueva promesa. Esta vez, en lugar de escoger a una sola raza, como lo había hecho con los judíos, extendió la promesa a todas las razas y pueblos de la tierra. Esta promesa consistía en que todos los que creyeran en su Hijo Jesucristo, al que enviaría a la tierra para que viviera como hombre entre los hombres, tendrían vida eterna.

Bajo la promesa de Dios en el Antiguo Testamento, los pecados del hombre eran borrados por la sangre de animales que los ofrecian como sacrificios expiatorios. Pero en el Nuevo Testamento, y bajo la nueva promesa, el Hijo que él envió a la tierra habría de ser el sacrificio, único y por todos. Por consiguiente, Dios dispuso que su Hijo, Jesús, muriera en la cruz, derramando así su sangre —de la misma manera que los animales habían derramado la suya— por los pecados del mundo. Lo único que debía hacer el hombre, bajo esta promesa de Dios, era creer que Jesús era el Hijo de Dios y seguir sus enseñanzas. De esa manera, el bien es recompensado.

En esto consiste, en resumen, toda la enseñanza de la Biblia. En la Biblia se fundamenta la fe religiosa de todos los cristianos. Nadie que siga sus enseñanzas se extraviará, porque es la mismísima Palabra de Dios puesta en su sagrado libro.

Enseñanzas generales de la Biblia

Pero la Biblia enseña además muchas otras cosas, aparte de lo anterior. En el Libro de los libros hay lecciones de paciencia, dominio propio, honestidad, virtud, integridad, amor, caridad y muchísimas otras cosas que embellecen el carácter.

Al comenzar a leer la Biblia por el principio, nos encontramos con la creación del mundo y del hombre. Dios tenía un gran propósito en mente cuando hizo al hombre "a su imagen". Quería que el hombre viviera en un hermoso paraíso, teniendo bajo su autoridad todo lo que deseara; pero al mismo tiempo quería que el hombre fuera bueno.

Por eso le dio a Adán, el primer hombre, ciertos mandamientos. De haberlos obedecido, todo habría sido maravilloso, pero el hombre desobedeció y fue castigado teniendo que "comer su pan con el sudor de su frente", es decir, trabajando; y teniendo que demostrarle a Dios que era digno de las cosas buenas que él le había ofrecido, sintiendo pesar por su pecado, y mostrando ese pesar por medio de una vida recta y justa.

Pero el hombre siguió pecando y Dios volvió a castigarlo enviando el diluvio. Sin embargo, le dio al hombre una nueva oportunidad, porque Noé y su familia se salvaron para repoblar la tierra. Después escogió Dios a uno de los descendientes de Noé, a Abraham, y le hizo una promesa a él y a sus hijos y a los hijos de sus hijos. Esta fue la elección que hizo del pueblo judío.

Luego encontramos a Dios haciendo lo más que podía hacer para ayudar a los judíos. Los salvó de la esclavitud en que estaban bajo los egipcios y los ayudó en su peregrinación por el desierto en camino a la tierra de Canaán, la cual Dios les había prometido que poseerían. Les dio los Diez Mandamientos, el más grande y, sin embargo, el más sencillo cuerpo de leyes jamás creado, pero el hombre persistió en su desobediencia.

Por cientos de años vemos a los judíos en el Antiguo Testamento desobedeciendo a Dios. El fue muy paciente y misericordioso con ellos una y otra vez. Les envió a grandes profetas, tales como Isaías, Jeremías, Oseas y los demás cuyas palabras leemos en la Biblia. Estos exhortaron a los judíos al arrepentimiento, diciéndoles lo que Dios haría si actuaban bien y lo que haría si actuaban mal. Pero los judíos no hicieron caso y fueron castigados de varias maneras y quedaron sometidos a la dominación de sus enemigos. Pero finalmente se volvió contra ellos y los castigó entregándolos a sus enemigos y enviándolos a la cautividad porque habían pecado de forma obstinada.

Después de varios cientos de años, Dios le dio al hombre una nueva oportunidad. Esta vez fue más generoso que nunca, porque ahora envió a su Hijo, Jesús, para que viviera en medio de los hombres y muriera por ellos.

En el Nuevo Testamento encontramos el relato de la vida y las enseñanzas de Jesús, quien nunca pecó y que siempre tuvo en su pensamiento a su Padre celestial. Siempre preocupado por el bienestar de sus hermanos humanos, el Hijo de Dios vivió una existencia terrenal y murió en la cruz del Calvario, dando su vida como sacrificio eterno por la redención de las criaturas que Dios había hecho, muchos años antes, "a su imagen".

Y luego, después de la muerte y resurrección de Jesús, la Biblia nos habla del fiel grupo de apóstoles, escogidos por el propio Jesús, yendo al mundo y predicando su evangelio. Jesús dio básicamente sólo tres mandatos, pero fueron grandes mandatos. "Creed en mí y tendréis vida eterna", "Haced a los demás lo que queráis que los hombres hagan con vosotros" y "Amadme y obedeced mis mandamientos" fueron las cosas que ordenó. Jesús jamás rechazó a ningún pecador, sabiendo que su Padre tampoco lo haría. Por eso Dios le da a los hombres siempre la oportunidad de salvarse, como lo ha hecho desde el primer momento cuando puso a Adán en la tierra. La enseñanza básica de la Biblia es, entonces, ésta: El hombre tiene siempre la oportunidad de salvarse si se arrepiente de sus pecados y obedece la Palabra de Dios.

BREVE HISTORIA DE LA SANTA BIBLIA

La edad de la Biblia

La Santa Biblia no es sólo el más admirable y el mejor de todos los libros, sino además el más antiguo. Ha sido muy difícil rastrear su historia, pero la misma dirección divina que inspiró a sus autores a escribirla, ha permitido que los cristianos ahonden en las brumas del pasado para conocer toda su trayectoria. Cada día que pasa sabemos más de ella gracias a las investigaciones de los eruditos, de modo que las cosas que todavía desconocemos en cuanto a ella nos serán reveladas, sin duda alguna, a medida que pase el tiempo.

Sabemos mucho, no obstante, en cuanto a sus autores y su edad. La Biblia fue escrita por aproximadamente cuarenta hombres diferentes y se formó, como la conocemos hoy, en un período de cerca de mil seiscientos años. Sabemos con bastante precisión que Moisés comenzó a escribirla hacia el año 1500 a. J.C., y que Juan, quien escribió el último libro de ella, el Apocalipsis, la terminó hacia el año 90 d. de J.C., lo que hace el cálculo de dieciséis siglos.

La Biblia recibe su nombre de una palabra griega que significa "libros pequeños". Pero gradualmente, después de muchos años, la palabra vino a significar algo más que "libros pequeños", con los cuales se había formado el "Libro Grande". De manera que la palabra adquirió el significado de "el libro", "el libro santo" y, finalmente, llegó a significar precisamente lo que significa hoy: El Santo Libro.

Esta gran obra se compone de dos partes: El Antiguo Testamento y el Nuevo Testamento. El Antiguo Testamento tiene 39 libros. En él se encuentra el relato de la creación del mundo; la historia del pueblo judío; los tratos de Dios con ellos; un grupo de libros escritos por los grandes profetas judíos en los cuales están

181

profetizadas las cosas que sucederían en el Nuevo Testamento; y cierto número de hermosos libros de carácter exclusivamente piadoso, como el de los Salmos.

Los hombres que escribieron el Antiguo Testamento lo hicieron sólo hasta aproximadamente cuatrocientos años antes del nacimiento de Jesucristo. El Nuevo Testamento comienza con el nacimiento de Jesús y cubre un período de cerca de setenta y cinco años hasta el momento en que la fe cristiana estaba siendo propagada por los hombres escogidos por el propio Jesús para que salieran al mundo a proclamarla. El Nuevo Testamento contiene 27 libros, cuatro de los cuales se conocen como los Evangelios, porque tratan expresamente de la vida de Jesús. Algunos eruditos piensan que la palabra "evangelio" significa "el relato de Dios" o "la narración de Dios", mientras que otros opinan que significa "la buena historia" o "las buenas nuevas" por las nuevas de salvación que trae a los que lo leen.

La formación de la Biblia y sus idiomas

El estudiante de la Biblia no debe pensar que el Libro que ahora lee, mantiene su forma original. Los hombres que la escribieron lo hacían con mucho esfuerzo, a semejanza de las cartas que escribimos hoy, y con elementos que utilizaban de la misma manera que utilizamos hoy el papel. No fue sino hasta que se inventó la imprenta que se hizo posible la adquisición de Biblias tal como las tenemos hoy. Antes de eso, los lectores de la Biblia utilizaban varios miles de páginas escritas, que juntaban cuidadosamente. De éstas había muchas copias, pero no suficientes para ser adquiridas por todos los que deseaban tenerlas.

Los hombres que escribieron la Biblia utilizaron tres idiomas diferentes. Los libros más antiguos del Antiguo Testamento fueron escritos en hebreo, mientras que [porciones de] otros lo fueron en arameo, un idioma algo parecido al hebreo. El Nuevo Testamento fue escrito en una variante del griego. Fue a partir de estos tres idiomas que la Biblia ha sido traducida a muchas de las lenguas conocidas.

La transformación de la Biblia, de dos recopilaciones de libros pequeños, en un libro grande, fue un proceso muy lento, pero Dios dirigió la mente de los hombres que finalmente lo lograron, y lo hicieron bien. A esto se le llamó la formación del canon de la Escritura. Canon es una palabra que significa regla o precepto. Cuando el término es aplicado a la Biblia, significa que es la regla o instrucción de la palabra de Dios para la humanidad. Dicho en otras palabras, es la manera como Dios quiere que el hombre lea lo que él quiere decirle.

Primero se formó el canon del Antiguo Testamento. Este fue hecho por los propios judíos, probablemente unos cuatrocientos años antes de Cristo. Sus eruditos reunieron todos los escritos sagrados de la nación judía y bajo la dirección divina formaron con ellos una sola obra. Después de la muerte de Jesús, comenzó la formación del canon del Nuevo Testamento por parte de hombres dirigidos por Dios en esa tarea. Luego, estos escritos del Antiguo y del Nuevo Testamentos fueron sometidos al criterio de hombres sabios reunidos en concilios, y transcurrieron varios siglos antes de que los libros quedaran organizados en la forma como los conocemos hoy.

Ha habido, por supuesto, muchas traducciones de la Biblia a diferentes idiomas. Las primeras versiones fueron al griego y al latín. De la mejor de éstas —la llamada Septuaginta, hecha en Alejandría, Egipto, entre aproximadamente el 270 y el 150 a. de J. C.— es que nos llegó el Antiguo Testamento.

En español hemos disfrutado desde el siglo XIII de buenas traducciones de las Escrituras y hay en la actualidad varias versiones, evangélicas y católicas, de gran aceptación popular. Desde el año 1280 cuando apareció la Versión Alfonsina, patrocinada por el rey Alfonso X de Castilla, conocido en la historia como el Sabio, pasando por la Biblia del Oso de Casiodoro de Reina (1569) y revisada por Cipriano de Valera (1602), y hasta las más actuales como la Reina-Valera Revisada-1960, La Biblia de Jerusalén de 1967, la Reina-Valera Actualizada de 1989, y la Nueva Versión Internacional de 1998, contamos en nuestro idioma con una línea espléndida de traducciones fieles a las lenguas bíblicas que sirven bien a los pueblos de habla hispana.

Lo que abarcan los libros de la Biblia

La Santa Biblia está dividida en dos grandes partes, llamadas Antiguo y Nuevo Testamentos. Cada uno es completo y distinto en sí mismo en cuanto a los temas que trata, pero a través de ambos fluye la revelación de Dios de sí mismo al hombre, sus promesa de salvación a los rectos, y sus leyes y deseos para el hombre.

NUEVO CURSO PRACTICO SOBRE LA LECTURA DE LA BIBLIA

Doctor J. V. Collins

I. Introducción

La Biblia es el libro más grandioso del mundo. Es interesante, altamente instructivo y debiera ser un manual para todas las personas. Siendo que la Palabra de Dios es el verdadero fundamento de la moral, ninguna persona y ningún pueblo están seguros si no están cimentados en la verdad de la Palabra divina. Toda persona debe, por tanto, conocer los principios fundamentales para la vida correcta del individuo, de la familia, de la nación y del mundo.

Quizá la razón por la que la lectura de la Biblia no goza de más popularidad es porque, junto a las porciones más importantes de ella, hay otras que consisten de listas de nombres o asuntos que prácticamente carecen de interés para el lector moderno. Obviamente, sería fácil omitir la lectura de esos pasajes, y eso es lo que se propone este Curso.

Es muy deseable, por diversas razones, leer la Biblia completa, comenzando por Génesis hasta Apocalipsis. La lectura del Antiguo Testamento prepara para la lectura del Nuevo Testamento; se obtiene un valioso conocimiento acumulado de la Biblia; y se logra una perspectiva correcta de la historia y de la verdad religiosas. Quien lee la Biblia así, está preparado para entender y apreciar las innumerables alusiones y referencias en cuanto a la literatura sagrada que se encuentra en la historia, en la literatura, en el arte y en la legislación secular, así como en la vida en general.

La vida de cada persona es un éxito o un fracaso, o algo intermedio entre ambos, dependiendo de si es o no gobernada por los preceptos de la Santa Palabra de Dios. "El camino de los impíos es como la oscuridad; no saben en qué tropiezan... Pero la senda de los justos es como la luz de la aurora que va en aumento hasta que es pleno día" (Prov. 4:19, 18). Lo antedicho debiera ser un poderoso incentivo para que todo investigador de la verdad lea toda la Biblia, de tapa a tapa.

II. El sistema de marcación

Este Curso está dividido en treinta y seis lecciones para un año de estudio de cuarenta semanas; las marcaciones dan tanto el comienzo como el final de las lecciones, y el comienzo y el final de los pasajes o porciones a ser leídos. Las marcaciones que siguen, juntamente con las explicaciones que las acompañan, harán que todo resulte sencillo y comprensible.

Marcaciones en Génesis	Instrucciones
C. V.	C. significa capítulo, y V. versículo. Luego, 1:1 indica el primer capítulo y el primer versículo de Génesis.
1. 1:1	
9:29 P	El 1. antes de la referencia indica que la primera lección comienza en este punto.
11:1 C	
11:9 P	Después de 9:29, está colocada una P, que significa que la lectura de la Biblia debe parar en el capítulo 9 y el versículo 29.
11:23 C	
13:13 P	
14:13 C	La C que está después de 11:1 significa que la lectura debe comenzar en este punto. Así, pues, hay un alternación entre P y C, en la que C significa siempre comenzar, y P parar.
2. 19:1	
19:29 P	

Prestar atención a las siguientes reglas ayudará notablemente en la lectura:

1. La letra C puesta en el margen derecho señala el pasaje donde debe comenzar la lectura, y la P el pasaje donde hay que parar, omitiéndose todo lo demás que se encuentre hasta la siguiente C o número.

2. El número en el margen izquierdo significa el final de una lección y el comienzo de la siguiente. Si el lector está haciendo la lectura lección por lección, es recomendable que utilice un marcador de libros de cualquier tipo, a fin de ubicar fácilmente el pasaje donde debe continuar leyendo la próxima vez.

3. Cuando comience un nuevo libro, el lector debe examinar

primero el comentario introductorio al libro, y ver después las marcaciones si todavía no lo ha hecho. Proceda luego a leerlas. Cuando termine la lectura del libro, los versículos a recordar particularmente (si es que hay algunos) deben ser leídos y releídos y, de ser posible, memorizados.

III. Los libros de Antiguo Testamento

Sección 1: El Pentateuco o Libro de la Ley

Libro 1: Génesis

La palabra "Génesis" significa nacimiento o comienzo. En el libro de Génesis aparecen los siguientes temas, en orden: La creación, el huerto del Edén, los antediluvianos o personas que vivieron antes del diluvio, el diluvio, la torre de Babel, la dispersión o desparramamiento de las razas, y la vida de los patriarcas Abraham, Isaac, Jacob y José. El libro termina con la muerte de José en Egipto. Génesis ha sido llamado "el semillero de la Biblia" porque todo lo demás que sigue en la Palabra de Dios está mencionado aquí por primera vez. La Biblia quiere que entendamos que si Dios se preocupó tanto por Abraham, Isaac, Jacob y José, él se preocupa igualmente por cada uno de nosotros, y esta debe ser nuestra perspectiva al leerla. "Pues aun vuestros cabellos están todos contados" (Mat. 10:30).

Todo lo que se diga en cuanto a la importancia de este libro se queda corto, y por esto se sugiere que el lector haga una lista de todas las cosas que pueda encontrar que suceden por primera vez.

Antes de comenzar la lectura de Génesis, conviene estudiar detenidamente un mapa que muestre a las naciones de Mesopotamia, Canaán y Egipto. Necesitará seguir consultando este mapa más adelante.

* Marcaciones en Génesis:

1.		2.				3.	
1:1		19:1		31:1	C	39:1	
9:29	P	19:29	P	31:13	P	46:7	P
11:1	C	21:1	C	32:1	C	46.26	C
11:9	P	24:67	P	33:20	P	50:26	P
11:23	C	25:19	C	35:1	C		
13:13	P	25:34	P	35:29	P		
14:12	C	27:1	C	37:1	C		
		29:35	P	37:36	P		

Pasajes de Génesis para memorizar: 1:1; 1:25; 4:9; 28:12-15; 31:49.

Libro 2: Exodo

La palabra "Exodo" quiere decir salida y se refiere a la partida (salida) de los hijos de Israel de Egipto. El libro contiene el relato del nacimiento de Moisés, las plagas con las cuales Dios libró a los israelitas de Egipto, el viaje al Sinaí, la entrega de la ley y una descripción del tabernáculo.

El viaje de Egipto a Canaán se compara de una manera maravillosa con la vida de todo cristiano, y debe ser leído teniendo esto en mente. Así, pues, la liberación de Egipto simboliza nuestra redención y nuestras experiencias difíciles al transitar la senda del llamamiento de Dios. Juan Bunyan las mostró con toda claridad cuando escribió *El progreso del peregrino*. El lector encontrará muy interesante comparar el viaje descrito en la Biblia, con el viaje del cristiano en *El progreso del peregrino*.

Para la lectura de este libro, utilice un mapa de Egipto y de la península de Sinaí.

* Marcaciones en Exodo:

4.	1:1	5.	23:1
	6:13 P		23:2 P
	6:28 C		24:1 C
	22:9 P		34:35 P

Pasajes para memorizar: 12:13; 20:1-17.

Libro 3: Levítico

La palabra "Levítico" proviene de levita, y ésta de Leví, el nombre de uno de los doce hijos e Jacob, y padre de la tribu sacerdotal que lleva su nombre. Esta tribu estaba a cargo de la adoración y de la enseñanza de la ley. El libro de Levítico contiene el ritual de adoración del tabernáculo y las tareas del sacerdocio. Aquí haremos sólo unas lecturas selectas, para tener una idea de su contenido.

* Marcaciones en Levítico:

1:1 C	10:1 C	16:1 C
2:16 P	10:11 P	16:34 P

Libro 4: Números

Números (llamado así porque comienza con un censo del pueblo) sigue, a partir del capítulo 10, con la narración del viaje de Egipto, relato que quedó interrumpido en Exodo 19. Se puede omitir gran parte de la lectura de este libro, porque aparece mencionado de nuevo en otras partes. Utilice un mapa de Canaán (Palestina) que incluya la península de Sinaí.

* Marcaciones en Números:

1:1 C	6:1 C	15:32 C	31:1 C
1:4 P	6:27 P	17:13 P	31:12 P
1:17 C	10:1 C	20:1 C	32:1 C
1:23 P		26:2 P	32:33 P
1:44 C	6. 11:1	27:12 C	33:50 C
1:47 P	14:45 P	27:25 P	33:56 P

Libro 5: Deuteronomio

"Deuteronomio" significa segunda ley, es decir, la segunda entrega de la ley. Los primeros cinco libros de la ley, llamado el Pentateuco, o los Libros de Moisés, contienen la historia del mundo desde la creación hasta la muerte del autor. Deuteronomio está escrito en la forma de cuatro discursos pronunciados por Moisés, en los que repite asuntos que aparecen en los libros anteriores; es por esta razón que son omitidos de las lecturas de este curso.

* Marcaciones en Deuteronomio:

1:1	C	32:48 C
2:8	P	32:52 P
5:1	C	34:1 C
5:33	P	34:12 P
31:1	C	
31:30	P	

Sección 2: La historia de Israel en Canaán

Libro 6: Josué

El libro de Josué recibe ese nombre por el sucesor de Moisés, y relata, entre otras cosas, cómo entraron los hijos de Israel a la tierra de Canaán, desde el este, tras cruzar el río Jordán, cuyas aguas fueron separadas milagrosamente por el poder de Dios. Cuenta, también, cómo fueron vencidos los habitantes de Canaán y cómo fue distribuida la tierra entre las tribus de Israel. Una parte considerable del libro tiene que ver con el consejo de Josué al pueblo, en cuanto a cómo debían vivir y honrar a Dios. Utilice un mapa de Canaán que muestre la localización de las doce tribus.

* Marcaciones en Josué

7.	1:1		20:1	C
	11:23	P	21:4	P
	14:1	C	21:41	C
	14:15	P	24:33	P
	18:1	C		
	18:10	P		

Libro 7: Jueces

El libro de Jueces narra la historia de Israel desde la muerte de Josué hasta los días de Samuel. Durante ese período, el pueblo desobedecía a Dios y se olvidaba de él una y otra vez, lo cual daba como resultado que fueran vencidos por sus enemigos. Pero cuando se arrepentían y se volvían de nuevo a Dios, él les levantaba líderes que los salvaban. En este libro sobresalen los nombres de Gedeón, Jefté y Sansón.

* Marcaciones en Jueces:

8.	4:1		10:17	C
	9:22	P	16:31	P

Libro 8: Rut

El libro de Rut describe un episodio del tiempo de los jueces. Ofrece un vívido cuadro de la vida antigua, con sus usos y costumbres. Rut fue bisabuela del rey David y, por tanto, antepasada de Jesucristo. El pasaje de 1:16, 17 es uno de los más conmovedores de la literatura universal. Este libro está lleno de cosas interesantes para los lectores de hoy.

El libro debe ser leído en su totalidad.

Libros 9 y 10: 1 y 2 Samuel

Estos dos libros son uno solo en la Biblia hebrea. Cuentan con detalle los últimos días de la teocracia (cuando Dios gobernaba directamente a través de los jueces) y los primeros días de la monarquía. Israel rechazó a Jehovah como rey y deseó tener un rey como las demás naciones. Saúl fue su primer rey, un hombre de aspecto agradable y hábil guerrero, pero no conforme al corazón de Dios. A su muerte, después de un largo reinado, David, a quien Dios había elegido, fue proclamado rey. En este libro aparecen narradas la vida y las actividades de David, y relata también la vida de Samuel, el último de los jueces.

* Marcaciones en 1 Samuel:

   9. 1:1   10. 24:1

Debe leerse el libro en su totalidad.

* Marcaciones en 2 Samuel:

1:1	C	11. 16:1
12:31	P	23:23 P
15:1	C	24:1 C
		24:25 P

Libros 11 y 12: 1 y 2 Reyes

Estos dos libros, que son uno solo en la Biblia hebrea, siguen narrando la historia del pueblo de Israel desde el ascenso de Salomón, el hijo de David, al trono, hasta que el pueblo fue llevado a la cautividad. Los libros cuentan la muerte de David, el ascenso de Salomón y la sublevación de Jeroboam y las diez tribus del norte durante el reinado de Roboam, el hijo de Salomón. De aquí en adelante, la narración entreteje las historias de los dos reinos, hasta la cautividad de cada uno de ellos. En estos libros se cuentan las vidas de los profetas Elías y Eliseo.

Utilice un mapa de Canaán del tiempo de los reyes, que muestre los reinos del norte y del sur.

* Marcaciones en 1 Reyes:

1:1	C	12.	8:1
3:28	P		22:53 P
4:20	C		

* Marcaciones en 2 Reyes:

1:1	C	4:1	C	13. 18:1	C
2:25	P	9:37	P	25:30	P

Libros 13 y 14: 1 y 2 Crónicas

Los dos libros de Crónicas son, en gran parte, una repetición de lo que se trata en otras partes de las Escrituras, especialmente en 1 Samuel y 2 Reyes. Los primeros nueve capítulos dan una genealogía, o lista de nombres, comenzando con Adán. El autor da más énfasis a la historia del reino de Judá, con especial referencia a la adoración en el templo. Por la semejanza con los otros libros, no se señalan lecturas en éstos.

Libro 15: Esdras

El libro de Esdras cuenta el regreso de una parte del pueblo judío de la cautividad de Babilonia y también la reedificación del templo que estaba en ruinas. Este trabajo fue hecho con dificultades por la oposición de algunos de sus vecinos y por la falta de una religión espiritual entre muchos de los judíos.

* Marcaciones en Esdras:

1:1	C	2:64	C	8:15	C
2:1	P	7:28	P	10:14	P

Libro 16: Nehemías

El libro de Nehemías narra los acontecimientos relacionados con la reconstrucción de la muralla de Jerusalén, y describe ciertas reformas sociales y religiosas. Nehemías ("Dios consuela") fue gobernador de Jerusalén bajo el reinado de Artajerjes de Persia (455-424 a. de J.C.).

* Marcaciones en Nehemías

1:1	C	14. 7:66		12:27	C
3:3	P	9:38	P	12:30	P
4:1	C	10:28	C	13:1	C
7:6	P	11:2	P	13:31	P

Sección 3: Los libros poéticos del Antiguo Testamento

De los libros de la Biblia que pueden clasificarse bajo esta sección, sólo el libro de Ester está escrito en prosa, mientras que el libro de Job contiene sólo una pequeña porción de prosa. Los demás: Salmos, Proverbios, Eclesiastés, El Cantar de los Cantares y Lamentaciones, están escritos en forma poética, aunque sólo algunas versiones de la Biblia así lo muestran.

LA POESIA HEBREA Y SUS PECULIARIDADES

La mayor parte de la poesía de la Biblia es, o bien lírica (para ser cantada) o bien didáctica (para ser enseñada). Los salmos son un ejemplo de poesía lírica, mientras que los proverbios son prototipo de poesía didáctica.

La poesía hebrea se diferencia en su forma de la poesía de las naciones de Occidente. Estos países dividen a los poemas en versos que tienen cierto número de sílabas y a menudo exige que los versos rimen. La poesía hebrea es diferente. Aquí los versos son de extensión variable, y en vez de rimar los versos, el segundo verso es una repetición de la idea contenida en el primero, o es una idea contrastante. Es decir, la poesía de otros países da mucha importancia a la rima, no así la poesía hebrea.

La característica antes mencionada de la poesía hebrea es llamada paralelismo. Se observan tres clases de paralelismo:

1. Cuando el segundo verso, o cláusula, repite la idea del primero, utilizando otras palabras. Véase el Salmo 6:1. La primera cláusula dice "reprendas", y la segunda, "castigues".

2. Cuando dos ideas opuestas aparecen juntas. Véase el Salmo 1:6.

3. Cuando la segunda cláusula amplía o profundiza el significado de la primera. Véase el Salmo 119: 2, 9.

Libro 17: Ester

El libro de Ester es un tesoro, que leen con igual interés y placer jóvenes y mayores. Este libro muestra la providencia secreta de Dios, defendiendo y salvando a su pueblo de sus enemigos. Sugerimos leer este libro en su totalidad.

Libro 18: Job

Muchos consideran a Job como el libro más antiguo del mundo; es una obra que trata un tema difícil: "¿Por qué sufren los justos?" Los primeros dos capítulos, escritos en prosa, cuentan las desgracias que le sobrevinieron a Job. Tres amigos fueron a consolarlo, o a expresarle su compasión, al mismo tiempo que le decían que, por ser inmutables las leyes de la naturaleza, sólo Job debía ser el culpable de las desgracias que le habían sucedido. El intenta demostrar que la culpa no era suya o que, a lo sumo, sólo era culpable en parte. El libro demuestra que Dios tenía razón. El estilo de este libro tiene partes que llegan a lo sublime.

* Marcaciones en Job:

1:1	C	38:1	C
6:12	P	42:17	P

Libro 19: Salmos

El libro de Salmos es el principal libro devocional de la Biblia, y en algunas iglesias es utilizado en la adoración ceremonial, tanto pública como privada. Muchos de los salmos apelan a las emociones más profundas del corazón humano, y no pocos de ellos están entre las más preciosas joyas de la literatura universal, por ejemplo, los Salmos 1, 19, 23, 46, 90, 100 y 103.

Muchos versos o pasajes breves de los salmos impresionan por su profundidad de contenido, y son muy citados. Muchos salmos y pasajes de ellos nos resultan familiares por haber sido convertidos en himnos y canciones espirituales modernos.

* Marcaciones en Salmos:

15.	1:1		32:1	C	65:1	C		103:1	C
	6:10	P	34:22	P	67:7	P		107:13	P
	8:1	C	37:1	C	79:1	C		110:1	C
	9:20	P	37:40	P	79:13	P		150:6	P
	13:1	C	16.	40:1		84:1	C	18.	121:1	
	16:11	P	42:11	P	87:7	P		128:6	P
	17:15	C	45:1	C	90:1	C		132:1	C
	18:36	P	51:19	P	92:15	P		139:24	P
	19:1	C	53:1	C	95:1	C		144:1	C
	20:9	P	53:6	P	17.	100:1				
	22:1	C	61:1	C	100:5	P				
	29:11	P	61:8	P						

Salmos para memorizar o leer a menudo: 1, 8, 19, 22, 23, 46,

51, 67, 84, 90, 91, 100, 103, 121, 122, 133, 137, 139, 146, 148, 150.

Libro 20: Proverbios

Un proverbio es un dicho que resume en pocas palabras la sabiduría que es producto de la experiencia. Los sabios de la antigüedad estudiaban lo que los rodeaba y observaban la vida de su prójimo, de modo que lo que aprendieron tras años de observación, estudio y experiencia, lo compendiaron en oraciones breves. Los consejos de los proverbios son de valor especial para los jóvenes. Si sus consejos fueran considerados y seguidos, el mundo se evitaría muchos problemas, sufrimientos, turbaciones y castigos, porque gran parte de la verdad expuesta por ellos sigue teniendo tanta aplicación hoy como la tuvo hace tres mil años.

* Marcaciones en Proverbios:

   1:1 C   19. 7:1   31:31

Pasajes para memorizar: 6:6-11; 12:24; 13:7, 12, 15, 24; 14: 34; 15:1; 16:32, 33; 20:1; 22:1-6, 15, 29; 23:5, 29-35; 25:11, 21, 22; 26:17, 20; 27:1, 6; 31:10-31.

Libro 21: Eclesiastés

La palabra "Eclesiastés" significa predicador u orador. El libro parece haber sido escrito como un monólogo o conversación con uno mismo. La palabra "vanidad" que aparece a menudo, no tiene el sentido que le damos hoy, sino más bien el de transitoriedad; es decir, cuando el autor dice que tales cosas son vanidad, quiere decir que pasarán, que no son permanentes. Salomón es reconocido, por lo general, como el autor este libro.

* Marcaciones en Eclesiastés:

   1:1 C   12:14 P

Pasajes para recordar: 12:1-14. En este importante pasaje, las referencias son a partes del cuerpo. Por ejemplo, "el cántaro junto a la fuente" es el corazón, etc.

Libro 22: El Cantar de los Cantares

Este libro es conocido también como "El Cantar de Salomón"

y "Cánticos". Los judíos lo interpretaron como una representación del amor de Dios por su pueblo.

* Marcaciones en El Cantar de los Cantares.

1:1 C	4:1 C
2:17 P	8:14 P

LOS PROFETAS HEBREOS: MAYORES Y MENORES

Una profecía es, tal como se entiende generalmente, una predicción del futuro. Esta es un elemento en los escritos de todos los profetas, pero es generalmente uno de los menos importantes. El concepto más correcto en cuanto a los profetas es que eran hombres llamados por Dios para hablarle al pueblo cuando se estaban olvidando de él; para comunicarle su Palabra al pueblo, y para lograr que se arrepintieran y obedecieran su voluntad.

Sección 4: Los profetas mayores:
Isaías, Jeremías, Ezequiel y Daniel

Libro 23: Isaías

La profecía de Isaías es exaltada en su estilo, gráfica en su descripción, vehemente en el desarrollo de su pensamiento, conmovedora en su sentimiento e impresionantes en su forma de expresión. Sus enseñanzas morales y religiosas son puras y penetrantes, y las profecías en cuanto a la venida de Cristo, que aparecen en los capítulos 11 y 53, son de una precisión asombrosa.

* Marcaciones en Isaías:

20. 1:1	11:1 C	51:1 C
6:5 P	11:10 P	55:15 P
9:1 C	40:1 C	60:1 C
9:7 P	43:12 P	64:12 P

Pasajes para memorizar: 1:18-20; 9:1-18; 11:1-10; 40:1-8; 42:1-9; 53:1-12; 55:1-13.

Libro 24: Jeremías

Jeremías profetizó en los días de "Josías hijo de Amón" y continuó profetizando hasta que el pueblo de Jerusalén fue llevado a la cautividad. Proclamó fielmente la palabra el Señor, llamando a Jerusalén a arrepentirse y a volverse de sus pecados. Cuando el remanente que dejó Nabucodonosor huyó a Egipto, se llevaron con ellos a Jeremías y probablemente murió allá.

* Marcaciones en Jeremías

1:1 C	16:11 C	23:1 C	21. 35:1
3:25 P	16:21 P	23:8 P	40:6 P
7:1 C	18:1 C	24:1 C	42:1 C
7:15 P	18:8 P	24:10 P	42:17 P
13:1 C	20:1 C	27:1 C	50:1 C
13:14 P	20:6 P	27:17 P	50:20 P

Libro 25: Lamentaciones

El libro de Lamentaciones está en forma poética en la Biblia hebrea, y cada uno de los primeros cuatro capítulos es un acróstico, en los que el primer verso comienza con la primera letra del alfabeto; el segundo, con la segunda; y así sucesivamente. En el tercer capítulo hay tres versos por cada letra del alfabeto hebreo.

* Marcaciones en Lamentaciones:

1:1 C	3:1 C	5:1 C
1:22 P	3:22 P	5:22 P

Libro 26: Ezequiel

Ezequiel fue llevado cautivo a un lugar cerca de Babilonia cuando Nabucodonosor conquistó a Judá en el 597 a. de J.C. y profetizó "en medio de los cautivos, junto al río Quebar".

El libro ha sido dividido en tres partes: 1. El desagrado de Dios con el reino de Judá, capítulos 1-24. 2. Los ayes pronunciados sobre las naciones vecinas, capítulos 25—32. 3. Profecías del retorno de los desterrados y de un glorioso futuro, capítulos 33—48. Para la referencia histórica, véase 2 Reyes 23 al 25.

* Marcaciones en Ezequiel:

1:1 C	26:1 C	34:20 C
4:17 P	26:21 P	34:31 P
7:1 C	30:1 C	37:1 C
8:18 P	30:13 P	37:28 P
18:1 C	33:1 C	47:1 C
18:20 P	33:6 P	47:23 P

Libro 27: Daniel

Daniel es uno de los libros más interesantes de la Biblia. Sus relatos son vívidos y emocionantes, y las visiones de los últimos capítulos son de una gran significación. En la Biblia hebrea, Daniel se encuentra formando parte de los libros poéticos y devocionales de la Sección III. Se cree generalmente que las bestias de Daniel 7:3 son los cuatro grandes imperios mundiales: El babilónico, el medo-persa, el griego y el romano. La segunda visión, que aparece en Daniel 8:1, se cree que se refiere al poder griego bajo Alejandro Magno. Grecia es el macho cabrío que venció al carnero persa, y Alejandro es un "cuerno" entre sus ojos. El reino del capítulo 9 es visto como el reino mesiánico o el reino de Cristo. Las visiones de los capítulos 10 al 12 se refieren a "los postreros días". El libro debe ser leído en su totalidad (lección 22).

Pasajes para recordar: 5:1-6, 25, 31.

Sección 5: Los doce profetas menores

Libro 28: Oseas

Los tres primeros capítulos de Oseas son el relato de los problemas familiares del profeta, que tuvieron el propósito de simbolizar los pecados de Israel y el amor de Dios. Los capítulos restantes son un reproche al pueblo por su idolatría y sus pecados. Para la referencia histórica, véase 2 Reyes 14 al 20.

* Marcaciones en Oseas:

1:1 C	14:1 C
6:11 P	14:9 P

Libro 29: Joel

Este libro consta de dos partes: En la primera se profetiza en lenguaje impresionante una devastación causada por un ejército de langostas. En la segunda, Dios responde a las oraciones del pueblo.

El libro debe ser leído en su totalidad.

Pasaje para memorizar: 2:28-32.

Libro 30: Amós

Amós es uno de los primeros profetas que escribieron. Profetizó que Dios ama la misericordia, no los simples sacrificios, una enseñanza semejante a la de Cristo. Amós nació en un lugar situado a unos 20 kms. al sur de Jerusalén, pero profetizó en el reino del Norte. Enseñó que la futura grandeza de Israel no se debería al poder ni a la riqueza, sino a la justicia y a la cordura. Para la referencia histórica, véase 2 Reyes 14.

* Marcaciones en Amós:

23.	1:1	3:1 C	5:18 C	9:1 C
	1:5 P	4:1 P	7:17 P	9:15 P

Libro 31: Abdías

Abdías vivió en Jerusalén después de la deportación de Judá a Babilonia. Fue el mensajero de Dios que anunció la destrucción de los edomitas, descendientes de Esaú, que se habían alegrado por la caída de Judá. También profetizó la llegada de un día futuro en el que los judíos mandarían de nuevo sobre las tierras que antes estuvieron bajo el gobierno de David.

Lea todos los 21 versículos de la profecía de Abdías.

Libro 32: Jonás

El libro de Jonás es verdaderamente el más interesante de todos los profetas menores, y en cuanto a él hay dos opiniones. Una es que se trata de un relato histórico, mientras que la otra sostiene que es una historia simbólica para enseñar que así como Jonás falló en su obligación para con los habitantes de Nínive, Israel falló en su obligación moral y religiosa para con las demás naciones. Sin embargo, el testimonio de nuestro Señor Jesucristo es concluyente de que Jonás es una narración histórica (Mat. 12:38-41). El libro debe ser leído en su totalidad.

Libro 33: Miqueas

Miqueas fue contemporáneo de Isaías y, al igual que éste, predicó contra los pecados de su tiempo, especialmente contra la opresión de los pobres por parte de los ricos. Miqueas profetizó la destrucción de Israel y de Judá poco antes de que el castigo cayera sobre Israel. Para la referencia histórica, véase 2 Reyes 15 al 20.

* Marcaciones en Miqueas

1:1   C   4:1   C
1:15 P   5:15 P

Libro 34: Nahúm

Muy poco es lo que se sabe acerca de Nahúm. Vivió hacia el 505 a. de J.C. cuando Nínive fue destruida por los medos, llegando así a su fin el imperio asirio.

* Marcaciones en Nahúm:

1:1   C
1:15 P

Libro 35: Habacuc

Se ignora en qué tiempo y dónde vivió Habacuc, aunque probablemente haya sido en el tiempo que Jerusalén fue tomada por Nabucodonosor. El último capítulo contiene la oración de Habacuc.

* Marcaciones en Habacuc:

1:1   C   3:1   C
1:17 P   3:19 P

Libro 36: Sofonías

Sofonías fue contemporáneo de Jeremías, de Habacuc y de Nahúm. Al igual que ellos profetizó contra los pecados de la gente de su tiempo. Entre otras profecías está el juicio que vendrá sobre todo el mundo. Después de eso, Jehovah reinará y su pueblo vencerá. Para la referencia histórica, véase 2 Reyes 22 y 23.

* Marcaciones en Sofonías:

1:1   C   3:1   C
1:18 P   3:20 P

Libro 37: Hageo

El libro de Hageo contiene cuatro profecías, y todas se refieren a la reedificación del templo bajo la administración de Zorobabel. Dios levantó a Hageo y a Zacarías para estimular al pueblo a edificar su casa. Para una descripción de las condiciones existentes durante este período, veánse los primeros capítulos de Esdras.

El libro debe ser leído en su totalidad.

Libro 38: Zacarías

El libro de Zacarías ha sido dividido en dos partes por los eruditos: Los capítulos 1 al 8, y los capítulos 9 al 14. La primera parte se refiere a la misma época de la profecía de Hageo, mientras que la segunda tiene que ver con el reino mesiánico o el reino de Cristo.

Marcaciones en Zacarías:

1:1	C	14:1	C
3:10	P	14:21	P

Libro 39: Malaquías

Malaquías es mejor conocido como el último libro del Antiguo Testamento. Contiene promesas acerca de la venida del Mesías o "Mensajero del Pacto". Malaquías nació después de que el templo había sido reedificado y el culto restablecido. Pero el pueblo seguía pecando de diversas maneras y por eso dirigió su ministerio a la conciencia de los judíos para hacerlos volver a Dios.

El libro debe ser leído en su totalidad.

Nota: Entre Malaquías y los libros del Nuevo Testamento transcurrieron varios siglos.

IV. Los libros del Nuevo Testamento

Introducción

Un período de unos cuatrocientos años ha transcurrido desde Malaquías, cuyo libro es el último de los libros del canon del Antiguo Testamento. Durante esos años fueron recopilados los libros del Antiguo Testamento, los cuales eran utilizados en las sinagogas, o iglesias, de los tiempos del Nuevo Testamento.

No parece necesario en las Notas del Nuevo Testamento hacer introducciones para los diversos libros, ya que ellos se explican a sí mismos. Sin embargo, es conveniente que el lector tenga desde el comienzo una adecuada comprensión de los diferentes tipos de libros del Nuevo Testamento y una breve historia de los asuntos tratados en ellos.

En el Nuevo Testamento hay: (1) Los cuatro Evangelios, que cubren aproximadamente los primeros treinta años del primer siglo. (2) Los Hechos de los Apóstoles, o la historia de la iglesia primitiva, desde aproximadamente el año 30 hasta más o menos el 63. (3) Las epístolas o cartas a las iglesias y a las personas, desde aproximadamente el año 40 hasta quizás el 80 y (4) El Apocalipsis, escrito hacia finales del primer siglo.

Debido a que los cuatro Evangelios guardan parecido entre sí en cuanto a su descripción de la vida de Cristo, y las veintiuna epístolas tratan todas doctrinas y conducta de los cristianos, es posible formar un Breve Curso que dará en tres lecciones una idea adecuada de la totalidad del Nuevo Testamento.

Antes de comenzar la lectura del Nuevo Testamento, el estudiante debe familiarizarse con un mapa de "Palestina en el tiempo de Cristo" ubicando en él a Judea en la parte sur, a Samaria en la parte central y a Galilea en el norte, así como al territorio al oriente del río Jordán. Debe también ubicar al lago de Genesaret o mar de Galilea, al río Jordán con su valle, al mar Muerto y al territorio costanero frente al mar Mediterráneo. Luego debe fijar en su mente la situación de las siguientes ciudades: Jerusalén, Nazaret, Belén, Capernaúm, Sicar de Samaria, Jericó, y Tiro y Sidón. Debe también ubicar al monte Moriah en Jerusalén misma, el monte de los Olivos al este de Jerusalén y al monte Hermón, en Galilea.

Antes de comenzar la lectura del libro de los Hechos, hay que familiarizarse con un mapa de "Los viajes del apóstol Pablo", y ubicar en él a Jerusalén, Jope, Cesarea, Antioquía de Siria, la isla de Creta, la península de Asia Menor (conocida ahora como Turquía) con sus ciudades; y Macedonia, Grecia y Roma.

También, antes de comenzar la lectura del Nuevo Testamento, resulta provechoso estudiar la siguiente breve biografía de Cristo, utilizando el mapa de Palestina, al hacerlo.

La vida de Cristo en los Evangelios

La vida de Cristo, tal como es contada por los cuatro evangelistas que escribieron entre treinta y sesenta años después de su muerte, es en cierto sentido fácil de seguir, y su narración es siempre interesante y sumamente instructiva. Sin embargo, no es fácil seguirla en el sentido de saber cuándo se produjeron muchos de los acontecimientos o dónde ocurrieron. Por tanto, un breve resumen de la vida de Cristo es valioso para el lector que comienza a leer los Evangelios.

Jesús nació probablemente en diciembre del año 5 a. de J.C., que es prácticamente cuatro años antes del comienzo de nuestra era. Nació en Belén, a pocos kilómetros al sur de Jerusalén, pero al poco tiempo fue llevado por José y María a Egipto para escapar de la muerte, tras haber dado el rey Herodes la orden de matar a todos los niños varones de Belén menores de dos años. Después de permanecer un breve tiempo en Egipto, José y María regresaron con el niño a su hogar en Nazaret, ciudad situada en las cercanías del mar de Galilea, al oeste del mismo. Aquí vivió Jesús, ayudando a José, que era carpintero, hasta casi los treinta años de edad. El único acontecimiento escrito acerca de él en todos esos años fue el viaje que hizo a Jerusalén cuando tenía doce años de edad.

Cuando tenía aproximadamente treinta años de edad, fue al río Jordán donde fue bautizado por Juan el Bautista. Después se retiró al desierto y allí fue tentado por el diablo. Al regresar de la tentación, se dirigió al mar de Galilea, donde llamó a sus apóstoles: Jacobo y Juan, Andrés y Simón Pedro y Felipe y Natanael, y posteriormente a los demás. Después de un tiempo en el que enseñó y curó en Galilea, fue a Jerusalén para estar presente en la primera fiesta de Pascua de su ministerio. Después anduvo por Judea enseñando y luego regresó a Galilea. Desde aproximadamente este tiempo hasta más o menos seis meses antes de su crucifixión, es muy difícil fijar fechas y períodos. Lo que se conoce como Armonías de los Evangelios son intentos por ubicar, en orden cronológico, o de tiempo, los sucesos que tuvieron lugar. Pero debido a la falta de información, es difícil hacerlo.

A finales del invierno o en la primavera de probablemente el año 30 d. de J.C., el Maestro salió de Galilea, en el norte, y fue a Jerusalén para estar presente en la fiesta de la Pascua. El sábado de reposo antes de la Pascua, Cristo hizo su entrada triunfal en Jerusalén, montado sobre un asno. A partir de ese día se produjeron los acontecimientos en rápida sucesión. La noche del jueves comió la Pascua con sus discípulos y, después, en el huerto de Getsemaní fue detenido por los líderes judíos para ser juzgado, primero por el Sanedrín judío y después, al día siguiente, por el gobernador romano, Pilato. A las 9 de la mañana del viernes fue crucificado en el Calvario, y el domingo siguiente por la mañana resucitó de los muertos. Después fue visto por muchos de sus discípulos y conversó con algunos de ellos. Cuarenta días después de su resurrección marchó a Galilea con sus discípulos y ascendió luego al cielo. Al despedirse les dio la promesa de que el Espíritu Santo, la tercera persona de la Deidad, permanecería con sus discípulos y los consolaría, y que el mismo estaría en su iglesia.

Marcaciones para las lecciones de todo el Nuevo Testamento

Las letras C y P no aparecen, porque todo el texto debe ser leído. La primera lección va del 24 al 25; la segunda del 25 al 26, y así sucesivamente. Sin embargo, en consideración a que son dos los cursos, es necesario saltar lo que será leído posteriormente, o lo que ya haya sido leído. Se recomienda al lector considerar al comienzo sólo las marcaciones del Primer Curso y, posteriormente, las del Segundo Curso cuando llegue a éste.

Primer curso

Mateo 1:1. Omitir a Mateo y Marcos en el primer curso, y pasar directamente a Lucas 1:1.
24. Lucas 1:1
25. Lucas 22:1
    Lucas 24:32

Omitir al Evangelio de Juan en el primer curso, y pasar a Hechos 1:1.
26. Hechos 22:1
    Hechos 28:31
    Pasar después de esto a Efesios 1:1 en el primer curso.

Efesios 6:24.
Pasar de aquí a Apocalipsis 1:1 en el primer curso.
Apocalipsis 4:1.
Pasar a
    Apocalipsis 20:1.
    Apocalipsis 22:21.

Vuelva ahora a Mateo 1:1 donde comienza el segundo curso

Segundo curso

27. Mateo 1:1
28. Mateo 25:1
    Marcos 16:20
    Omitir al Evangelio de Lucas en el segundo curso.
29. Juan 1:1

30. Hechos 1:1
31. Hechos 22:1
32. 1 Corintios 1:1
33. Gálatas 1:1
    Gálatas 6:8
    Omitir Efesios en el segundo curso.

34. 1 Timoteo 1:1
35. Santiago 1:1
36. Apocalipsis 1:1

Nota importante: Tan pronto como haya terminado la lectura

de un libro, deben buscarse y estudiarse los siguientes pasajes que deben ser recordados:

Pasajes para recordar del Nuevo Testamento:

Mateo: Las bienaventuranzas, 5:3-12; El Padrenuestro, 6:9-13; La invitación misericordiosa, 11:28-30; El gran mandamiento, 22:36-40; La parábola de los talentos, 25:14-30; La gran comisión, 28:18-20.

Los Evangelios están llenos de pasajes que son citados con frecuencia, a saber:

Marcos: El evangelio de poder, 1:1-28.

Lucas: El nacimiento de Jesús, 2:7-18; Los doce apóstoles, 6:13-16; La mujer pecadora, 7:37-50; La misión de los setenta, 10:1-11.

Juan: 1:1-18; 6:48-58; 15:1-14; 19:1-19.

Hechos: El discurso de Pedro, 2:13-41; El discurso de Pablo, 17:22-34; El discurso de Pablo ante Agripa, 26:1-32.

Romanos: El estado natural del hombre, 1:18-32; 8:28; 8:36-39; La vida cristiana, 12:1-21.

1 Corintios: 2-14; El amor o la caridad, 13:1-13; La resurrección, 15:40-58.

2 Corintios: 3:2-4; 4:8-10; 5:1; La gloria de Pablo, 11:21-12:11.

Gálatas: 1:11-24; 6:1-10.

Efesios: 6:18,19.

Filipenses: 1:21-24; 2:1-11; 3:4-6.

Colosenses: 3:1-25.

1 Tesalonicenses: 4:13-5:3; 5:15-28.

2 Tesalonicenses: 3:8-18.

1 Timoteo: 6:6-12.

2 Timoteo: 1:1-7; 3:16,17; 4:6-8.

Hebreos: 1:1-14; 4:12-16; 9:9-15; 11:1-16, 32-40.

Santiago: 1:22-25; 2:14-26; La lengua, 3:2-14.

1 Pedro: 1:1-9; 2:1-9; 3:14-18.

2 Pedro: 1:3-10; 3:8-18.

1 Juan 2:12-17; 4:16-21.

Apocalipsis: 1:9-16; 22:1-21.